SASJA METZ

Goodbye DRAMA

Selbstliebe, Resilienz und Ausgeglichenheit fördern

IRISIANA

Penguin Random House Verlagsgruppe FSC® N001967

1. Auflage

Neumarkter Straße 28, 81673 München
Projektleitung: Inga Heckmann
Illustrationen: Adobe Stock: 48 (Анна Богатырева), 54 (elena3567, artinspriring, designua, Vipin)
Satz: Uhl + Massopust, Aalen
Herstellung: Timo Wenda
Lektorat: Martin Stiefenhofer
Korrektorat: Susanne Schneider
Bildredaktion: Sabine Kestler
Umschlaggestaltung: OH, JA! München, unter Verwendung eines Motivs von © shutterstock/Mary Long; Adobe Stock/Mary Long
Druck und Bindung: CPI books GmbH, Leck
Printed in the EU
ISBN: 978-3-424-15451-1

Inhalt

Die Grundlagen für ein reguliertes Nervensystem

Wie Somatic Experiencing meine Welt auf den Kopf stellte

2017 erschien meine Welt ziemlich normal. Ich führte ein sehr durchschnittliches Leben: Ich hatte einen Job als Empfangsdame in einer Physiotherapiepraxis, war in Teilzeit selbstständig als Tierheilpraktikerin. Ich war seit elf Jahren glücklich liiert. Zu Kindern war es irgendwie nie gekommen, dafür bereicherten zwei Katzen und meine Hündin Lassie unser Leben. Wie gesagt, alles ziemlich normal. Auf die Frage, wie es mir geht, antwortete ich standardmäßig: gut! Denn in meinen Augen war das meiste gut.

Ehrlicherweise war ich ein wenig zwiegespalten. Auf der einen Seite gab es da eindeutig zu viele Dramen, auf der anderen Seite empfand ich mein Leben als seltsam leer und fad. Die Dramen, ha, die hätten der Stoff für spanische Telenovelas sein können. Kleine Kostprobe gefällig?

Ein Spätsommertag in Bremen im Jahr 2004. Die Sonne scheint mir ins Gesicht, junge Menschen flanieren um mich herum. Ich bin ein wenig knapp bei Kasse, denn ich lasse mich gerade von meinem Mann scheiden. Schweren Herzens rufe ich einen befreundeten Juwelier an, bei dem mein zukünftiger Ex-Mann mir gern Schmuck gekauft hatte. »Willst du nur die Perlenkette oder auch die Ohrringe und das Armband verkaufen?«, fragt mich der Juwelier. Mein Herz setzt für einen Moment aus, meine Welt bleibt stehen. Mein Ex-Mann hatte mir nie Ohrringe und ein Armband geschenkt. Mir wurde endgültig klar, was ich schon seit Jahren insgeheim wusste: Er hat eine andere. Später stellte sich heraus, dass mein Mann »vergessen« hatte, mir zu sagen, dass er schon seit Jahren ein Doppelleben mit einer weiteren Frau führte …

Neben filmreifen Dramen gab es viele kleine Eskapaden, die mein Leben anstrengend machten, wie diese hier: Ich sitze im Zug nach Hannover. Eigentlich wollte ich nach einem Fotoshooting zurück nach Bremen. Ich habe mal wieder nur husch, husch geschaut, auf welchem Gleis mein Zug abfährt – und sitze prompt im falschen. Der fährt 40 Minuten in die entgegengesetzte Richtung, bevor ich aussteigen, mir ein neues Ticket buchen und meinen Mann, der mich am Bahnhof in Bremen abholen möchte, informieren kann.

Oder ich sitze mutterseelenallein im Ferienhaus meines Vaters in Südspanien. Mein Partner hingegen sitzt im Flugzeug nach Bremen. Was war passiert? Ich hatte nach einem wunderschönen Urlaub meinen Pass im Ferienhaus liegen lassen. Leider bemerke ich dies erst, als wir in Malaga am Gate zum Einchecken stehen. Ohne Pass kein Flug für mich, zumindest nicht dieser.

Neben solchen Schusseligkeiten passieren mir ständig merkwürdige Sachen: Weinend sitzt meine bis eben beste Freundin vor mir und gesteht mir ihre Liebe. Ihre Liebe von Frau zu Frau – nicht als Freundin. Dumm nur, dass ich so gar nicht auf Frauen stehe und damit meine beste Freundin verliere. Oder die Chefin, die auf mich eifersüchtig ist und mir die Arbeit zur Hölle macht, weil ich angeblich etwas mit ihrer Partnerin habe, die gleichzeitig meine andere Chefin ist. Oder mein Stiefvater, der mir auf der Beerdigungsfeier meiner Mutter einen Schuldschein unter die Nase hält, weil mein Ex-Mann noch Schulden bei ihm hat. All das und noch viel mehr sind meine großen und kleinen Dramen, die mir den Eindruck vermitteln: Das Leben ist hart. Ich muss kämpfen. Einfach – das ist für Sasja nicht vorgesehen.

Viel Wind, wenig Bewegung

Du siehst, mit meinen Dramen konnte ich auf Partys locker die Gäste unterhalten. Manches klang so unglaubwürdig, dass selbst ich an den Geschichten zweifelte. War das wirklich mir passiert? Ja, das war mein Leben. Und auf der anderen Seite hatte ich diese Sehnsucht nach mehr, die Sehnsucht nach mehr Sinn, mehr Wert in meinem Leben. Hättest du mich allerdings gefragt: »Sasja, wovon willst du denn genau mehr?«, – ich hätte es dir nicht beantworten können. Aber gerade wenn ich allein war, mich kein Drama von mir selbst ablenkte, da spürte ich, dass mein

Leben seltsam schal war. Sehnsucht brannte in meinem Herzen; es tat schon körperlich weh. Ich fühlte mich hilflos, verstand mich nicht, fand mich insgeheim ein wenig schräg. Okay, ich will ehrlich mit dir sein: Ich fand mich äußerst schräg. Aber ich hatte hervorragende Tools entwickelt, mit denen ich die anderen blenden konnte. Niemand sollte merken, wie schräg ich wirklich war. Oft lag ich nachts wach und fragte mich: »Wenn ich wüsste, dass ich morgen nicht mehr aufwache, welches Fazit würde ich dann über mein Leben ziehen? Hätte es sich ›gelohnt‹, wäre es ein gutes Leben gewesen?« – »Nein«, war meine ehrliche Antwort. Es hätte sich nicht gelohnt. Scherzhaft stellte ich mir vor, dass ich bei Gott an die Tür klopfe und er mich nicht einlassen würde, weil ich mein Leben vergeudet hätte. Autsch, das tat echt weh!

Zum Glück ist alles anders gekommen. Und ich bin mir sicher, heute würde Gott mich freudestrahlend dort oben begrüßen und herzlich willkommen heißen. Warum mein Leben eine solche Wendung hingelegt hat? Ich bin »zufällig« auf Somatic Experiencing® (SE) gestoßen.

Was ist heute so anders in meinem Leben?

Vieles. Ich bin pünktlich. Ich habe oft eine Sicherheitsreserve an Zeit und kann ganz entspannt meinem Termin entgegensehen. Ich stehe am richtigen Bahngleis. Ich sitze im gebuchten Zug. Mein Ausweis und ich – wir lieben uns, wir bleiben zusammen und er geht nicht mehr auf wundersame Weise verloren. Ich bin klar in meiner Kommunikation und verhindere so viele Konflikte, in die ich früher blindlings hineingestolpert bin. Ich habe genaue Vorstellungen darüber, was ich will und was ich nicht will. Ich traue mich, mich wichtig zu nehmen und das anderen gegenüber zu äußern. Ich setze Grenzen, ohne Angst zu haben, dass der andere mich deswegen verlässt. Das Allerwichtigste: Ich mag mich. Jeden Tag sogar ein Stückchen mehr. Ich finde mich nicht mehr alienmäßig oder schräg. Ja, ich bin anders – in vielen Aspekten. Und das ist gut so. In einem Satz lässt sich die Reise zu mir am besten so beschreiben: Ich wurde von meiner größten Feindin und Kritikerin zu meiner besten Freundin.

Und nein, mein Leben ist nun nicht 24 Stunden am Tag Friede, Freude, Eierkuchen. Natürlich nicht, es gibt in meinem Leben weiterhin Herausforderungen. Was sich aber um 180 Grad gedreht hat, ist, wie ich mit den Herausforderungen umgehe. Ich bin lösungsorientiert – jedoch ohne mich in toxischer Positivität zu verheddern. Ich habe Optionen. Ich kann agieren, anstatt wie früher ohnmächtig auf das Leben zu reagieren.

Das willst du auch, nicht wahr? Dann erzähle ich dir mehr über diese Wunderwaffe Somatic Experiencing (SE). SE ist ein körperorientiertes Traumatherapieverfahren und stellt das Lebenswerk des amerikanischen Traumatherapeuten Peter Levine dar. Hui, Trauma? Bei dem Wort sind die meisten Menschen sofort raus. »Ich habe doch gar kein Trauma!«, erklärst du vielleicht mit Vehemenz. Aber warte: Das ursprünglich griechische Wort »Trauma« bedeutet nichts anderes als »Wunde« oder »Verletzung«. Und diese passieren uns auf emotionaler Ebene besonders in der Kindheit häufig. Emotionale Verletzungen hinterlassen Spuren im Nervensystem, die, wenn sie überhandnehmen, negative Auswirkungen auf alle Lebensbereiche haben. Die Schäden im Nervensystem kann man nicht sehen. Es gibt auch (noch) keine Symptome-Fibel, anhand derer du feststellen kannst, ob dein Nervensystem geschädigt ist.

Von den Vorteilen eines regulierten Nervensystems

Ein Trauma ist die am meisten vermiedene, ignorierte, verleugnete, missverstandene und unbehandelte Ursache menschlichen Leidens.

Peter Levine

Millionen von Menschen suchen auf alle erdenkliche Weise nach einem besseren Leben, trinken morgens ekligen Selleriesaft, journalen sich zu Tode und verzweifeln an der Meditation … Dabei ist die Lösung so einfach: Reguliere dein Nervensystem, und dein Leben wird in allen Bereichen besser. Lass uns den Begriff »Trauma« zunächst an der Seite parken, lies erst mal diesen Ratgeber. Ich bin mir sicher: Am Ende des Buches wirst du anders über Trauma und dein Nervensystem denken!

Okay, wie hat Somatic Experiencing nun mein ganzes Leben auf den Kopf gestellt? Kehren wir in den Spätsommer 2017 zurück. Ein Jahr zuvor hatte ich erfolgreich die Prüfung zur Heilpraktikerin für Psychotherapie bestanden. Um meine zumeist weiblichen Kundinnen besser und effektiver begleiten zu können, hatte ich mich für die dreijährige Ausbildung als Somatic-Experiencing-Therapeutin entschieden. Im August 2017 sitze ich also im ersten von insgesamt sechs Ausbildungsblöcken der besagten Körpertherapieform in Köln. Ehrlich gesagt, ich bin über die Maßen angepisst. Seit Tagen machen wir Übungen, um den Körper zu spüren. Besonders der Morgen ist absolut schrecklich; da komme ich lieber zu spät, damit ich diese dämlichen Körperübungen verpasse. Ich gebe dir einen kleinen Vorgeschmack und vielleicht machst du gleich mit, um meine Misere zu verstehen: Eines Morgens sollen wir uns auf den vorderen Rand des Stuhles setzen und intensiv in unsere Sitzbeinhöcker spüren. »Was zum Teufel sind Sitzbeinhöcker?!«, denke ich. Aha, irgendwelche kleine Knöchelchen im Gesäß. Dass ich Knochen spüren kann, ist mir neu. Dass ich sie tief in meinem Gesäß, versteckt unter Massen von Körperfett, spüren soll – haha, guter Scherz! Sehr langsam sollen wir unsere Körperhaltung verändern. »Verlagere dein Gewicht ganz achtsam nach links auf den linken Sitzbeinhöcker … und spüre nach. Was ändert sich dadurch, dass du dein Gewicht nach links verlagerst?«, säuselt die Yogalehrerin in einem Singsang, der bei mir nicht die erhoffte Beruhigung und Entspannung bewirkt, eher das Gegenteil. Wenn sie noch langsamer spricht, dann spricht die gute Frau rückwärts. Oh mein Gott, macht mich das wütend! Wenn ich noch einmal die Wörter »spüren«, »achtsam« oder »langsam« höre – dann muss ich durchdrehen. Denn, ich spüre NICHTS. Einfach nichts.

Wie ist es dir gerade ergangen? Hast du gerade deinen linken Sitzbeinhöcker gespürt? Wahrscheinlich nicht. Willkommen im Klub. Endlich folgt die rettende Mittagspause. Bloß weg von diesen Menschen mit ihrem kollektiven Honigkuchenpferd-Grinsen im Gesicht. Die dauernd mitfühlend nicken. Und quälend langsam sind. Meine Welt ist schnell – und das liebe ich! Ich hasse Langsamkeit! Gehetzt gehe ich zum Mittagessen in Richtung Rudolfplatz, hoffentlich begegne ich keinen anderen Teilnehmern. Mir kommt es vor, als sei dieses Spüren wie eine unsichtbare, ansteckende Krankheit. Menschen, die zu Beginn der Woche noch ähnlich gehetzt und unter Strom standen wie ich, sind plötzlich ganz anders. Sie sind laaaaangsam und grinsen deppert.

Und dann der Aha-Effekt

Ich kann auf eine lange Reihe von schlechten Entscheidungen zurückblicken. Aber mit der Entscheidung, mich für drei Jahre für diese Ausbildung einzuschreiben, deren Wert dem eines gut ausgestatteten Kleinwagens entspricht – habe ich den Vogel abgeschossen. Ich ärgere mich maßlos über mich selbst und frage mich, ob es noch eine Hintertür gibt, um auszusteigen. Ich hänge meinen Gedanken nach. Okay, nun erst einmal etwas Leckeres essen. Um die Probleme kann ich mich auch noch später kümmern.

Plötzlich – während ich meinen schweren Gedanken nachhänge und mich die Frage beschäftigt, ob ich wieder den leckeren Thai-Imbiss besuche – passiert mein magischer »Erweckungsmoment«: Ich spüre. Ich merke, wie sich jeder einzelne Knochen in meinem Fuß beim Gehen bewegt. Was passiert, wenn ich meinen Fuß anhebe, welche Muskeln arbeiten müssen, um ihn überhaupt anheben zu können. Ich schaue mich erschrocken um. Was ist bloß mit mir los? War in meinem letzten Kaffee irgendetwas drin? Eine Substanz, die mein Erleben verändert hat – so ähnlich wie Drogen? Ich habe so einige Drogenerfahrungen in meinem Leben gemacht, aber das hier – das ist einfach bombastisch gut! Und meines Wissens habe ich keine Drogen zu mir genommen. Wow!

Ich schaue mich um. Die Farben erscheinen mir intensiv, fast schmerzen sie ein wenig in meinen Augen. Plötzlich komme ich mir vor, als wäre ich ein vierjähriges Kleinkind, das einen Malkasten geschenkt bekommen hat und sich nun voller Freude allen Farben der Palette widmet. Krass, als ob man mit Photoshop die Sättigung aller Farben nach oben gedreht hätte! Ich komme aus dem Staunen nicht heraus. Auch die Geräusche – so nah, so lebendig, der absolute Wahnsinn. Verwirrt, belustigt und ein wenig erschrocken schaue ich mich um, schaue an meinem Körper herunter. Was ist bloß los mit mir?! Warum ist plötzlich die Welt so nah, so greifbar?

Essen ist in meiner Welt immer eine gute Lösung. So gehe ich zum Thai-Imbiss. Bestelle das gleiche Gericht wie gestern. Puh, erst einmal beruhigen – das war ziemlich merkwürdig, was gerade passiert ist. Mein duftendes, grünes Thai-Curry steht vor mir. Ich probiere es. Und es passiert schon wieder: Etwas in mir scheint zu explodieren. Dieser Geschmack – nicht von dieser Welt! Wow, ist das heute ein anderer Koch, der einfach ein wenig mehr Currypaste benutzt hat? Ich schaue hinter den Tresen. Nein, derselbe Koch wie gestern. Wie kann das Curry heute so anders schmecken? Auch hier ist es, als ob jemand die Geschmackssättigung bis an den Anschlag nach oben gedreht hätte. Ich frage mich, ob ich nun doch endlich verrückt bin oder – bessere Variante – bei der Ausbildung etwas mit mir geschehen ist.

Ich spanne dich nicht länger auf die Folter, was an diesem denkwürdigen Tag, der noch bis heute nachhallt, passiert ist: Nein, es waren keine Drogen im Spiel. Nein, ich war nicht verrückt geworden. Aber zum allerersten Mal in meinem Leben bewohnte ich meinen Körper und begann eine Ahnung davon zu bekommen, was es heißt, zu spüren. Das war mein Erweckungsmoment: Zum ersten Mal in meinem Leben, mit 43 Jahren, spürte ich.

Spüren: Anwesend sein im eigenen Leben

Spüren ist eines der Kernelemente von Somatic Experiencing. Was so läppisch klingt und aussieht (und was ich aufgrund seiner vermeintlichen Banalität die ganze Woche nicht tun wollte), war der gute Boden, in dem der Samen von wahrer Lebendigkeit aufgehen konnte. Ich darf dir an dieser Stelle schon verraten: Nicht-Spüren war das, was mein Leben so fad gemacht hatte. Durch das Nicht-Spüren war ich nie wirklich hier, nie im Moment anwesend. Deswegen fühlte sich mein Leben wie schaler, abgestandener Kaffee an. Ich hätte noch 1037 Dinge ausprobieren können, um mein Leben gehaltvoller und sinnvoller machen zu wollen. All das hätte nichts genutzt. Denn ich war bis zu diesem ersten Spürmoment nie wirklich in mir zu Hause. Wie kann sich das Leben prall und lebendig anfühlen, wenn man gar nicht dabei ist? Darin liegt der wichtigste Perspektivenwechsel, den ich dir mit diesem Buch vermitteln möchte: Ich kreierte Dramen – unbewusst –, um mein Leben ein wenig aufzupeppen. Es ein wenig schärfer zu machen. Weil es auf der anderen Seite so leer war.

Ich möchte dich mit diesem Buch einladen zu spüren, um dein Leben gehaltvoller zu machen. Ich möchte dich einladen, nicht länger unbewusst Dramen zu kreieren und dein Leben vorbeiziehen zu lassen. Ich möchte dich einladen, es in ein Leben mit Prädikat »geil!« zu verwandeln. Ich weiß, du bist eine kluge Frau und hast bereits geschlussfolgert: Oh mein Gott, dann führt wohl kein Weg am Spüren vorbei. Genau, du hast es erfasst. Ich habe dir versprochen, dass du am Ende des Buches anders über Trauma denken wirst. Ebenso verspreche ich dir: Auch über das Spüren wirst du – sofern du die Körperübungen machst (oh ja!), anders denken. Ich verspreche dir: Du wirst das Spüren lieben. Und all das wird dein Leben nachhaltig verändern. Es wird dich glücklicher machen. Es wird dich erfüllte Beziehungen führen lassen.

Warum ich den Mund so voll nehme? Die Erfahrung mit über 500 Kundinnen, deren Lebensgeschichten extrem vielfältig sind, hat mir das gezeigt. Meine eigene Geschichte hat es mir gezeigt. Ja, es gibt sie noch, die Dramen in meinem Leben. Allerdings keine Dramen mehr, die ich unbewusst provoziert habe.

Die letzten Jahre haben mir sehr deutlich gezeigt, was durch Somatic Experiencing in mir gereift ist: 2019 verstarb mein Stiefvater. Dies gipfelte in einem wahnsinnig heftigen Streit mit meiner Schwester.

Dann starb meine über alles geliebte Omi, nur Wochen später mein Onkel. Ende 2019 war ich plötzlich auf der Mutterlinie die älteste Überlebende – alle Älteren waren von jetzt auf gleich tot, meine Mutter war bereits vor neun Jahren verstorben. Früher hätte mir das den Boden unter den Füßen weggezogen und mich wahrhaftig straucheln lassen. Tat es nicht. Denn durch SE hatte ich so tiefes Vertrauen in mich gewonnen, dass ich mir sicher war: Hier komme ich durch. Vielleicht mit einem blauen Auge – aber ich komme durch. Ich habe mir Resilienz erarbeitet. Somatic Experiencing hat das Potenzial, auch dein Leben positiv und grundlegend umzukrempeln.

Zu Risiken und Nebenwirkungen ...

Nimm die blaue Pille: Die Geschichte endet, du wachst in deinem Bett auf und glaubst, was du auch immer glauben willst. Nimm die rote Pille: Du bleibst hier im Wunderland und ich werde dir zeigen, wie tief das Kaninchenloch reicht.

Zitat aus dem Film Matrix (1999)

Hast du den Film *Matrix* gesehen? Dort geht es darum, dass die Welt eine Fiktion ist. Dem Helden Neo wird eine blaue oder eine rote Pille angeboten; mithilfe der blauen Pille endet die Fiktion, mit der roten Pille wird er die Fiktion weiterleben. So ähnlich ist es mit diesem Buch: An dieser Stelle muss ich dich davor warnen, dass du nach dem Lesen dieses Buches die Welt eventuell mit anderen Augen sehen wirst. Die Welt durch die Brille des Nervensystems und des Traumabegriffs zu sehen – wie ihn Peter Levine geprägt hat –, wird deine Welt verändern. Du wirst sehen, dass wir in einer zutiefst traumatisierten Welt leben. Das wird dir mit Sicherheit am Anfang Angst machen. Hat es mir auch. Es wird dich ein wenig verzweifeln lassen. Zunächst. Aber dann wird es dir das Potenzial eröffnen, deine Welt anders zu gestalten. Liebevoller. Empathischer. Mit starken Grenzen. Selbstbewusster. Und vor allen Dingen traumainformierter.

Ich brauche dich, ich brauche dich als Leserin.

Ich brauche dich, damit auch du Teil einer stillen Revolution wirst, die sich als »traumainformiert« bezeichnet und so Traumata nicht unbewusst weiter füttert.

Ich brauche dich, damit du anders, vielleicht liebevoller mit deinem Partner umgehst.

Ich brauche dich als mitfühlende Mama, die ihr Kind durch Gefühlsstürme begleitet.

Ich brauche dich als gute Schwester und Tochter, die endlich eine neue, empathische Kultur in ihre Familie bringt und die erste Cycle-Breakerin in ihrer Familie ist.

Ich brauche dich als traumasensible Mitarbeiterin, die weiß, dass auch Wörter verletzen können.

Lass uns die Welt zu einem besseren Ort machen. Ich danke dir aus tiefstem Herzen! Ebenso muss ich dich vor der Nebenwirkung warnen, dass dein Leben echt gut werden könnte. Und ich sage dir: Glück kann manchmal verdammt anstrengend sein.

Zu guter Letzt darf ich dich davor warnen, dass ich Dinge gerne anders mache. Ich bin nicht das, was man von einer klassischen Therapeutin erwartet, das »leere weiße Blatt«, das du als meine Klientin und Kundin beschreiben darfst. Auch in der Therapiebeziehung bin ich in allererster Linie eines: ein Mensch aus Fleisch und Blut. Der sich nicht davor scheut, dich nah an sich heranzulassen. Ich benutze Wörter, die sich nicht für eine Therapeutin ziemen, erst recht nicht für eine Traumatherapeutin. Ich mache die Dinge so, wie ich sie für richtig halte. Das ist noch eine Nebenwirkung von SE: Endlich du selbst zu sein und dadurch für andere herrlich unbequem zu werden. Ich bin mir nicht zu schade, über mich selbst zu lachen und mich durch den Kakao zu ziehen. Ich traue mich, Leichtigkeit in psychologische, sogar in Traumathemen hineinzubringen.

Wenn du bis hierher gelesen hast, dann habe ich dich anscheinend mit meinem Style nicht verschreckt und bin guter Hoffnung, dich bis zum Ende des Ratgebers mitnehmen zu können.

Wie du das Buch am besten für dich nutzt

Dieser Ratgeber ist in zwei Teile gegliedert, den theoretischen und den praxisnahen Teil. Im Theorieteil erhältst du die Grundlagen, um das Buch verstehen zu können, entsprechend nachvollziehbar ist dieser Teil gestaltet.

Im praxisnahen Teil stelle ich in den einzelnen Kapiteln die typischen Probleme und Herausforderungen anhand der fiktiven Nicole in nachgestellten Geschichte dar. Natürlich sind diese Geschichten den wahren Geschichten meiner Kundinnen nachempfunden. Und an so mancher Stelle erzähle ich einfach meine Geschichte. Du erfährst zum Beispiel, warum Gefühle eine Herausforderung für dich sind, warum du immer wieder an den falschen Typ Mann oder so oft finanziell ins Straucheln gerätst. Und was all das mit deinem Nervensystem zu tun hat. Jede Geschichte betrachten wir anschließend mit der Nervensystem- und/oder Traumabrille. So erschließt sich für dich, warum es bestimmte wiederkehrende Probleme in deinem Leben gibt. Mit diesen Brillen lassen sich viele Herausforderungen überraschend simpel und logisch herleiten. Du zahlst in jedem Kapitel ein wenig mehr auf dein Nervensystem-Konto ein und stellst fest: Ich bin doch nicht verrückt – mein Nervensystem ist nur nicht reguliert. In einigen Kapiteln gibt es einen kleinen Test für dich, um zu überprüfen, wie es zum Beispiel gerade um dein Nervensystem bestellt ist.

So schaffst du dir die Grundlagen

Ich empfehle dir, das Buch chronologisch zu lesen (sagt die, die Bücher grundsätzlich nicht chronologisch liest). Gerade zu Beginn erkläre ich dir einige Grundlagen des Nervensystems und der Traumadynamik. Sollten dich einzelne, spätere Kapitel anziehen und du hast die ersten Kapitel nicht gelesen, fehlen dir die wichtigen Grundlagen. Und versprochen: Es bleibt alles in diesem humorigen und leicht verständlichen Stil. Das ist kein Buch, das du am Schreibtisch mit Zettel und Stift lesen musst. Nein, es ist ein Buch, das durchaus auf dem stillen Örtchen gelesen werden kann. Was nicht mit seinem Gehalt zu tun hat – ich sage dir: Das Buch hat Wumms!

Triggerwarnungen: Nein, danke!

Innerhalb der Psychobubble hat sich aus meiner Sicht die Unart eingeschlichen, jeden Text mit einer Triggerwarnung zu versehen. Ja, ich spreche über Trauma, über Gewalt und sogar offen über sexuellen Missbrauch. Wäre auch merkwürdig, wenn die Wörter in dem Kontext nicht vorkommen würden. Es ist ein bisschen wie bei Harry Potter: Niemand traut sich, den Namen von Lord Voldemort auszusprechen, weil er so schrecklich ist. Harry Potter ist der mutige Junge, der keine Scheu hat, seinen Namen laut auszusprechen. So führt er einen Paradigmenwechsel herbei und der unheimliche Lord Voldemort verliert ein wenig von seinem Schrecken. Genau das wünsche ich mir für das Thema Trauma und psychische Erkrankungen. Daher verzichte ich komplett auf Triggerwarnungen. Grundsätzlich könnte nämlich *alles* triggerauslösend für dich sein. Wie soll ich ausschließen können, dich nicht zu triggern? Ich kann nicht zu 100 Prozent die Gefahr ausschließen, dass ich durch einen Satz, die Art, wie ich schreibe, mein Coverfoto oder was auch immer etwas in dir auslöse. Dann dürfte ich das Buch gar nicht veröffentlichen. Was ich aber machen kann, ist, dir auf Augenhöhe zu begegnen: Du bist ein mächtiges Wesen und genau so möchte ich dich behandeln. Du bist erwachsen und kannst dich gut um dich selbst kümmern. Dessen bin ich mir sicher! Daher meine Einladung an dich: Sei achtsam und liebevoll mit dir beim Lesen des Buches.

Ein letzter Hinweis: Das Buch richtet sich an »normal neurotische« Menschen. Solltest du an einer ernsthaften psychischen Erkrankung leiden, sind die Übungen für dich unter Umständen nicht geeignet. Bitte besprich mit deinem behandelnden Arzt oder Therapeuten, ob die Übungen für dich passen.

Das Genderthema

Gendern – ja oder nein? Diese Frage stellte sich ziemlich schnell. Der Übersichtlichkeit halber habe ich meist die männliche Anredeform gewählt.

Ein weiteres mögliches Fettnäpfchen, das sich beim Schreiben ergab, ist die Beschreibung der Familienform. Auch hier habe ich der Einfachheit halber die »klassische« Familienform von Mutter, Vater und Kind gewählt und nicht explizit »Mutter, Mutter und Kind« oder »Vater, Vater und Kind« erwähnt. Aber natürlich sind auch diese Familienformen mit gemeint.

Mein Geschenk an dich

Dies wäre kein Ratgeber, würde ich dir nicht Tools mitgeben, mit denen du dir selbst helfen kannst. Er ist also gespickt mit vielen tollen Übungen für dein Nervensystem und deinen Körper. Daneben gibt es zahlreiche Reflexionsübungen, eine geführte Fantasiereise und Trainingspläne, um deine bisherigen Herausforderungen in den Griff zu bekommen. Auf Seite 268 findest du ein Register, in dem alle Übungen mit den jeweiligen Seitenzahlen aufgelistet sind.

Als Bonus habe ich mir etwas ganz Tolles einfallen lassen: Die meisten Übungen habe ich eingesprochen und du kannst dich von mir anleiten lassen. Scanne dazu den QR-Code im Anhang und du kannst auf alle vertonten Übungen zugreifen.

Klingt gut, oder? Dann viel Spaß und bahnbrechende, lebensverändernde Momente bei der weiteren Lektüre. Auf in dein neues Leben!

Alles, alles Liebe, deine Sasja

Alles Trauma, oder was?

Was Trauma wirklich ist

Wenn ich auf einer Party bin und keine Lust auf den Small Talk der Gäste habe, wende ich einen lustigen und effektiven Trick an. Auf die Frage, was ich beruflich mache, antworte ich wahrheitsgemäß: »Ich bin Traumatherapeutin.« Dabei grinse ich mein Gegenüber an. In neun von zehn Fällen muss mein Gesprächspartner plötzlich überaus dringend auf die Toilette, sich etwas zu trinken holen oder zu Hause den Husten des Hamsters endlich in den Griff bekommen.

Das Wort »Trauma« verschreckt die meisten Menschen. »Man« möchte mit Trauma nichts zu tun haben. Trauma ist wie eine schlimme, schmierige und ansteckende Krankheit, von der man selbst verschont bleiben möchte. Also, bloß weg von dem Thema! Das kann ich nur allzu gut nachvollziehen. Ich frage dich und bitte um deine ehrliche Antwort: Was war dein erster Impuls beim Wort »Trauma«? Hast du an die schlimmen Nachrichten aus dem TV gedacht, wie zum Beispiel den großen Missbrauchsfall in Lügde? Oder denkst du an die Menschen in der Ukraine, die alles hinter sich lassen mussten, um ihr Leben zu retten? Ja, das ist natürlich Trauma. Trauma ist in Wahrheit aber so viel mehr als die schlimmen Katastrophen wie schwere Naturphänomene, das Erleben von massiver Gewalt, tragische Unfälle oder Vergewaltigung.

Wenn wir uns das Wort »Trauma« näher anschauen, dann verliert es schon seinen ersten Schrecken. In der griechischen Wortherkunft bedeutet »Trauma« nichts weiter als »Wunde«. Darüber sollte man in der Lage sein, sprechen zu können. Warum wird dann so ein großer Bogen um dieses Thema gemacht, als sei es ein gemeines Virus, das einen hinterrücks anfällt? Tja, wir Menschen sind schon merkwürdig. Auf der einen Seite wollen wir das Thema Trauma unbedingt meiden, auf der anderen Seite benutzen wir das Wort inflationär. Hier einige Beispiele zum nicht korrekten Wortumgang mit Trauma: »Der Haarschnitt bei meiner Frisörin ging voll in die Hose. Jetzt habe ich ein Friseur-Trauma!« Oder: »Als Kind haben meine Eltern mir verboten, Cola zu trinken. Das hat mich echt traumatisiert!« Da hat sich das Wort »Trauma« also in unseren allgemeinen Sprachgebrauch eingeschlichen. In der Regel – Ausnahmen bestätigen diese – verdienen solche Begebenheiten nicht das Prädikat »Trauma«. Okay, was aber ist dann Trauma?

Entscheidungsinstanz Nervensystem

Die »offizielle« Somatic-Experiencing-Definition von Trauma ist simpel:

Trauma ist zu viel.
Trauma ist zu schnell.
Trauma ist zu plötzlich.

Was bedeutet das genau? Es heißt, dass grundsätzlich *alles* Trauma auslösen könnte. Alles, was von einer Person zum Zeitpunkt des Ereignisses als zu viel, zu schnell oder zu plötzlich erlebt wird. Ja, du hast richtig gelesen. Theoretisch könnte es also bedeuten, dass der obige Satz über den verpatzten Friseurbesuch bei der betreffenden Person ein Trauma ausgelöst hat. Theoretisch könnte es auch sein, dass die entgangene Cola in der Kindheit einen nachhaltigen Schaden bei jemandem verursacht hat. Warum? Weil wir nicht sehen können, was für eine Person eben zu schnell, zu viel oder zu plötzlich ist. Menschen sind individuell, Trauma ist es auch. Wir dürfen lernen, achtsam und sensibel mit dem Wort »Trauma« umzugehen. Wir dürfen uns selbst im Griff haben, dass wir uns nicht anmaßen zu bewerten und zu beurteilen, was für einen anderen Menschen traumawürdig ist. Das kann und muss nur die Person selbst entscheiden.

Und bevor du nun denkst: »Ich entscheide mich dafür, was mein Trauma ist und was nicht« – du kannst ein Trauma nicht mit bloßer Willenskraft oder gar Disziplin bekämpfen. Im Grunde genommen »entscheidet« dein Nervensystem darüber, was für es zu viel, zu schnell oder zu plötzlich ist. Gerade von renommierten Traumakollegen wurde ich zu Beginn der Öffentlichmachung der Traumadefinition mit dem übelsten Shitstorm auf den sozialen Medien bedacht. »Es kann doch nicht alles Trauma sein!« Oder: »Was für eine Respektlosigkeit den Menschen gegenüber, die echtes Trauma überlebt haben, mit einer solchen Traumadefinition daherzukommen!« Auf den ersten Blick mögen meine Kollegen recht haben. Aber: Man darf sich die Symptome der Menschen anschauen. Man darf sehr genau dem Körper lauschen, der fortwährend eine Geschichte erzählt. Und diese Geschichte hat den Titel: »Ich bin traumatisiert und mein Nervensystem ist aus dem Takt geraten.« Das ist für mein Verständnis genug Erklärung.

Trauma ist relativ

Ein schwerwiegendes Ereignis kann bei Person A also ein Trauma auslösen, bei Person B hingegen nicht. Noch spannender: Eine Sache, die Person A als Kleinigkeit und nicht der Rede wert einstufen würde, kann bei Person B ein massives Trauma auslösen. Das Kausalitätsprinzip gilt im Traumabereich nicht: Dieses Prinzip besagt, dass eine bestimmte Ursache eine bestimmte Wirkung erzeugt. Wenn es regnet, dann wird die Straße nass. Das ist *immer* so. Es *kann nicht sein*, dass bei Regen die Straße nicht nass wird. Was hingegen ein Trauma in einem Menschen heraufbeschwört, hängt von vielen verschiedenen Faktoren ab:

- Gibt es frühere Traumata?
- Wie ist es um die Resilienz der Person bestellt? (Zur Resilienz mehr ab Seite 31)
- Wie sieht das Window of Tolerance und der Zustand des Nervensystems der betreffenden Person aus? (Zum Window of Tolerance mehr ab Seite 31)
- Gab es in der möglichen Traumasituation ein gut reguliertes Gegenüber, das eine Verbindung zur betreffenden Person herstellen konnte und so äußerst beruhigend einwirkte?
- Hatte die betroffene Person nach dem Ereignis ein unterstützendes Umfeld?

Zur Erläuterung ein Beispiel: Peter und seine Frau Annemarie geraten in ein schweres Erdbeben. Beide entkommen nur haarscharf dem Tod und liegen wochenlang auf der Intensivstation. Glücklicherweise genesen beide von ihren Erkrankungen. Etwa 18 Monate nach dem Vorfall entwickelt Peter eine massive Panikstörung. Annemarie hingegen hat die Naturkatastrophe als Wink des Schicksals empfunden. Sie hat ihr komplettes Leben positiv auf den Kopf gestellt und ist förmlich aufgeblüht. Wie kann es sein, dass Peter anscheinend aufgrund des Erdbebens traumatisiert ist, Annemarie hingegen nicht? Ist Peter ein Weichei, seine Frau Annemarie hingegen eine Heldin, die nichts so leicht aus der Bahn wirft? Nein. Wahrscheinlich hatte – aus welchen Gründen auch immer – Peter weniger Ressourcen, also Quellen der Resilienz, zur Verfügung, um der Situation adäquat begegnen zu können.

Die medizinische Traumadefinition als Sackgasse

Wie wir Trauma bisher sehen, ist durch unser Gesundheitssystem und insbesondere den ICD geprägt. Der ICD ist die Fibel für Ärzte und Therapeuten, die festlegt, welche Kriterien erfüllt sein müssen, damit man an einer bestimmten Erkrankung leidet.

Okay, für die Definition von Trauma musst du gut sitzen. Du sitzt also gut, ja? Laut ICD lautet sie: »… eine verzögerte Reaktion auf ein belastendes Ereignis oder eine Situation außergewöhnlicher Bedrohung oder katastrophenartigen Ausmaßes (…), die fast bei jedem eine tiefe Verzweiflung hervorrufen würde. Hierzu gehören (…) eine Kampfhandlung, ein schwerer Unfall oder Zeuge eines gewaltsamen Todes oder selbst Opfer von Folterung, Terrorismus, Vergewaltigung oder anderen schweren Verbrechen zu sein (…)« (Quelle: *ICD-10, internationale Klassifikation psychischer Störungen*). Ich weiß nicht, wie es dir geht, aber ich kenne nicht so viele Menschen, die gefoltert wurden, im Krieg oder Zeuge eines gewaltsamen Todes waren. Um ganz genau zu sein: niemanden. Dennoch kenne ich sehr viele Menschen, die traumatisiert sind.

Der bisherige Umgang mit Traumata in unserem Gesundheitssystem ist, selbst wenn ich beide Augen zudrücke und alle fünfe gerade sein lasse, nur eines: ganz großer, fataler Bullshit. Seit dem 1. Januar 2022 ist immerhin offiziell der ICD-11 in Kraft, der die komplexe posttraumatische Belastungsstörung enthält und so ein paar mehr Menschen als möglich traumatisiert einstuft. Erfüllt man die in der Definition genannten Kriterien nicht, gibt es in den meisten Fällen keine Diagnose. Oder, noch schlimmer, die Verlegenheitsdiagnose »psychosomatische oder idiopathische Erkrankung« muss herhalten. Beides heißt nichts anderes, als dass die Medizin mit dem heutigen Wissensstand keine Erklärung für deine Erkrankung hat. Und wenn es keine Erklärung gibt, dann hast du es halt am Kopf oder mit den Nerven. Das Problem dabei ist, dass ohne Diagnose eine Behandlung oftmals nicht möglich ist. Wenn du ein kaputtes Auto in die Werkstatt bringst und der Kfz-Meister findet nichts – ja, dann bleibt das Auto halt kaputt. Du kannst dann dein Glück in der nächsten Werkstatt probieren, in der nächsten und in der nächsten. Und darauf hoffen, dass irgendjemand entdeckt, was an deinem Auto kaputt ist. Denn es lässt sich meist reparieren – wenn man eine Diagnose stellen kann. In unserem Trauma-Fall sieht es ähnlich aus: Ohne Diagnose ist nicht nur eine Behandlung oft nicht möglich. Nein, oft werden ohne Diagnose eine Kostenübernahme oder Reha-Maßnahme von den Krankenkassen verweigert.

Die Unzulänglichkeit des Systems

Warum mache ich den Schlenker in unser Gesundheitssystem, um dir Trauma näher zu erklären? Du darfst verstehen, dass unser Gesundheitssystem – noch – so aufgebaut ist, dass wir als Menschen durch Kategorisierungen in Schubladen passen müssen. Das ist auf der einen Seite äußerst sinnvoll, weil es die Arbeit vereinfacht und gleiche Regeln für alle schafft. Auf der anderen Seite berücksichtigt es nicht, dass wir Menschen höchst individuelle und einzigartige Wesen sind, für die es in der Regel keinen One-size-fits-all-Plan gibt. In meiner Praxis begleite ich hauptsächlich Menschen, die nach den Regeln des ICD kein Trauma haben können. Dennoch sind massive Störungen am Nervensystem mit den dadurch verbundenen Schwierigkeiten in fast allen Lebensbereichen zu sehen. Spinnen diese Leute? Spinne ich, weil ich sage, sie sind traumatisiert? Nein! Aus meiner Sicht ist der Traumabegriff zu eng formuliert und zu konkret definiert. Es entsteht der Eindruck, dass ein kausales Ereignis zwangsläufig zu einem Trauma führen *muss*. Was gleichzeitig im Umkehrschluss heißt: Es gibt viele Situationen, die von der Medizin bisher nicht so eingestuft werden, dass sie traumaauslösend *sind*. Pech gehabt! Dann bist du halt nur ein Weichei oder ein Simulant. Diese Sichtweise ist aus meiner Sicht der Ursprung viel unnötigen Leids und – sorry für meine Wortwahl – einfach nur Bockmist. Es macht mich wirklich rasend vor Wut! Nicht zu sprechen von den Kosten, die für die Allgemeinheit entstehen, wenn wir weiter am bisherigen Traumabegriff festhalten.

Der Körper als Hüter des Traumas

Trauma liegt nicht im Ereignis, sondern im Nervensystem.
Peter Levine

Wir denken, dass es sich bei einem Trauma um ein Ereignis handelt, das in erster Linie die Psyche betrifft, vielleicht noch zusätzlich so etwas wie die Seele. Durch die Forschung wissen wir mittlerweile, dass Traumata Schäden im ganzen Körper hervorrufen können. Bei Erwachsenen, die frühkindliche Traumata überlebt haben, sind zum Beispiel Veränderungen an der Amygdala festzustellen. Die Amygdala ist ein kleiner Teil im Gehirn, der für Emotionen, insbesondere Angst, zuständig ist. Sie ist in der Regel überaktiv und entdeckt auch dort Gefahren, wo keine sind. Außerdem arbeitet der Hippocampus, ein Bereich im Gehirn, der die Brücke von Kurzzeit- zu Langzeiterinnerungen ist, nicht korrekt. Vergangenheit und Gegenwart werden verwebt, sodass die Vergangenheit ständig präsent ist. Aus der Osteopathie wissen wir mittlerweile, dass Trauma im Gewebe, insbesondere in den Faszien, gespeichert wird. Das sind nur einige Beispiele dafür, dass Trauma auch im Körper stattfindet. Dort – je nach Intensität und Länge des Traumas – kommt es eventuell zu Schäden. Im Körper wird Trauma so lange gespeichert, bis die Traumastressenergie durch auflösende Traumatechniken aus dem Körper entlassen wird. So manch eine nimmt den aus der Kindheit entstandenen Stress mit ins Grab und hat ihn nie aus dem Körper entlassen.

Eine lustige Anekdote dazu: In der SE-Ausbildung durften wir Schüler miteinander unter Aufsicht üben. Ein Ausbildungsblock behandelte das Thema Unfälle und Stürze. Ich meldete mich in meiner Gruppe als »Klientin« an. Jahre zuvor hatte ich einen Reitunfall erlebt. Der war glimpflich ausgegangen und ich kam lediglich mit einem leichten Schädel-Hirn-Trauma für eine Nacht ins Krankenhaus. Ich persönlich hatte den Unfall zu 100 Prozent als positiv abgespeichert. Als der Unfall passierte, war ich als Restaurantleiterin eingestellt. Ich hatte eine nette Chefin und ein tolles Team – aber wie so oft: Ich war nicht glücklich. Als ich nun vormittags mit meiner Freundin und den Pferden ausritt, sagte ich zu ihr scherzhaft: »Ach, wenn ich jetzt vom Pferd fallen würde, dann käme ich ins Krankenhaus und müsste nicht zur Arbeit.« Drei Stunden später wachte ich im Krankenhaus auf. Als ich wieder ein wenig bei Sinnen war, bat ich meinen Partner, mir die Ausbildungsunterlagen zur Tierheilpraktikerin mitzubringen: Ich würde meinen festen Job kündigen und Tierheilpraktikerin werden. Das war mir nun absolut klar. Als wir in der Übungsgruppe den Unfall nach einem bestimmten Protokoll durcharbeiteten, bemerkte ich plötzlich, wie mein rechter Arm zunehmend taub wurde. Erschrocken starrte ich auf den Arm. Er war wenig durchblutet, eiskalt und kalkweiß – und ließ sich partout nicht bewegen. »Julia, mach etwas! Ich kann meinen Arm nicht mehr bewegen!«, schrie ich meine Übungskollegin an. Glücklicherweise kam einer der Ausbilder und konnte die Situation auflösen.

Was war passiert? Mein Körper erinnerte sich daran, dass mir in dem Moment zu wenig Zeit blieb, um das Pferd nach rechts zu korrigieren und zu verhindern, dass es mich buckelnd abwarf. Er hatte die Erinnerung gespeichert, dass ich auf den rechten Arm fiel und mir tüchtig wehgetan hatte. Auch wenn ich den Unfall äußerst positiv verknüpft hatte, weil er ein gänzlich neues und besseres Lebenskapitel für mich einläutete – mein Körper hatte das Unfalltrauma 13 Jahre lang ohne mein Wissen in meinen Zellen gespeichert.

Stressenergie, die wir nicht loswerden

Meine Hündin Lassie muss glücklicherweise nicht auf die Therapeutencouch, auch wenn sie täglich mit ihrem Todfeind konfrontiert wird. Warum? Weil ich ehemals Tierheilpraktikerin wurde und sie gut versorge? Wie kann ich sagen, dass *alles* Trauma auslösen kann? Wie kann es aber sein, dass einst wilde Tiere auch als Haustiere anscheinend nicht von Trauma betroffen sind? Wie kann es sein, dass ein Eisbär, der irgendwann fast ertrunken wäre, keine Panikstörung gegenüber arktischem Wasser entwickelt, sodass er keine Lachse mehr fangen geht? Sind Eisbären schlauer als die Krone der Schöpfung? Hier scheint es einen Widerspruch zu geben.

Aber nur scheinbar. Im SE verstehen wir eine Traumafolgestörung als die im Körper verbliebene Stressenergie. Diese Energie hat der Körper ursprünglich instinktiv zur Verfügung gestellt, um in einer (lebens-)bedrohlichen Situation den Kampf-oder-Flucht-Reflex auszulösen. An anderer Stelle gehen wir noch intensiv auf die Stressreaktionen ein (siehe ab Seite 57). Die Lösung – im wahrsten Sinne des Wortes – ist der Körper: In unzähligen Videos auf YouTube kannst du Wildtiere sehen, die sich nach einer belastenden Situation den Stress einfach aus dem Körper schütteln. In Grundzügen findet man das noch bei Hunden. Meine Hündin Lassie ist nicht besonders verträglich im Umgang mit Artgenossen und hat auf den täglichen Spaziergängen ihre »Lieblingsfeinde«. Nachdem wir einen der Kandidaten passiert haben, wird sich erst einmal ordentlich geschüttelt. Schütteln, schwups, ist der mit Cortisol und Adrenalin gespickte Körper dessen entledigt. Darum sind Tiere in der Regel nicht von Trauma betroffen – weil sie an ihrem effektiven Raus-aus-dem-Körper-Schütteln festhalten. Clever, nicht wahr?

Eine kleine Einschränkung noch an dieser Stelle: Ich denke sehr wohl, dass auch unsere Haustiere zunehmend traumatisiert sind und an Traumafolgestörungen leiden, weil wir Menschen vermehrt unsere

Tiere als Partner- oder Familienersatz ansehen und sie vermenschlichen. Wir nehmen den Tieren so immer mehr ihre angeborenen instinktiven Fähigkeiten, mit deren Hilfe sie gar nicht in einen Traumastrudel geraten würden.

Fehlende Empathie: Der Nährboden für Traumata

Trauma ist nicht das, was uns widerfährt, sondern das, was wir in der Abwesenheit eines empathischen Zeugen in uns tragen.

Peter Levine

Ein letzter, abschließender Blick auf Trauma: Wir Menschen sind absolute Bindungswesen. Die vergangene Corona-Zeit, die von Isolation geprägt war, hat uns deutlich gezeigt, wie stark wir darunter leiden, nicht mit anderen Menschen in Kontakt, in Verbindung zu sein. In meiner Praxis werden naturgemäß häufig schwere Themen besprochen. Doch je mehr ich in einer Situation mit den Klientinnen in wahrer Verbindung sein kann, desto einfacher fällt es, sich gemeinsam durch die schweren Themen hindurchzunavigieren. Ich bin dann die empathische Zeugin, die den Prozess begleitet und so eine mögliche Retraumatisierung verhindert. Auch das Gegenteil beweist diesen Satz: Die meisten Traumatisierungen geschehen durch das Fehlen von Empathie des Gegenübers in schwierigen Situationen.

Ein trauriges Beispiel aus der Praxis: Eine junge Frau hat sehr früh ihre Mutter durch Brustkrebs mit der Veränderung am BRCA1-Gen verloren. Dieses Gen wird häufig an die Kinder weitervererbt und erhöht bei den Töchtern das Risiko, ebenfalls an Brustkrebs zu erkranken, um 50 Prozent. Eines Tages entdeckt die junge Frau beim Duschen einen kleinen Knoten an ihrer rechten Brust. Bereits mittags sitzt sie bei ihrem Frauenarzt, um dort eine Ultraschalluntersuchung durchführen zu lassen. Der Arzt pocht auf eine MRT-Untersuchung zur weiteren Abklärung. Zwei Tage später hat sie in der hiesigen Klinik einen MRT-Termin. Seitdem sie den kleinen Knoten ertastet hat, laufen ihre Gedanken Amok. Ständig malt sie sich aus, wie es ist, wenn der Arzt ihr gleich mitteilt, dass auch sie eine Tumorerkrankung hat. Ihr Partner begleitet sie zum Termin, hält ihre Hand und versucht, ihr Mut zu machen. Nichts hilft, die Frau kann sich kaum auf den Beinen halten und ist fertig mit den Nerven. Nur mühsam reißt sie sich beim Gang zur MRT-Liege zusammen, Tränen rinnen über ihre Wangen, herzzerreißende Schluchzer entweichen ihrer Kehle. Plötzlich raunt ihr die Radiologieassistentin zu: »Jetzt reißen Sie sich gefälligst zusammen! Das ist doch kein Kindergarten hier! Sie stellen sich aber auch an!« Das Happy End der Geschichte: Es wurde nur ein entzündeter Lymphknoten festgestellt.

Der Nicht-Happy-End-Teil der Geschichte: Bis heute sind MRT-Untersuchungen – auch von anderen Organen – das pure Grauen für die Frau. Nervlich ist sie bereits Tage vorher und nachher am Limit. Das unempathische Verhalten der Radiologieassistentin in einer Situation, in der Zuspruch vonnöten gewesen wäre, hat die Frau traumatisiert. Versteh mich nicht falsch: Es geht nicht darum, Menschen anzuklagen, weil sie zu wenig empathisch sind. Ich weiß, fehlende Empathie ist oft ein Resultat eigener Hilflosigkeit und Überforderung. Auf der anderen Seite erlebe ich in meiner Praxis immer wieder wundersame Geschichten, bei denen ich mich selbst frage: »Hä, warum ist die Frau, der Mann da jetzt so gut durchgekommen?« Es ist ganz einfach: Menschen kommen einfacher durch diese belastenden Situationen, wenn es ein Gegenüber gibt, das präsent und mit offenem Herzen da ist. Dann braucht es auch keinen ausgeklügelten 37-Schritte-Plan. Es braucht einen liebevollen Blick, ein mitfühlendes Nicken, eine achtsame Berührung, gepaart mit der Haltung »Ich sehe dich. Ich höre dich. Ich habe Verständnis für dich«.

Wie ist jetzt deine Meinung über Trauma? Hat sie sich verändert? Damit ihr beide, du und dein Nervensystem, diese Fülle an Informationen über Trauma verdauen könnt, im Folgenden die erste von zahlreichen hilfreichen Übungen in diesem Buch, eine Atemübung, für dich:

Die Monkey-Mind-Atmung

Wann die Übung hilft:

- In der Dysregulation der Übererregung
- Im Hyperarousal
- Wenn deine Gedanken wie kreischende Affen in deinem Kopf herumrennen und deinen Seelenfrieden stören
- Gut als Übung vor dem Einschlafen geeignet, wenn du Einschlafschwierigkeiten hast

Was du lernst:

- »Ich kann meine Gedanken beruhigen.«
- »Es ist möglich, mein Gedankenkarussell selbst zu beenden.«

Dauer: 3 bis 5 Minuten
Schwierigkeitsgrad: simpel
Benötigte Utensilien: Platz zum Sitzen, besser noch zum Liegen
Die Übung kann auch unterwegs durchgeführt werden.

Beschreibung:
Setze oder lege dich bequem hin. Platziere eine Hand unterhalb deiner Brüste, die andere direkt unterhalb dieser Hand. Bemerke, wie sich deine Hände durch die Einatmung und die Ausatmung bewegen. Lass deinen Atem fließen, forciere nichts. Es gibt für dich nichts weiter zu tun, als zu bemerken, wie sich deine Hände und die Bauchdecke anheben, um sich danach wieder abzusenken.
Nach einiger Zeit verbindest du jeden Atemzug mit einer Zahl, beginnend bei 10. Du atmest ein und sagst dir innerlich – oder, wenn du magst, sogar laut: 10. Du atmest aus und sagst dir: 9. Verfahre so weiter, bis du bei der Zahl Null angekommen bist. Dann beginnst du wieder von vorn.

Das Window of Tolerance – ein Konzept, das dein Leben verändert

Ein Yogaseminar im Frühling 2018 in Berlin. Ich sitze zwischen lauter elfenhaften Schönheiten und lausche den Worten des Lehrers David Emerson. Spontan habe ich mich für eine mehrtägige Intro-Ausbildungseinheit zum Traumasensitiven Yoga angemeldet. Damit habe ich mich selbst überrascht. Ich mache kein Yoga. So gar nicht. Ich habe Yoga noch nicht einmal ausprobiert. Und ein wenig komme ich mir vor wie der Elefant im Porzellanladen: Ich sehe so anders aus als diese wunderhübschen, grazilen Menschen. Mir sind auch nicht die Ethik und die Philosophie des Yoga bekannt. Dennoch hat es mich wie magisch hierhergezogen. Erst zwei Tage später verstehe ich, warum. Ich höre zum ersten Mal den Begriff »Window of Tolerance«. Ich begreife: Nein, ich habe nicht gehörig eine Schraube locker. Ich verstehe: Mein Nervensystem ist – vielleicht – schon seit meiner Geburt extrem dysreguliert. Durch diese fortwährende Dysregulierung habe ich in allen Lebensbereichen Störungen entwickelt, die sich mit dem Konzept des Window of Tolerance (WoT) erstaunlich logisch und simpel herleiten lassen. Meine nicht vorhandenen Gefühle: eine Untererregung im WoT. Mein Getriebensein, nicht entspannen können: eine Übererregung im WoT. Meine Migräne: ebenfalls mit WoT erklärbar. Meine Schlafstörungen: eine Übererregung im WoT. Mein zeitweiliges Gefühl, dass ich nur wie durch Nebel in die Welt greifen kann oder mich von ihr wie durch eine Glasscheibe getrennt und mir seltsam fremd und entrückt vorkomme: auch wieder eine Untererregung im WoT. Wahnsinn!

Wie resilient bist du?

Was ist dieses Window of Tolerance, von dem ich dir hier vorschwärme? Es ist ein psychologisches Konzept des amerikanischen Psychiatrie-Professors Daniel Siegel aus dem Jahr 1999, das die Schwingfähigkeit des Nervensystems klassifiziert und somit die allgemeine Resilienz beschreibt. Wahrscheinlich hast du den Begriff der Resilienz schon Tausende Male gehört. Aber was ist das genau? Das Wort »Resilienz« stammt ursprünglich aus der Materialkunde. Werkstoffe werden danach beurteilt, wie stark sie nach einer extremen Spannung wieder in ihren Ursprungszustand zurückkehren. Stoffe mit einer hohen Resilienz sind vor und nach der Spannung ähnlich oder gar gleich. Stoffe mit einer niedrigeren Resilienz haben sich verdichtet oder sind beschädigt. Auf deine Psyche übertragen bedeutet es: Wie viel Mist kannst du in deinem Leben ertragen, ohne dass du nachhaltig geschädigt bist?

Okay, zurück zum Window of Tolerance. Mit Sicherheit hast du bei dir zu Hause ein größeres Fenster, durch das du viel sehen kannst. Du hast Platz zum Schauen. Aber vielleicht gibt es bei dir zu Hause auch ein besonders kleines Fenster. Bei mir gibt es im Waschkeller ein winzig kleines Fenster, das zudem dreckig ist. Könnte ich bei Gelegenheit putzen. Aus diesem Fenster kann ich nicht wirklich gut hinausschauen. Mein Sichtfeld ist äußerst begrenzt. Übertragen wir das auf das Window of Tolerance, also dein Fenster der psychischen Toleranz dessen, was du ertragen kannst: Durch deine Erfahrungen im Mutterleib, bei der Geburt und in den ersten drei Lebensjahren formt sich dein persönliches Fenster, deine Resilienz. Waren die Erfahrungen in dieser Zeit hauptsächlich positiv – wunderbar: Jackpot! Du hast ein großes Fenster und somit eine große Bandbreite für Resilienz. Waren die Erfahrungen in dieser Zeit eher Stoff für Gespräche auf der Couch mit einem Therapeuten – ich sage es so, wie es ist: Du hast eine Niete gezogen! Wahrscheinlich bist du im Vergleich zur Normalbevölkerung (erwähnte ich schon, dass ich das Wort »normal« echt hasse; denn: Was ist schon normal?) mit einem kleineren Fenster bedacht worden. Dadurch ist deine Resilienz nicht so ausgeprägt und das Leben fühlt sich schwer an.

Und dann gibt es da die Menschen, deren Kindheit Stoff für die Rama-Werbung sein könnte: einfach alles nur Friede, Freude, Eierkuchen. Kein Trauma, einfach alles in Ordnung. Dennoch haben sie auch nur das winzige, dreckige Waschkellerfenster. Bei der kleinsten Kleinigkeit geraten sie aus dem Tritt, pendeln zwischen Über- und Untererregung (siehe ab Seite 35) hin und her. Hier liegt wahrscheinlich eine andere Art von Trauma vor, die ich dir bisher aus gutem Grund vorenthalten habe: das Entwicklungstrauma. Was das genau ist, erzähle ich dir später. Das alles ist kein Grund zur Panik. Du liest dieses Buch und hast bereits den ersten Schritt gemacht, um dir eine New-York-City-Penthouse-Fensterfront zu kreieren – bravo! Denn hier bekommst du die Werkzeuge an die Hand, um dein Window of Tolerance eigenmächtig zu erweitern.

Die drei Bereiche des Window of Tolerance

Wie du auf der Abbildung im Umschlag vorn sehen kannst, besteht das WoT aus drei Bereichen:

1. Der Resilienzbereich, in dem du ruhig und ausbalanciert bist.
2. Die Übererregung, in der du angespannt und wie in Habachtstellung bist.
3. Die Untererregung, in der du dich wie betäubt, gefühlsleer und ohne Motivation fühlst.

Nun gibt es Menschen, die riesengroße Fenster haben. Eine wahre Fensterfront, wie im bereits erwähnten Penthouse in New York mit Blick auf den Central Park. Dann gibt es andere, die haben ein ähnlich winziges Fenster wie mein dreckiges, kleines Waschkellerfenster. Warum die Fenster unterschiedlich klein oder groß sind,hängt von vielen verschiedenen Faktoren ab:

- Wie war deine Zeit im Mutterleib? (Oh nein, jetzt fängt sie auch noch mit vorgeburtlichem Trauma an … Ich bin mir doch so sicher: *Ich* habe kein Trauma!) Habe ich dir beim Denken zugesehen?
- Verlief deine Geburt reibungslos?
- Waren deine ersten Lebensjahre durch Krankheit und/oder Krankenhausaufenthalte geprägt?

- Wie sehr waren deine Eltern, insbesondere deine Mutter, emotional anwesend?
- Wie friedlich waren deine ersten drei Lebensjahre?

Merke dir: Je größer der Resilienzbereich deines Window of Tolerance, desto leichter fällt dir das Leben. Je kleiner der Resilienzbereich des WoT ist, desto mehr fühlt sich dein Leben nach hartem, fortwährendem Kampf an. Sofern es in der Zeit etwas gab, bei dem einer Traumatherapeutin wie mir die roten Alarmglocken schrillen würden, wird dein Fenster beziehungsweise der Resilienzbereich des WoT kleiner sein.

Schauen wir uns die einzelnen Bereiche genauer an.

Der Resilienzbereich des Window of Tolerance

Bist du in diesem Bereich zu Hause oder häufig zu Gast, fühlt sich dein Leben easy an. Das heißt nicht, dass alles immer nur so flutscht. Nein, du wirst weiter die eine oder andere Herausforderung in deinem Leben meistern dürfen. Aber du hast ein tiefes Vertrauen in dich und die Welt, sodass dich nichts so leicht aus der Fassung bringt oder dir gar den Boden unter den Füßen wegzieht. Du hast das Gefühl: Hey, das kriege ich schon hin. Deine Grundstimmung ist ruhig und ausbalanciert. Du schaust dem Leben positiv und gelassen entgegen. Du bist in deiner Kraft. In diesem Bereich hast du immer Optionen und mehrere Möglichkeiten. Das fühlt sich machtvoll an. Du empfindest dich – sorry, ich muss diesen Esoterikspruch an dieser Stelle bringen – als Schöpferin deines Lebens. Dein Leben passiert dir nicht. Nein, du kreierst es.

Hört sich ganz nett an, dieser Bereich, oder? Kann ich mir denken. Ich darf dir versprechen: Machst du fein artig die Übungen, die in den weiteren Kapiteln vorgestellt werden, dann wird dieser Bereich dein (neues) Zuhause werden, sollte er es nicht ohnehin schon sein (aber dann würdest du vermutlich nicht diesen Ratgeber lesen). Das konnte ich sowohl bei den unzähligen Klientinnen, die ich begleiten durfte, beobachten, als auch in meinem eigenen Leben.

Die dysfunktionalen Bereiche und ihre dysregulierten Zustände

Neben diesem Resilienzbereich des WoT gibt es zwei dysfunktionale Bereiche:

- die Übererregung,
- die Untererregung.

Beide Bereiche unterteilen sich zusätzlich jeweils in den sogenannten dysregulierten Zustand, in dem es dir wirklich schlecht geht. Du fühlst ein starkes Unwohlsein, ein großes Unbehagen. Gelingt es dir nicht, von dort aus wieder in den Resilienzbereich zu gelangen, kollabiert dein Nervensystem.

In der Übererregung wird der Kollaps als Hyperarousal bezeichnet. In der Untererregung bezeichnet man den Kollaps als Hypoarousal.

Ich behaupte, dass ein Großteil der Menschheit sich im Allgemeinen im dysregulierten Zustand befindet, ohne es zu bemerken. Im Gegenteil: Gerade eine leichte Dysregulierung in der Übererregung wird von unserer Gesellschaft als erstrebenswert betrachtet. Ist nicht »schneller, höher, weiter« das Credo der westlichen Zivilisation?

Der Kollapszustand hingegen ist der pathophysiologische Bereich. Das heißt, hier befindet man sich in einem Lebenszustand, bei dem es in der Regel etwas mehr der Hilfe bedarf als nur ein paar Nervensystem-Übungen oder warme Worte eines Coaches oder einer Therapeutin. Im Kollapsbereich braucht es fachkundige Betreuung, gegebenenfalls Medikation oder/und einen Klinikaufenthalt.

Die Übererregung im Window of Tolerance

Vorweg: Die meisten Menschen empfinden eine Hassliebe für ihren übererregten Bereich, auch wenn das Leben darin extrem kräftezehrend und ermüdend ist und es den tiefen Wunsch gibt, mehr in die Entspannung zu kommen. Es gibt dennoch in fast allen Menschen einen kleinen Schlingel, der sich gern in der Übererregung aufhält. Weil man sich hier so lebendig fühlt. Weil das Leben sich wie ein waghalsiges Abenteuer präsentiert. Die Übererregung bringt einfach ein wenig Würze ins Leben!

Das fühlt sich ungefähr so an: Deine Grundstimmung ist gehetzt, unter Druck. Dein Leben ist rasend schnell, du rast wie ein Hochgeschwindigkeitszug hindurch. Es fühlt sich wie ein nicht enden wollender Kampf an. Ist die eine Schlacht geschlagen, klopft schon die nächste Herausforderung an die Tür. Du bist die Multitasking-Queen. Auf der einen Seite gibt es eine tiefe Sehnsucht nach Ruhe, Entspannung, endlich loslassen können. Auf der anderen Seite macht dir genau das höllische Angst. Du bist getrieben. »Entspannen kann ich, wenn ich tot bin«, ist dein Spruch. Du hast einen hohen Anspruch an dich und neigst zur Perfektion. Das Motto in der Übererregung lautet: *Ich muss.*

Übererregung entspricht dem Überlebensmodus, den dein Reptiliengehirn in lebensbedrohlichen Phasen initiiert, um Kampf oder Flucht einzuleiten. Du bist nicht nur »ein wenig gestresst«. Nein, in Wahrheit bist du im Überlebenskampf. Das sollte kein Lebensgefühl sein. Auf Dauer ist das wirklich schädlich für deinen Körper.

Das Lebensgefühl in der Übererregung hast du nun verstanden. Daneben gibt es auch einige körperliche Beschwerden, Krankheiten und Gefühle, die wir diesem Bereich zuordnen.

Körperliche Symptome für Übererregung

Diese Beschwerden und Krankheiten sind in der Übererregung möglich:

- hohe körperliche und muskuläre Anspannung,
- Zähneknirschen, CMD (craniomandibuläre Dysfunktion/Kiefergelenksbeschwerden),
- Entzündungen,
- Schmerzen aller Art,
- Krankheiten, die ein »Zuviel« kennzeichnet, wie Autoimmunerkrankungen, Schilddrüsenüberfunktion,
- Tinnitus,

- Bluthochdruck,
- generell Herz-Kreislauf-Erkrankungen,
- Panikstörung.

Ist das jetzt Schwarzmalerei? Panikmache? Nein, das ist einfache Körperbiologie, vergleichbar mit einem feuerroten Lamborghini. Ein wahres Wunderwerk an technischer Fahrzeugkunst. Fährst du den Lamborghini jedoch dauerhaft übertourig, wird das Auto zwar eine gewisse Zeit mitmachen, aber irgendwann macht es mit einem Motorschaden schlapp. Wie du deinen Motorschaden verhindern oder ihn reparieren kannst – das erkläre ich dir in diesem Ratgeber.

Zur Klarstellung: Diese Erkrankungen können im Zusammenhang mit einem übererregten Nervensystem auftreten, müssen es aber nicht. Aber gerade wenn Erkrankungen unglaublich therapieresistent sind, lohnt sich ein Blick auf den Zustand des Nervensystems. Ich spoilere: Durch Somatic Experiencing ist meine jahrzehntelange »beste« Freundin – die Migräne – verschwunden. Für eine Erkrankung, die als chronisch und unheilbar gilt, ist das doch ziemlich beachtlich, oder?

Typische Gefühle für Übererregung

An folgenden Gefühlen kannst du eine Übererregung erkennen:

- Wut,
- Ärger,
- Zorn,
- Raserei,
- massive Angst.

Wie sieht eine solche Person im Alltag aus? Zum Beispiel Anna. Anna ist schnell, im Dauerstress. Ständig angespannt. Wenn Anna eine Comic-Zeichnung wäre, dann wäre sie die schnellste Maus Mexicos, Speedy Gonzales, die sich gerade ein wenig Koks eingeschmissen hat. Anna ist diejenige, die sich im Restaurant lautstark über den Katzentisch in der Nähe der Tür zur Toilette beschwert und der ihr so den Genuss des aromatischen Barolos durch penetranten Uringeruch vermiest. Sie ist die Person, bei der der Paketbote mit Sicherheit nicht klingelt, um ein Paket für die Nachbarn abzuliefern, denn er möchte sich die Schimpftirade ersparen. Anna ist die Frau, deren Kalender dem eines Chefs eines börsengeführten Unternehmens gleicht: Freizeit – Fehlanzeige! Termine in Hülle und Fülle und das Ganze äußerst knapp getaktet – ja, das ist das Leben von Anna.

Anna ist aber auch die Person, die besonders schreckhaft ist. Sie hört Flöhe husten und ist stets auf der Hut. Diesen Bereich findest du wahrscheinlich nicht sonderlich attraktiv. Kann ich gut verstehen. Aber was macht es mit dir, wenn du begreifst, dass es für einen Großteil deiner Probleme endlich einen Namen gibt, nämlich »dysreguliertes Nervensystem«? Beruhigt dich das nicht enorm?

Der Kollapszustand in der Übererregung: Hyperarousal

Die Übererregung zeichnet sich durch zu viel Energie im System aus. Ein Schnellkochtopf, der kurz vor dem ohrenbetäubenden Zischen steht, ist ein Bild, das gut dazu passt. Bleibt der Schnellkochtopf auf dem Herd stehen und wird der Druck nicht abgelassen, explodiert er.

Anna gelingt es nicht, sich herunterzuregulieren, also den inneren Druck loszuwerden. Wie verhält sich Anna? Sie ist völlig außer sich, bekommt oscarreife Wutanfälle oder versinkt in einer Panikattacke. Sie ist nicht mehr in der Lage, sich selbst zu führen; ihre Gefühle und sie selbst geraten außer Rand und Band. Anna kann sogar zur Gefahr für sich und für andere werden.

Die Untererregung im Window of Tolerance

Schlapp. Schwer. Taub. Das sind drei Worte, die dich treffend beschreiben. Du hast das Gefühl, als wärst du den Ironman-Marathon auf Hawaii gelaufen und willst nur noch eines: dich endlich ausruhen. Deine Kraftreserven sind völlig erschöpft. Du kannst einfach nicht mehr. Deine Körperhaltung: wie ein nasser Sack. Deine Motivation: bei minus zwölf Drillionen. Alles erscheint dir schwer, so schwer, schier nicht zu bewältigen. Du bist elendig müde. Auch zwölf Stunden Schlaf erholen dich nicht. Gefühle: Fehlanzeige. Gefühle machen irgendwo an einem unbekannten Ort Urlaub. Nichts kann dich wirklich erfreuen. Dinge, die dir früher großen Spaß gemacht haben, fühlen sich wie zwei Tage lang abgestandener Kaffee an. Du kommst dir merkwürdig fremd vor. Andere Menschen sind unerreichbar geworden, als würdest du dich selbst und andere durch dichten Nebel und erfolglos berühren wollen. Zudem ist dein Leben von einem tiefen Gefühl von Sinnlosigkeit geprägt. Das Motto in der Untererregung lautet: *Ich kann nicht mehr.*

Körperliche Symptome für Untererregung

An diesen Beschwerden und Krankheiten kannst du eine mögliche Untererregung erkennen:

- kaum Muskeltonus, der Körper ist schlaff,
- Krankheiten, die durch ein »Zuwenig« gekennzeichnet sind, wie etwa: Schilddrüsenunterfunktion,
- extrem niedriger Blutdruck.
- Depression.
- Burn-out,
- Trauerreaktionsstörungen,
- suizidale Tendenzen.

Typische Gefühle für Untererregung

An welchen Gefühle du eine Untererregung erkennst:

- massive Traurigkeit,
- Melancholie,
- extrem abgeflachte oder gar keine Gefühle mehr,
- tiefes Gefühl von Sinnlosigkeit,
- Einsamkeit,
- tiefes Gefühl von Andersartigkeit.

Puh, das klingt nicht schön.

Der Kollapszustand in der Untererregung: Hypoarousal

Sonja kann sich zu gar nichts mehr aufraffen. Schon das morgendliche Zähneputzen erscheint ihr so mühsam wie die Besteigung des Mount Everest. Zweimal am Tag Zähne putzen – das ist wirklich nicht drin. Wenn man Sonja fragt, was sie den Tag über gemacht hat, dann kann sie nicht viel antworten. Denn sie hat *nichts* gemacht. An guten Tagen schafft sie es, sich aus dem Bett zu hieven und auf die Couch zu schleppen. Aber auch da macht sie *nichts*. Sonja ist schon sehr lange krankgeschrieben, an eine normale Ausführung von Arbeit ist schon lange nicht mehr zu denken. Sonja sitzt stundenlang auf der Couch und stiert vor sich hin. Ihre Gedanken – im Nebel versunken. Kein Wunder, denn konzentrieren kann sie sich schon lange nicht mehr. Zeit, ein weiteres merkwürdiges Ding, das ihr täglich zwischen den Fingern zerrinnt.

Das Einzige, was Sonja ein wenig durch den Nebel erreichen kann, der zwischen und ihr und der Welt herrscht, ist Scham. Sonja schämt sich unendlich für sich und ihr schräges Leben.

Dieser äußerste Zustand des Hypoarousals wird als Dissoziation bezeichnet. Die Mimik ist eingeschränkt. Unter Umständen ist Sprechen nicht mehr möglich. Erinnerungen können verloren gehen. Der eigene Körper erscheint fremd; man kann ihn nicht mehr fühlen. Auch die Fähigkeit, Gefühle zu empfinden, lässt nach. Fühlt sich der Organismus so bedroht an, dass es für ihn buchstäblich um Leben oder Tod geht, kann es sogar zu einer kompletten Immobilisation kommen – man ist bewegungsunfähig.

Die Tücken eines statischen Konzeptes

Zur leichteren Übersicht habe ich die drei Bereiche – Resilienz, Übererregung und Untererregung – klar voneinander abgegrenzt. Du magst den Eindruck gewonnen haben, dass »man halt in einem Bereich drin ist«. Dem ist nicht so. Ja, es gibt gewisse Vorlieben für einen Bereich, die wiederum davon abhängig sind, wann dein Nervensystem aus dem Tritt geriet. Je früher das passierte, desto eher wirst du in der Untererregung zu Hause sein. Dennoch ist es denkbar, dass du zwischen der Über- und der Untererregung öfter oder gar ständig hin und her pendelst.

Zur besseren Veranschaulichung findest auf der hinteren Umschlagseite ein Bild, auf welche drei Arten dein Nervensystem dysreguliert sein kann.

Du siehst in der Abbildung im Umschlag hinten, es gibt drei verschiedene Typen der Dysregulation:

- **Typ A** hängt dauerhaft in der Übererregung fest und macht nur gelegentliche Ausflüge in den Resilienzbereich.
- **Typ B** ist andauernd in der Untererregung und verirrt sich ab und zu in den Resilienzbereich.
- **Typ C** ist in der Übererregung zu Hause. Die hohe Erregung kann vom System nicht gemanagt werden; es kommt zum Kollaps und somit zum Absturz in die Untererregung.

Abschließend ist zu sagen, dass neben der Größe des Window of Tolerance die Schwingfähigkeit deines Nervensystems dafür verantwortlich ist, wie leicht sich dein Leben anfühlt. Ein starres Nervensystem ist ein krankes Nervensystem. Ein Nervensystem, das schwingt – wie ein Bambus, der sanft vom Wind bewegt wird – ist das Nervensystem, das du anstrebst.

Zugegeben, das Konzept des Window of Tolerance kann sich nun ein wenig überwältigend für dich anfühlen. Das kann ich gut verstehen. Aber nicht ohne Grund habe ich für dieses Kapitel die recht provokante Überschrift »Das Window of Tolerance – ein Konzept, das dein Leben verändert« gewählt.

Die gute Nachricht ist nämlich: Ebenso wie dein Gehirn kann dein gesamtes Nervensystem trainiert werden. Mit wirklich simplen Übungen, für die du in den meisten Fällen noch nicht einmal Hilfsmittel benötigst und die du jederzeit und fast überall machen kannst. Zwei kleine Kostproben habe ich hier für dich vorbereitet, aber zunächst eine grundsätzliche Anmerkung zu den Übungen.

Die meisten kannst du sowohl mit offenen als auch geschlossenen Augen durchführen. Generell können geschlossene Augen die Übungen für dich triggernder gestalten. Solltest du bei einer Übung mit geschlossenen Augen ein Unwohlsein bemerken, öffne einfach deine Augen. Warum die Augen nicht gleich geöffnet lassen, fragst du dich jetzt? Weil man sich dann in der Regel schlechter fokussieren kann.

Außerdem: Wenn das Nervensystem dysreguliert ist, hat man häufig eine sehr flache Atmung, oftmals sogar durch den Mund, angeeignet. Wenn du nun »korrekt« durch die Nase ein- und durch den Mund ausatmest, dann ist das erst einmal fremd für dein System. Du weichst von der Regel ab. Auch das kann zu Beginn zu einem Unwohlsein führen. Sofern das bei Atemübungen passiert, kehre für einige Atemzüge zu deiner gewohnten Atmung zurück. Dann beginnst du wieder neu. Nach einiger Zeit und Übung werden sich solche Phänomene in Luft auflösen.

Und zu guter Letzt: Es kann sein, dass Atemübungen dich aufgrund deiner Geschichte triggern. Probiere sie deswegen achtsam aus und sei dir gewiss: Auch wenn diese Übung gerade nicht zu dir passt, kann sich das im Laufe der Zeit durchaus ändern. Versuche sie einfach immer wieder.

Die Box-Atmung

Wann die Übung hilft:

- Für alle Zustände der Dysregulierung sehr gut geeignet

Was du lernst:

- Der Atem ist ein kraftvolles Tool, das ich immer zur Hand habe und überall einsetzen kann.
- Ich kann mich in sehr unruhigen Situationen schnell und effektiv beruhigen.

Zeitdauer der Übung: ca. 3 Minuten
Schwierigkeitsgrad der Übung: simpel
Benötigte Utensilien: Platz zum Sitzen
Die Übung kann auch unterwegs durchgeführt werden.

Beschreibung (Variante im Sitzen):
Setz dich bequem hin. Halte die Augen entweder geöffnet oder geschlossen.
Stelle dir in Gedanken ein Quadrat vor. Deine Aufgabe ist nun, mit deinem Atem an den vier Seitenlinien des Quadrates entlangzufahren.
Du atmest durch die Nase für vier Sekunden ein und fährst dazu – beginnend links oben im Quadrat – nach rechts.
Dann hältst du für vier Sekunden den Atem an und fährst gedanklich das Quadrat herunter.
Du atmest durch den Mund für vier Sekunden aus und in deiner Vorstellung gehst du das Quadrat nach links unten entlang.
Zum Schluss hältst du wieder den Atem für vier Sekunden lang an und reist dabei zum Beginn des Quadrats.
So atmest du für einige Minuten ein und aus.

Variante für unterwegs:
Gleiches Prinzip. Nicht immer kannst du dich hinsetzen, würdest die Box-Atmung aber gut gebrauchen können. Theoretisch kannst du sie überall auch im Stehen machen, in der Warteschlange beim Einkaufen, beim Spazierengehen, an der S-Bahn-Haltestelle …

Und hier Übung Nummer zwei, erstaunlich in ihrer Einfachheit und höchst effektiv:

Stift in der Handfläche bewegen

Wann die Übung hilft:

- In der Dysregulierung der Untererregung
- Eventuell im Kollapszustand der Untererregung

Was du lernst:

- Schon einfache Übungen können mir aus der Dysregulierung heraushelfen.

Zeitdauer der Übung: 2 bis 3 Minuten
Schwierigkeitsgrad der Übung: simpel
Benötigte Utensilien: Platz zum Sitzen, ein Stift, wenn möglich, mit strukturierter Grifffläche
Die Übung kann unter Umständen unterwegs durchgeführt werden.

Beschreibung:
Setz dich bequem hin und halte die Augen geöffnet. Du atmest tief ein und aus. Dann bewegst du für mehrere Minuten den Stift zwischen deinen Handflächen. Variiere dabei mit dem Tempo. Ich lade dich dazu ein, es gern extrem langsam und wie in Zeitlupe zu tun. Währenddessen bemerkst du, wie sich das in deinen Händen anfühlt. Es gibt nichts für dich zu tun, außer auf die Empfindung in deinen Handflächen zu achten.

Achtung, Denkfehler!

Natürlich schule ich meine Klienten ziemlich am Anfang unserer gemeinsamen Zusammenarbeit mit dem Konzept des Window of Tolerance. Ein Effekt, der dann regelmäßig auftrat – und den ich so gar nicht auf dem Schirm hatte – war, dass die Klienten fortan mit Argusaugen ihr Nervensystem beobachteten.

Ich bekam SOS-Nachrichten im Sinne von »Oh mein Gott, Sasja, ich bin in der Übererregung!«. Oder: »Ich habe mich beobachtet: Ich bin nie im Resilienzbereich! Was soll ich bloß tun?«

Das Konzept dient nicht dazu, dich zu verunsichern. Es zeigt auf, wo deine vielfältigen Probleme herrühren. Es ist nicht Sinn und Zweck des Nervensystems, *dauernd reguliert zu sein.* Im Gegenteil: Es ist so wunderbar konstruiert worden, dass es *Spitzen nach oben und nach unten aushalten kann und darf.* Erst wenn du dich stetig in der Über- oder/und Untererregung und nie im Resilienzbereich befindest, gerätst du in Probleme. Und heute bin ich so schlau, dass diese Information auch direkt bei meinen Klienten landet.

Fred und Hysteria – zwei, die unbewusst dein Leben steuern

Jahreswechsel. Jeder macht sich neue Vorsätze, was man im nächsten Jahr besser machen möchte. Du hast beschlossen: Dieses Jahr schaffe ich es, ich werde endlich ins Fitnessstudio gehen und nicht nur stille Förderin des Unternehmens sein. Total motiviert gehst du nach den Festtagen, an denen du ordentlich geschlemmt hast – die Hosen zwacken schon ein wenig –, ins Studio. Im Februar sind all deine Vorsätze vergessen und wenn dein Mann dich fragt, warum du nicht ins Studio gehst, lächelst du verlegen.

Bist du nun eine so große Lusche, hast du einfach nicht die nötige Disziplin?

Nein! Du kennst anscheinend Fred Feuerstein und Hysteria, deine beiden »Untermieter«, nicht, die dir gern einen Strich durch die Rechnung machen. Auch wenn unsere Welt fortschrittlich erscheint, du in diesem Augenblick eine Ware am anderen Ende der Welt bestellen oder in ein Schiff steigen kannst, das dich zum Südpol bringt – in dir wohnt noch immer Fred Feuerstein, der direkt aus der Steinzeit kommt. Die andere Untermieterin, die du höchstwahrscheinlich noch nie getroffen hast, ist Hysteria; sie ist etwas jünger als Fred. Die beiden bilden zusammen mit einem dritten, dem pedantischen Nerd und Gebäudeverwalter Steve Jobs – dein Gehirn. Liebend gern funken Fred und Hysteria in die vom Nerd ausgeklügelten Pläne.

Es gibt verschiedene Modelle zum Aufbau des menschlichen Gehirns. Im SE benutzen wir das Hirnmodell des dreieinigen Gehirns von Paul McLean, das er in den 1950er-Jahren entwickelt hat.

Demnach ist unser Gehirn in drei Teile gegliedert:

- das Reptiliengehirn, auch Stammhirn, etwa 500 Millionen Jahre alt,
- das limbische System, auch Altsäugerhirn genannt, etwa 125 Millionen Jahre alt,

- der Neokortex, auch Neusäugerhirn genannt und quasi das neueste iPhone auf dem Neuromarkt.

Das Reptiliengehirn aka Fred

Du kannst dir Fred wie einen 120-Kilo-Security-Mann vorstellen. Er ist dein persönlicher Bodyguard und soll dich und dein Leben schützen. Leider ist der Security-Mann nicht mit besonders viel Intelligenz gesegnet und öfter für Kurzschlussreaktionen verantwortlich, die im besten Fall für Erheiterung sorgen. Das Reptiliengehirn ist der archaischste Teil des Gehirns. Schon Steinzeitmenschen verfügten über den Teil des Gehirns, daher nenne ich ihn liebevoll Fred (nach den Feuersteins). Fred hat nur eine Aufgabe, und die Aufgabe hat er perfektioniert: Er soll dein Überleben schützen. Von morgens bis abends stellt er nur eine Frage: Wird das, was mir gerade passiert, potenziell lebensbedrohlich für mich sein? Hinter den Kulissen scannt Fred dein Leben, deine Umgebung ab, dauernd auf der Suche nach Bedrohungen.

Du kennst mit Sicherheit die Prank-Videos, in denen sich Menschen mit einem Bettlaken eher stümperhaft als Geist verkleiden und eine andere Person fast zu Tode erschrecken. Herzlich willkommen bei Fred; *er* hat dafür gesorgt, dass du vor Angst an die Decke springst. Aber: Besser einmal zu viel vor dem vermeintlichen Säbelzahntiger erschrecken als einmal zu wenig. Einmal zu wenig zu erschrecken, könnte dich das Leben kosten. Also, gar nicht so unclever, der Fred. Neben deiner Sicherheit kümmert sich jener Teil deines Gehirns auch um deine Instinkte und Reflexe. Er kontrolliert die lebensnotwendigen Grundlagen wie Schlaf, Appetit, Verdauung, Atmung und das Herz-Kreislauf-System.

Das limbische System aka Hysteria

Während Fred primär sein Überleben im Sinn hat, liegt Hysteria die Gemeinschaft am Herzen. Sie sorgt sich um die Nachfahren, verspürt Gefühle wie Liebe und Angst. Warum nenne ich sie scherzhaft Hysteria? Weil sie gern emotional aus dem Gleichgewicht gerät. Das limbische System, Hysterias korrekter Name, ist im Vergleich zum Reptiliengehirn, also Fred, jünger. Wir teilen es uns mit allen Säugetieren. Es ist zuständig für unsere Emotionen und einen Teil des Gedächtnisses. Hier werden Informationen zwischengespeichert. Ein äußerst besonderer Teil im limbischen System ist der Mandelkern (die bereits erwähnte Amygdala). Ich vergleiche ihn mit einem Rauchmelder, der Gefahren wittern und wenn nötig Alarm schlagen soll. Der Rauchmelder kann von unterschiedlicher Qualität sein: Es kann ein Rauchmelder aus dem 1-Euro-Shop sein oder ein sehr viel teureres Gerät aus dem Fachgeschäft für Brandschutzbekämpfung. Das hängt davon ab, welche Erfahrungen mit Sicherheit und Unsicherheit man bereits im Mutterleib und auch in den ersten drei Lebensjahren gesammelt hat. Je unsicherer die ersten Lebensjahre waren, desto eher wird dein Rauchmelder einer aus dem Fachgeschäft sein. So ein Topgerät schlägt Alarm, wo weit und breit keine Gefahr vorhanden ist. Du willst dir zum Beispiel leckere Pasta kochen. Das kochende Wasser sprudelt, Wasserdampf steigt auf. Du hast die Dunstabzugshaube nicht angestellt und dein Rauchmelder schlägt Alarm. Ähnlich verhält es sich mit einem überaktiven Mandelkern: Auch er meldet Alarm in Situationen, die gar nicht gefährlich sind. An dieser Stelle kann ich dich beruhigen: Es gibt die tolle Fähigkeit des Gehirns der sogenannten Neuroplastizität. Das heißt, das Gehirn und dein Nervensystem können ständig neu dazulernen. Ein momentan überaktiver Mandelkern ist also kein Todesurteil und kann sich durch entsprechendes Training positiv verändern.

Der Neokortex aka Der Nerd

Fakten, Fakten, Fakten – das ist das Credo des Nerds. Er macht seinem Titel alle Ehre: Er liebt Pläne. Er liebt es zu denken, zu rationalisieren und zu analysieren. Manchmal so sehr, dass er sich in seinen Gedanken verheddert. Gefühle hingegen sind gar nicht sein Ding. Dieser, der neueste Teil des Gehirns, ist der Neokortex. Hier findet sich alles, was uns als moderne Menschen ausmacht: Logik, Sprache, analytisches Denken, die Langzeitspeicherung von Erinnerungen.

Drei Gehirne – drei verschiedene Vorstellungen darüber, was für dein Leben gut ist

Du erinnerst dich an den Neujahrsvorsatz mit dem Fitnessstudio? Wahrscheinlich waren Fred oder Hysteria daran schuld, dass du doch nicht konsequent weiter ins Studio gegangen bist. Es kann sein, dass du unbewusst enorm viel Stress hattest, als du im Studio warst. Vielleicht hast du gedacht: Bin ich zu dick? Sind meine Oberschenkel nicht unförmig? Schaut die gertenschlanke Blondine am Empfang mich nicht ein wenig abfällig an, weil ich so undefiniert bin? All das könnten bewusste oder unbewusste Gedanken sein, die Stress in dir auslösen. Dein limbisches System – Hysteria – macht eine folgenschwere Schlussfolgerung: Immer wenn du im Fitnessstudio bist, bist du auffällig gestresst. Ergo: Fitnessstudio ist ein »gefährlicher Ort«; da sollten wir nicht mehr hingehen. Und plötzlich findest du dich auf der Couch wieder, genüsslich eine Tüte Chips mampfend. Für Hysteria ein völlig logisches Verhalten!

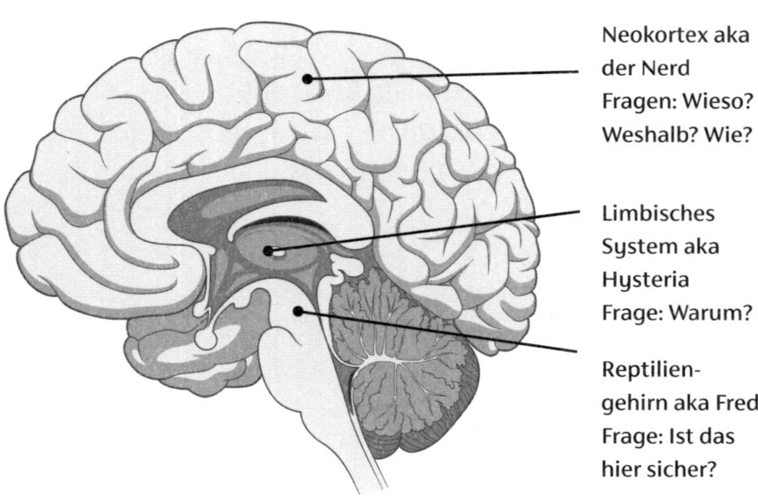

Das dreieinige Gehirn

Die drei Gehirne sind öfter miteinander im Clinch. Denn jedes der drei Gehirne hat eine andere Sichtweise auf das Leben:

- Fred ist in dauernder Erwartung der nächsten Krise. Er ist nur daran interessiert, dein Überleben zu sichern. Er schätzt *sehr* wenig als sicher ein. Seine ständige Frage an die Welt lautet deswegen: Ist das sicher?
- Hysteria bringt die Gefühle ins Spiel – manchmal ein wenig zu viel. Die Frage, mit der sie der Welt begegnet: Warum?
- Der Nerd, unser interner Steve Jobs, ist der Hochleistungscomputer, der die Welt durch eine gigantische Anzahl an Fakten betrachtet. Gefühle? Pah! Seine Fragen an die Welt sind: Wieso? Weshalb? Wie?

Nun habe ich dir noch gar nichts von einer entscheidenden Besonderheit in der Wirkweise des Gehirns erzählt: Ist das Reptiliengehirn aktiviert, dann setzt es – vereinfacht gesagt – die evolutionär jüngeren Gehirnanteile schachmatt. Stell dir Fred, Hysteria und den Nerd als Spielkameraden im Sandkasten vor. In der Regel hat der Nerd die besonders begehrte pinke Schaufel in seiner Hand und baut damit die gigantischsten Sandschlösser. Übersetzt: Dein Verstand hat die Führung in deinem Leben. Kommt es aber zu einer vermeintlichen Bedrohung – der Säbelzahntiger steht am Sandkasten –, dann passiert Folgendes: Blitzschnell reißt Fred die Sandschaufel an sich und verbannt Hysteria und den Nerd des Sandkastens. Sprich: Ist Fred aktiv, dann ist logisches, rationales Denken nicht mehr möglich. Hysteria darf später vielleicht noch ein wenig mitspielen, aber der Nerd wird für längere Zeit aus dem Sandkasten gekickt. Das könnte ein Problem sein, nicht wahr?

Wenn Fred loslegt ...

Das erklärt, warum dein Neujahrsvorsatz mit dem Fitnessstudio auch dieses Jahr platzt. Es erklärt, warum du in der Matheklausur nach 30-minütigem Ringen ein leeres, weißes Blatt abgibst. Weil plötzlich alles, was du bis vor der Klausur noch über Sinus und Kosinus wusstest, ausradiert ist. Es erklärt, warum du bei der Marketingpräsentation, die du mehrere Tage vorbereitet und vor deinem Mann brillant performt hast, plötzlich kein Wort mehr herausbringen kannst.

In all diesen Fällen warst du extrem gestresst. Fred – dein Reptiliengehirn – hat die Situation aufgrund des hohen Stresslevels als eine lebensbedrohliche Gefahr eingestuft. Jetzt wissen wir beide, dass weder ein gescheiterter Neujahrsvorsatz noch eine versemmelte Matheklausur oder ein mieser Marketing-Pitch eine Todesgefahr für dich sind. Nur Fred weiß es leider nicht … Willst du erst die schlechte oder die gute Nachricht von mir bekommen? Okay, ich beginne mit der schlechten, dann sind wir damit durch: Du wirst das Verhalten durch keine Meditationspraxis, nicht durch Achtsamkeit, nein, noch nicht einmal durch das Trinken von Selleriesaft und nicht durch ein Mondritual ändern können. Und das ist auch gut so. Das war die gute Nachricht. Warum? Du *brauchst* Fred, weil er auch heute noch dein Überleben sichert.

Was du hingegen tun kannst, ist, dein Nervensystem zu trainieren, damit du nach einer Kamikazeaktion von Fred wieder herunterfahren kannst und in die Entspannung kommst. Dann fühlt sich das Leben nicht nur leichter an – es ist leichter!

Eine knackige Übung, die dich schnell von 180 auf 100 zurückbringt, ist diese:

5 – 4 – 3 – 2 – 1

Wann die Übung hilft:

- In allen Zuständen von Dysregulierung – sowohl in der Übererregung als auch in der Untererregung
- Im Hyperarousal
- Im Hypoarousal

Was du lernst:

- Wie du durch die Lenkung deiner Gedanken wieder in den Resilienzbereich des Window of Tolerance kommst
- »Ich kann mich selbst beruhigen.«

Dauer: 3 bis 5 Minuten
Schwierigkeitsgrad: simpel
Benötigte Utensilien: keine
Die Übung kann auch unterwegs durchgeführt werden.

Beschreibung:
Du schaust dich dort um, wo du dich gerade befindest. Du beginnst, laut – wenn du in Gesellschaft bist, dann natürlich nur im Geiste – fünf Gegenstände aufzuzählen, die eine bestimmte Farbe haben (visueller Kanal).

Beispiel: Ich sehe einen roten Pulli, die leere Verpackung eines Schokoladenriegels, einen roten Radiergummi, eine rote Einkaufstüte und ein rotes Buch.
Dann zählst du vier Dinge auf, die eine besondere Haptik haben, etwa besonders weich sind: Ich sehe ein flauschiges Hundebett, ich sehe meine weiche Katze, meine Kuscheldecke und meine lustigen Flauschsocken mit Weihnachtsmotiv.
Verfahre in diesem Stil weiter und decke dabei alle Sinneskanäle ab. Die weiteren sind Geruch (»Ich sehe drei Dinge, die gut oder schlecht riechen«), Hören (»Ich sehe zwei Dinge, die Geräusche machen können«) und zu guter Letzt der Wahrnehmungskanal Geschmack (»Ich sehe die eine Sache, die gut oder schlecht schmeckt«).

Sympathikus und Parasympathikus – die Steinzeit ist noch nicht vorbei

Ein Zeitsprung zurück in die Steinzeit: Mechthild Steinzeitmensch und ihr Ehemann Bartholomäus spazieren gemütlich im Spätsommer über eine Blumenwiese. Erst kürzlich haben sie geheiratet; sie sind also noch sehr verliebt. Schmachtend gehen sie nebeneinanderher und werfen sich verliebte Blicke zu. Plötzlich steht ein Säbelzahntiger vor ihnen.

Er fixiert die beiden und es sieht aus, als hätte er sie zum Fressen gern. Ohne nachzudenken, schwingt Bartholomäus seine Holzkeule und versucht, den Tiger zu erledigen. Mechthild rennt kreischend davon und sucht panisch Unterschlupf in einer Höhle.

Wie kann es sein, dass Mechthild und Bartholomäus scheinbar instinktiv gehandelt haben, ohne sich abzusprechen oder nachzudenken? Okay, an dieser Stelle hinkt mein Beispiel ein wenig, weil Steinzeitmenschen noch nicht die wirklichen Kapazitäten für logisches Denken und Sprache hatten. Mit dem Ausflug in die Steinzeit wollte ich dir verdeutlichen, dass wir in bedrohlichen Situationen heute – wie vor Millionen Jahren – noch immer instinktiv handeln. Was passiert sozusagen hinter den Kulissen, wenn wir einer vermeintlich gefährlichen Situation ausgesetzt sind? Innerhalb von 0,12 Sekunden wird die autonome Stressreaktion ausgelöst, die Mechthild in die Lage versetzt, um ihr Leben zu rennen, und Bartholomäus, seine Keule zu schwingen. Ein äußerer Reiz wird wahrgenommen und blitzschnell und ohne Nachdenken als Gefahr eingestuft. Das autonome Nervensystem (siehe Seite 53 ff.), hier insbesondere der Sympathikus, wird aktiviert und sendet Signale ans Gehirn, die anschließend eine Ausschüttung von Stresshormonen wie Cortisol, Adrenalin und Noradrenalin veranlassen. Dadurch wird die sogenannte Stressreaktion »Kampf oder Flucht« angeregt. Erst viel später wird das neueste Gehirn, der Neokortex, dazugeholt, um rational zu überprüfen: Handelte es sich bei der Gefahr wirklich um eine Gefahr?

Bei Gefahr muss es schnell gehen

Warum wird erst die Stressreaktion in Gang gesetzt, um dann viel später nachzudenken? Ganz einfach: Denken dauert zu lange. Die Bewertung der Situation durch den Neokortex verbraucht im Vergleich zur Stressreaktion zu viel Zeit. Zeit, die dich vielleicht das Leben kosten kann. An dieser Stelle endlich die Auflösung, warum Fred – das Reptiliengehirn – doch nicht saudumm ist. Er ist einfach ein wenig mehr auf Zack als der behäbige Nerd. Bis er zu Ende gedacht hat, könnte der Säbelzahntiger schon längst zum tödlichen Sprung angesetzt haben!

Denn stell dir vor, Mechthild und Bartholomäus beginnen im Angesicht des Säbelzahntigers ein fachliches Gespräch darüber, zu welcher Gattung der Säbelzahntiger gehört. Mechthild: »Liebster Bartholomäus, ich bitte dich um deinen Rat. Denkst auch du, dass es sich bei diesem Säbelzahntiger um einen Smilodon gracilis handelt? Aufgrund der Fellzeichnung, insbesondere an den Flanken, hege ich die Vermutung, dass es ein gracilis sein muss. Was ist deine Ansicht dazu?« Der Säbelzahntiger faucht die beiden furchterregend an, sein fauliger Atem ist entsetzlich. Bartholomäus: »Meine Teuerste, es ziemt sich nicht, dir zu widersprechen, aber ich glaube, du liegst falsch. Hast du nicht bemerkt, dass die Fellzeichnung am Kopf und insgesamt die ganze Statur eher auf einen Smilodon fatalis schließen lässt?« Und schwups hat der Tiger die beiden genüsslich verspeist.

Wenn es um Leben oder Tod geht, dann bringt es wenig, darüber zu diskutieren, wie die Gefahr zu beurteilen ist. Nein, dann ist es viel sinniger, die Beine in die Hand zu nehmen oder um sein Leben zu kämpfen.

Jetzt denkst du wahrscheinlich: »Na, heute wird das aber anders sein, das Gehirn und somit die Stressreaktion werden sich doch über die Jährchen ein wenig weiterentwickelt haben. Apple bringt auch alle zwei Jahre ein neues iPhone raus.« Die Wahrheit ist: nein. Noch heute ist die Stressreaktion die gleiche wie vor Jahrmillionen. Ich finde das äußerst beeindruckend!

Das Nervensystem entscheidet autonom

Werfen wir einen intensiven Blick in die Körperbiologie. Das vegetative Nervensystem wird auch als autonomes Nervensystem bezeichnet. Das heißt, du kannst das vegetative Nervensystem nicht willentlich steuern oder beeinflussen. Selbst 20 Jahre tiefe Meditationspraxis würden dich nicht dazu befähigen, deiner Verdauung zu sagen: So, liebe Verdauung, jetzt kannst du loslegen. Auch andere Prozesse im Körper wie Stoffwechsel oder Herzschlag passieren unwillkürlich. Das vegetative Nervensystem besteht aus zwei Nervenzweigen, die sich als Gegenspieler im Körper verhalten: Es gibt zum einen den Sympathikus, der generell

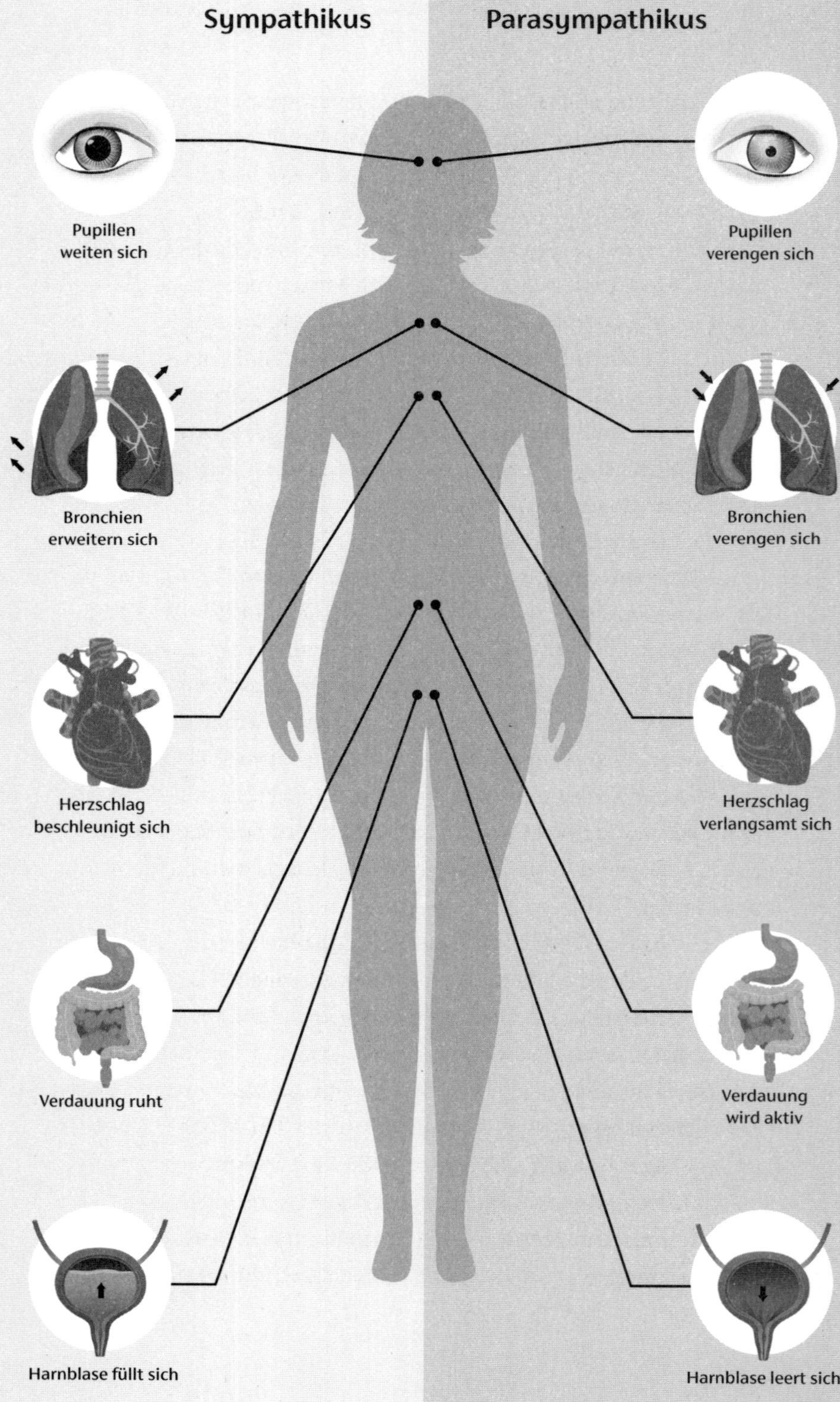
Sympathikus
Parasympathikus
Pupillen
weiten sich
Pupillen
verengen sich
Bronchien
erweitern sich
Bronchien
verengen sich
Herzschlag
beschleunigt sich
Herzschlag
verlangsamt sich
Verdauung ruht
Verdauung
wird aktiv
Harnblase füllt sich
Harnblase leert sich

aktivierend wirkt und bestimmte Körperfunktionen verstärkt. Der Gegenpart ist der Parasympathikus, der grundsätzlich beruhigend wirkt.

Ist der Sympathikus aktiviert, steigert sich dein Herzschlag, dein Lungenvolumen wird erhöht, deine Pupillen werden scharf gestellt, das Blut wird vom Kopf abgeleitet und vermehrt in deine Gliedmaßen gelenkt. Deine Schweißsekretion wird angekurbelt, um den Körper abzukühlen. Gleichzeitig wird deine Verdauungsreaktion heruntergefahren, deine Libido sinkt und möglicher Urin wird in der Blase zurückgehalten. Ist der Parasympathikus hingegen aktiviert, dann verringert sich dein Herzschlag, die Bronchien und deine Pupillen verengen sich wieder. Gleichzeitig wird die Verdauungsfunktion nach oben gefahren und deine Libido steigt. Allgemein hat der Parasympathikus eine dämpfende und beruhigende Wirkung. Er ermöglicht es deinem Körper, nach einer Anstrengung wieder in die wohlverdiente Entspannung zu kommen. Denn genau in dieser Zeit repariert sich der Körper selbstständig.

Der anregende Nerv dient dazu, dich in einen Kampf-oder-Flucht-Modus zu bringen. Als Mechthild und Bartholomäus dem Säbelzahntiger begegneten, konnten sie das Ungetüm entweder durch Kämpfen bezwingen oder sich durch Fliehen in Sicherheit bringen. Zur Erinnerung: Der Herzschlag und die Lungenfunktion werden erhöht (damit Mechthild und Bartholomäus effektiver kämpfen oder flüchten können), das Blut wird vom Kopf abgezogen (Denken wird gerade nicht gebraucht), die Verdauungsfunktion wird heruntergefahren (dummer Zeitpunkt, auf die Toilette zu müssen), die Pupillen werden erweitert (damit die beiden den Feind besser erkennen können). Die Libido, die Lust auf Sex wird heruntergefahren – denn auch Sex ist im Angesicht eines Todfeindes nur eine semigute Idee.

Ist die Säbelzahntiger-Gefahr vorüber, können Mechthild und Bartholomäus wieder in ihre gemütliche und sichere Höhle zurückkehren. Der Parasympathikus wird aktiviert und die Körpersysteme werden heruntergefahren. Was wieder aktiviert wird, ist die Verdauungs- und auch die Libidofunktion: Jetzt ist ein guter Zeitpunkt, um endlich die Blase zu entleeren oder sich mit ein wenig Sex von dem Schrecken zu erholen.

Säbelzahntiger gibt es schon lange nicht mehr. Auch Steinzeitmenschen nicht. Aber Fred und die Kampf-oder-Flucht-Reaktion gibt es noch immer. Unsere heutigen Säbelzahntiger sind:

- der Chef, der auf Deadlines pocht,
- die Kollegin, die alles daransetzt, damit du auf der Arbeit nicht allzu sehr glänzt,
- die Mutter der Kindergartenfreundin deines Kindes, die ihr Leben anscheinend im Griff hat – trotz ihrer drei Kinder, der Arbeit, dem Haushalt,
- die (sozialen) Medien, die dir ein Schönheits- oder Persönlichkeitsentwicklungsideal vorgaukeln,
- deine Mutter, die ständig deinen Erziehungsstil kritisiert,
- deine Schwiegermutter, die es fragwürdig findet, dass du trotz Kind arbeiten gehst,
- und, und, und …

Bist du Fred und deiner Kampf-oder-Flucht-Reaktion hilflos ausgeliefert? Nein! Glücklicherweise nicht. Hier kommt das Zaubermittel Resilienz ins Spiel: Du kannst auf vielfältige Weise deine Resilienz erweitern und langfristig dein Nervensystem davon überzeugen, dass es da draußen in der Welt doch nicht sooo viele Gefahren gibt, wie Fred es vermutet. Was du dafür unbedingt kennen musst, ist dein persönliches Window of Tolerance – und ein paar wirksame Übungen zur Regulierung deines Nervensystems. Wie die folgende:

Das Bücherregal vom Staub befreien

Wann die Übung hilft:

- In allen Zuständen von Dysregulierung – sowohl in der Übererregung als auch in der Untererregung
- Im Hyperarousal
- Im Hypoarousal

Was du lernst:

- Wie du deinen Atem als wertvolles Beruhigungstool einsetzt
- Wie wohltuend und effektiv es ist, tief zu atmen

Dauer: etwa 3 Minuten
Schwierigkeitsgrad: simpel
Benötigte Utensilien: keine
Die Übung kann auch unterwegs durchgeführt werden.

Beschreibung:
Stell dir vor, du stehst vor deinem riesigen Bücherregal. Schon seit Längerem hast du nicht mehr Staub gewischt; die Regalbretter und die wunderschönen Bücher sind arg verstaubt. Du pustest nun vorsichtig den Staub von Brettern und Büchern, so als würdest du eine Kerze ausblasen. Hole erneut tief Luft und atme ein weiteres Mal sanft aus. Bewege deinen Kopf, damit du wirklich alle Stellen des Bücherregals freipusten kannst. Die Prozedur wiederholst du einige Male, bis das gedachte Bücherregal staubfrei ist.
Wichtiger Hinweis: Wenn du dazu neigst, flach und abgehackt zu atmen, dann kann dein System mit dem vielen Sauerstoff überfordert sein. Dir wird schwindlig. In diesem Fall atmest du für einige Atemzüge in deinem gewohnten Muster weiter und setzt die Übung anschließend fort.

Die vier Stressreaktionen – Fluch und Segen zugleich

Welche Stressreaktionen haben Mechthild und Bartholomäus bei ihrer Begegnung mit dem Säbelzahntiger gezeigt? Sie haben gekämpft und sind anschließend geflüchtet. Du denkst, das sind alle Reaktionen, die dem Körper in einer bedrohlichen Situation zur Verfügung stehen? Weit gefehlt!

Die möglichen Stressreaktionen sind:

1. Kämpfen – auch Fight-Modus genannt
2. Flüchten – der Flight-Modus
3. Erstarren – der Freeze-Modus
4. Fawn Response; am besten übersetzt mit »Das-liebe-Mädchen-Syndrom«

In der Steinzeit haben die instinktiven und unwillkürlichen Muster entsprechend so ausgesehen: 1. Ich schwinge die Fäuste, 2. Ich nehme meine Beine in die Hand, 3. Ich falle in Ohnmacht oder 4. Ich schmeiße mich auf den Boden und unterwerfe mich. Du siehst, die Reaktionsmuster sind »etwas aus der Zeit gekommen«. Zieh das einen Tag durch: Ich wette, dann warten schon die Männer mit den weißen Westen auf dich und wollen dich vor dir selbst in Sicherheit bringen!

Wir haben uns inzwischen elegantere und den gesellschaftlichen Konventionen angepasste Verhaltensweisen zugelegt, die erst auf den zweiten Blick als Stressreaktionsmuster zu erkennen sind.

Um die natürlichen Stressreaktionen für dich noch greifbarer zu machen, habe ich jeder ein Tier zugeordnet. Ich bin gespannt, welches Tier bei dir am häufigsten vertreten ist.

Die Hyäne aka Stressreaktion Kämpfen

Mit Sicherheit – oder hoffentlich – kennst du niemanden, der rohe Gewalt benutzt, um seine Konflikte beziehungsweise seinen Stress zu lösen. Dennoch behaupte ich, dass Kämpfen der häufigste Modus ist, in dem wir uns befinden. Wie tarnt sich also ein kämpfender Mensch?

Damit du mich richtig verstehst und noch einmal zur Erinnerung: Die Stressreaktion ist eine unbewusste und unwillkürliche Handlung, die dein Körper im Angesicht einer Bedrohung nutzt, um sich zu schützen. Die Tarnung ist also kein bewusster Prozess; sie ist eher eine durch Erziehung und Konditionierung geschehene Anpassung der Stressreaktionsmuster an unsere Gesellschaft.

Ein Leben in Opposition

Nadine ist ständig busy. Sie hasst Stillstand. Pause – pah, nur für Weicheier! Nadine hat öfter eine kurze Zündschnur: Erst vor Kurzem war ihr häusliches Internet lahmgelegt. Nicht zum ersten Mal. Wütend ruft sie die Störungshotline an und kann sich dem Servicemitarbeiter gegenüber kaum zügeln. »Das habe ich Ihnen jetzt schon dreimal erzählt, dass mein Upload bei unterirdischen sieben Mbit liegt! Machen Sie doch einfach Ihren Job! Ich will, dass jetzt sofort ein Techniker zu mir kommt und das Problem unverzüglich behebt!«, schnauzt sie den Mitarbeiter an. »Ein Techniker muss bestellt werden. Der kann frühestens morgen bei Ihnen sein«, entgegnet der Mitarbeiter mit Engelsgeduld. »Haben Sie noch alle Latten am Zaun?! Ich brauche jetzt das Internet! Verstehen Sie? Jetzt! Anscheinend sind Sie zu minderbemittelt, um das zu kapieren!«, ist die Antwort von Nadine. Wenn Nadine wütend ist, vergreift sie sich im Ton. Leider ist Nadine oft wütend.

Als Rechtsanwältin kann sie ihre Wadenbeißer-Art gut gebrauchen. Für ihre Mandanten geht sie bis ans Limit. Bei Gericht ist sie aufgrund ihrer Ellenbogenmentalität gefürchtet. Nadine ist stolz auf ihre Bilanz, dass sie so ein harter Knochen ist und deshalb immer mehr für ihre Klienten herausschlägt, als auf den ersten Blick möglich scheint. Auch in ihrer Freizeit liebt sie es, sich für andere einzusetzen. Ein Rassehund, der beim Züchter gekauft wird? Natürlich hat sie einen geretteten Hund aus dem Ausland, ihre Hündin Fly, die nur haarscharf der Tötungsstation entkommen konnte. Sie engagiert sich mit viel Herzblut für den Tierschutz, sammelt Spenden für eine Auffangstation in Timișoara. Berichtet allen Menschen, die es hören wollen – oder auch nicht –, was im Ausland mit den Hunden Schreckliches passiert. Ihren Freundinnen geht sie mit ihrer missionarischen Ader manchmal gehörig auf die Nerven. Aber irgendjemand muss sich ja um die armen Tiere kümmern!

Wenn man Nadines Leben mit einem Wort beschreiben müsste, wäre es: dagegen.

Sie ist gegen Tierquälerei.

Sie ist gegen Kosmetika, die noch immer auf Tierversuche setzt.
Sie ist gegen die kapitalistische Ausbeutung des Planeten.
Sie ist gegen die Erschließung des Grundstückes in ihrer kleinen Stadt, das in ein Industriegebiet umgewandelt werden soll.
Sie ist gegen das patriarchale System, das Frauen ausbeutet.

Siehst du, wie viel Opposition es im Leben von Nadine gibt? Quasi ihr ganzes Leben besteht aus Kampf. Das Fatale: Von außen bekommt Nadine viel Zuspruch für ihr Tun. Menschen bewundern ihren Einsatz für andere. Nadines Verhalten erscheint erstrebenswert, es wird von der Gesellschaft gefordert und gefördert. Auch Nadine gefällt sich in ihrem Kampfmodus. Allerdings – in den wenigen ruhigen Momenten, die sie erlebt, fühlt sie sich zunehmend erschöpft. Sie fragt sich, warum alles in ihrem Leben immer so schwer ist. Warum kann ihr Leben nicht einfach verlaufen?

Was der Blick aufs Nervensystem zeigt

Setzen wir die Nervensystem-Brille auf: Nadine hat aus der Stressreaktion, die dazu dient, kurzfristig mit einer Bedrohung umzugehen, ihr grundlegendes Lebensgefühl gemacht. An sich sollte die Stressreaktion Kämpfen nach der Bedrohung enden. Nadine sollte in ein Gefühl von Entspannung kommen. Doch sie überspringt diese Entspannung und stürzt sich voller Eifer und Tatendrang in den nächsten Kampf. Aus der ursprünglich schützenden Überlebensreaktion wird zunächst ein Kompensationsmuster. Der Kampf legt sich wie dichter Nebel, der sie nicht klarsehen lässt, über ein unangenehmes Gefühl. Das Kampfmuster schaltet sich automatisch ein, sobald es für Nadine unbequem wird. Nadine hat keine Wahl, sie ist allzeit bereit, in den nächsten Kampf zu ziehen. Ein unangenehmes, aber nicht greifbares Gefühl setzt bei Nadine ein, wenn sie aus der Zeit rutscht. Eine unbemerkte Kleinigkeit im Hier und Jetzt triggert sie und versetzt sie zurück in schmerzhafte Momente ihrer Kindheit.

Eine Lösung für Nadine wäre herauszufinden, warum sie »aus der Zeit rutscht« beziehungsweise in ihre Kindheit zurückversetzt wird.

Früher war es sehr sinnvoll, in Habachtstellung zu sein, um mögliche Angriffe durch Beschuldigungen, Beschämungen, Gefühlsausbrüche oder Gewalt vorwegzunehmen. Nadine musste anscheinend auf der Hut sein. Aber wo sind heute die Angreifer? Für ein Kind mag eine Beschämung oder Beschuldigung vernichtend sein. Aber warum muss dies für sie als Erwachsene noch so ein Gewicht haben?

Nur wer in verletzte Innere-Kind-Anteile rutscht (dazu mehr ab Seite 93), kann derart mitgerissen werden. Wer aber präsent als Erwachsene in sich verankert ist, für den hat eine Beschuldigung oder Beschämung kein wirkliches Gewicht. Wie ich zu sagen pflege: »Und in China fällt ein Sack Reis um.« Für Nadine scheint das nicht zu gelten.

Warum sich eine ehemals dienliche Verhaltensweise in eine schädliche verwandelt, darauf gehe ich im Kapitel »Ein Leben auf der Überholspur« (ab Seite 103) tiefer ein. Hier zunächst eine Übung, die dich wieder in die Gegenwart bringt, solltest du aus der Zeit fallen.

Der Storch im Salat

Wann die Übung hilft:

- In allen Zuständen von Dysregulierung – sowohl in der Übererregung als auch in der Untererregung
- Im Hyperarousal
- Im Hypoarousal

Was du lernst:

- Erhöhung der Achtsamkeit
- Erhöhung der Körperwahrnehmung, die dich zu einer besseren Verbindung mit dem Körper und dir selbst führt

Dauer: 8 bis 10 Minuten
Schwierigkeitsgrad der Übung: simpel
Benötigte Utensilien: eventuell ein Stuhl zum Festhalten
Die Übung kann nicht unterwegs durchgeführt werden.

Beschreibung:

Stell dich aufrecht hin, die Füße hüftbreit oder etwas weiter auseinander. Am besten trägst du nur Socken oder bist barfuß, damit du deine Füße gut spüren kannst. Deine Augen sind geöffnet. Du hebst einen Fuß deiner Wahl konzentriert an. Stell dir vor, dass sich unter dem Fuß sehr zäher Klebstoff befindet. Dadurch kannst du den Fuß nur extrem langsam vom Boden entfernen. Wenn jemand anderes ein Video von der Bewegung machen würde, dann müsste man das Video in Fast Forward schalten, damit man überhaupt eine Bewegung sehen kann. Mit anderen Worten: Bis dein Fuß komplett den Bodenkontakt verloren hat, kann es gut und gerne bis zu 60 Sekunden dauern.

Du stehst auf einem Bein, der andere Fuß hängt in der Luft. Wenn du magst, dann stütze dich gerne an einem Stuhl ab, um dein Gleichgewicht zu halten. Spüre, wie dein Standbein die Balance halten muss. Verharre für einige Augenblicke in dieser Position.

Nun setzt du den »luftigen« Fuß wieder ab. Auch das wieder im langsamsten Zeitlupentempo. Stell dir vor, dass die Luft zwischen deinem Fuß und dem Boden eine zähe, dichte Masse ist. Es braucht Kraft und Anstrengung, um dort hindurchzukommen. Bis du wieder auf deinen beiden Füßen stehst, darf es bis zu 60 Sekunden dauern.

Mit beiden Füßen stehst du nun fest auf dem Boden. Spüre nach. Gibt es eine Veränderung im bewegten Fuß? Hat sich etwas im Körper verändert? Horche in dich hinein.

Dasselbe Spiel folgt mit dem anderen Fuß. Nimm dir auch hier ausreichend Zeit.

Zum Abschluss spürst du intensiv nach: Fühlen sich deine Füße anders an als zu Beginn der Übung? Wie fühlt sich dein Körper insgesamt an? Diese Übung ist eine gute Möglichkeit für dich, den Zauber der Langsamkeit lieben zu lernen.

Das Reh aka Stressreaktion Flüchten

Wahrscheinlich kennst du auch niemanden, der – sobald es brenzlig wird – mit wehenden Fahnen das Feld verlässt. Auch der Flucht-Modus tarnt sich heute etwas subtiler und ist erst durch genaues Hinschauen zuverlässig zu erkennen.

Angst vermeiden

Claudia ist ängstlich. Ständig. Nein, sie hat keine Angststörung, sie ist auch nicht von einer Panikstörung betroffen. Aber Angst scheint wie ein feiner Faden in ihr Leben verwoben zu sein. Claudia ist zudem unsicher. In fast allem. Ob wir wohl rechtzeitig bei der Geburtstagsfeier von Mama eintreffen? Lisa, nicht dort hochklettern, du könntest herunterfallen! Was die Kollegen wohl zu meinem Schokoladen-Nuss-Kuchen sagen werden? Wahrscheinlich hat jemand eine Allergie gegen Nüsse! Ob ich mit dem neuen Mediendesign wirklich den Nagel auf den Kopf getroffen habe? Es ist schon ein bisschen gewagt … Ich habe den Eindruck, Christian geht es nicht gut. Ob ich mit ihm sprechen sollte? Ich mache mir echte Sorgen.

Claudia macht sich ständig Gedanken. Malt sich Horrorszenarien aus, was wohl alles Schlimmes passieren könnte. Die ängstlichen, besorgten Gedanken sind wie ein Hintergrundrauschen im Radio, das ständig da ist. Wie geht Claudia mit ihren Ängsten um? Nicht, indem sie panisch wegläuft – das wäre zu offensichtlich. Sie weicht aus. Ausweichen ist das wichtigste Stichwort im Zusammenhang mit dem Stressreaktionsmuster Flucht, wenn es sich in ein Lebensmuster verwandelt hat.

Wenn Claudia ihre Sorgen, ihre eigenen Ängste und die der anderen nicht mehr aushält, geht sie unbewusst in den Vermeidungsmodus. Sie ist oft unerklärlich müde, wenn es darauf ankommt, fit und wach zu sein. Auf ihren Körper ist nicht wirklich Verlass; nicht selten passiert es, dass er sie in wichtigen Situationen einfach im Stich lässt und krank wird.

Claudia hat einen prall und kreativ gefüllten Koffer mit unbewussten Vermeidungsstrategien:

- *Essen. Essen ist stets eine gute Wahl.*
- *Putzen – wie toll ist es doch, wenn das Haus blitzblank ist!*
- *Netflix. Upsi, wie kann es sein, dass sie schon wieder drei Folgen* Downtown Abbey *hintereinander geschaut hat, obwohl sie so dringend das nächste Konzept für das Mediendesign hätte ausarbeiten müssen?*
- *Shopping. Nadine liebt Onlineshopping. Ja, sie schickt das meiste sowieso wieder zurück, aber es tut so gut, den »Jetzt bestellen«-Button zu drücken.*
- *Social Media – ein weiteres, noch größeres Upsi. Ständig verliert sie sich im Rabbit Hole von Instagram oder Facebook, obwohl sie »doch nur eben kurz« reinschauen wollte.*
- *Persönlichkeitsentwicklung – dauernd hört sie die Podcasts, die angesagt sind, kauft sich alle Bücher, die man halt so braucht, besucht Onlinekurse. Und natürlich sind ihr Namen wie Tobias Beck, Christian Bischoff und Laura Malina Seiler ein Begriff.*

Was der Blick aufs Nervensystem zeigt

Claudia benutzt ihre Vermeidungsstrategien, um die Angst nicht wirklich fühlen zu müssen. Sie ist sich nicht bewusst, dass sie Ablenkungsstrategien benutzt. Ja, ihr fällt schon auf, dass ihr Shoppingverhalten etwas schräg ist, sie hat eine Ahnung davon, dass sie eine emotionale Esserin ist, ihr Putzverhalten kommt ihr manchmal etwas zwanghaft vor. All das findet sie lästig. Aber nicht so lästig, dass sie sich bewusst damit auseinandersetzen würde. Auch hier bleibt die Strategie im dichten Nebel verborgen und ist nicht wirklich greifbar. Weil Claudia kein tiefes Bewusstsein und somit keine Erklärung für ihre Ausweichmechanismen hat, ist sie gefangen in den Verhaltensweisen.

Claudia hat keine Wahl: Sie *muss* ihre Vermeidungsstrategien nutzen. Auch hier hat sich eine ehemals schützende Überlebensreaktion in ein Lebensmuster, in eine Haltung dem Leben gegenüber gewandelt. Ähnlich wie im ersten Fallbeispiel befindet sich Claudia im dichten Nebel des Unterbewusstseins. Sie »funktioniert« den Großteil ihrer Zeit auf Autopilot. Nicht sie trifft bewusst Entscheidungen; nein, ihr Unterbewusstsein bestimmt, was sie tut und nicht tut. Das Zaubermittel, um bewusster zu werden, wirklich im Moment anzukommen, ist Achtsamkeit. Eine gute Übung, um die Achtsamkeit in deinem Leben zu steigern, ist die folgende.

Kontaktpunkte des Körpers

Wann die Übung hilft:

- In allen Zuständen von Dysregulierung – sowohl in der Übererregung als auch in der Untererregung
- Im Hyperarousal
- Im Hypoarousal

Was du lernst:

- Erhöhung der Achtsamkeit
- Erhöhung der Körperwahrnehmung, die zu einer besseren Verbindung mit dem Körper führt
- Förderung der nicht bewertenden, sondern nur beobachtenden Haltung dir selbst gegenüber

Zeitdauer der Übung: 3 bis 5 Minuten
Schwierigkeitsgrad der Übung: simpel
Benötigte Utensilien: keine
Die Übung kann auch unterwegs durchgeführt werden.

Beschreibung:

Setz dich bequem auf einen Stuhl, am besten mit einer Rückenlehne. In den meisten Fällen empfiehlt es sich, die Augen geöffnet zu lassen. Lass deinen Blick ein wenig in die Ferne schweifen, ohne einen direkten Punkt zu fixieren.
Stell dir nun vor, du hättest eine Taschenlampe zur Verfügung. Die Lampe wandert in deinem langsamen Tempo vom Kopf bis zu den

Füßen hinunter, beleuchtet jedes Detail und währenddessen beobachtest du ihre Entdeckungen. Deine Aufgabe ist es, zu bemerken, an welchen Punkten dein Körper Kontakt zum Stuhl hat und wie sie sich anfühlen. Deine Entdeckungen haben rein beobachtenden Charakter, versuche, Bewertungen jeglicher Art zu vermeiden. Als ehemalige Spezialistin für Bewertungen weiß ich, wie herausfordernd es ist, nur zu beobachten. Ich bin mir aber sicher, dass du das mit ein wenig Übung meistern wirst.

Beginne am Kopf: Vielleicht ist dein Kopf nicht angelehnt und du nimmst wahr, wie sich das anfühlt. Vielleicht sitzt du gerade in einem Bürostuhl mit einer Nackenstütze; nimm beobachtend und ohne Wertung wahr, wie sich das anfühlt. Wandere mit der Taschenlampe weiter in Richtung Schultern. Wo haben deine Schultern Kontakt zum Untergrund? Wie fühlt sich das an? Du nimmst wahr, ohne zu bewerten.

Die (gewünschte) beobachtende Haltung ist: »Meine linke Schulter schmiegt sich etwas fester an den Stuhl als meine rechte Schulter. In meiner rechten Schulter nehme ich einen Druck wahr. Aha!« Die wertende Haltung (nicht förderlich) wäre dann: »Oh Mann, meine rechte Schulter ist ganz verspannt. So ein Mist! Ich sollte auch mal wieder meine Dehnübungen machen!« Du verstehst den Unterschied, oder?

In diesem Style der reinen Beobachtung wanderst du nun mithilfe der Taschenlampe in Richtung Füße. Du hältst immer wieder inne, um Körperpunkte zu entdecken, die Kontakt zum Untergrund haben. Oder um vielleicht Punkte zu entdecken, an denen dein Körper Kontakt mit sich selbst hat, wie bei verschränkten Armen.

Wichtiger Tipp: Oft neigen wir dazu – gerade wenn wir schmerzende Körperbereiche entdecken – den Atem anzuhalten. Du darfst dich immer wieder daran erinnern, zu atmen. Ich sage immer scherzhaft: Atmen kostet nicht extra!

Das Faultier aka Stressreaktion Erstarren

Das Erstarren ist eine bizarre Stressreaktion. Erstarren ist ein Sich-tot-Stellen. Hat oder zeigt Kämpfen oder Flüchten keine Aussicht auf Erfolg, verfallen wir in den Erstarrungsmodus.

Der bekannteste Vertreter des Erstarrens kommt aus dem Tierreich, das Opossum. Bei Gefahr zieht es alle Register einer Drama-Queen: Es wirft sich auf den Rücken und lässt seine Zunge aus dem offenen Maul heraushängen. Um die Inszenierung perfekt zu machen, verströmt es einen übel riechenden Duft und entleert seinen Darm. Jeder Angreifer denkt automatisch, dass es sich bei dem vermeintlich toten Opossum um Aas handelt, das sein Verfallsdatum längst überschritten hat. Die meisten Angreifer lassen die Beutelratte links liegen. Ist der Feind verschwunden, erwacht das Opossum aus seinem Scheintod und lebt fröhlich sein Leben weiter. Nicht nur die Inszenierung ist großartig, auch was hinter den Kulissen, also im Opossum, passiert, ist megaspannend. In der Kampf-oder-Flucht-Reaktion werden die meisten Körpersysteme nach oben gefahren: Der Puls steigt, der Herzschlag verschnellert sich, das Lungenvolumen wird erhöht. Ganz anders dagegen im Freeze-Modus: Der Körper spielt Scheintod. Der Puls verringert sich, der Herzschlag geht auf ein Minimum herunter, die Atmung ist kaum wahrnehmbar und die Durchblutung verringert sich. Die Möglichkeit, klar zu denken, ist drastisch reduziert. Körpereigene Opioide werden ausgeschüttet, um den nahenden Tod so angenehm wie möglich zu machen und eventuelle Schmerzen zu vermeiden.

Wir Menschen reichen nicht an das Opossum und seine geniale Inszenierung heran, doch auch bei unserer Spezies ist die Grundreaktion ähnlich. Auffällig häufig greifen Menschen, die bereits früh traumatisiert wurden, auf dieses Reaktionsmuster zurück.

Aufschieberitis

Sandra ist nicht unbedingt gut darin, Dinge umzusetzen. Sie hat viele Pläne; erst Anfang des Jahres hat sie sich als Coach für Selbstbewusstsein selbstständig gemacht. Sie hat gehört, dass man Social Media gut nutzen kann, um sich ein Onlinebusiness aufzubauen. Sie hat einige Onlinekurse gebucht, wie man auf Instagram schnell Follower gewinnt und diese in Kunden verwandelt. Doch sobald Sandra an die Umsetzung gehen soll – da stockt es.

Es scheint, als gäbe es eine unsichtbare Hürde, die Sandra nicht wirklich ins Tun kommen lässt. Sie gibt sich ganz aufrichtig Mühe, aber dann feilt sie wieder stundenlang am perfekten Text für einen Post, tüftelt an der besten Grafik, grübelt über ihr Logo nach, bastelt etwas an der Website. So vergeht Tag um Tag, ohne dass sie ihrem tatsächlichen Ziel wesentlich näher kommt: über Instagram Kunden gewinnen.

Ist Sandra faul oder gar undiszipliniert? Nein, sie fällt vielmehr regelmäßig in den Freeze-Zustand.

Alles, was ihr Angst macht – wie zum Beispiel eine drohende Ablehnung durch potenzielle Kunden, ein Shitstorm von Followern –, löst eine heftige Stressreaktion aus und erschüttert Sandra bis ins Mark. Ihr Körper weiß sich nicht anders zu helfen, als sich tot zu stellen. Wenn sie sich nicht mit anderen Sachen ablenkt, dann verliert sie sich in sinnlosen Tätigkeiten wie ihre Buntstifte nach Länge und Farbe zu sortieren. Oft wird sie einfach sehr, sehr müde. So müde, dass sie sich am Tag für einige Stunden hinlegen muss, obwohl sie sich doch für genau diesen Tag ein Live auf Insta geplant hatte. Es ist wie verhext!

Was der Blick aufs Nervensystem zeigt

Auf den ersten Blick erscheint Sandra sehr relaxt. Tatsächlich steht sie aber bis an ihre Haarspitzen unter Strom. Die Anforderungen, die eine Selbstständigkeit mit sich bringt, überfordern sie. Sie kann weder kämpfen (Sandra gegen den dämlichen Algorithmus auf Instagram) noch flüchten (Sandra verkriecht sich in ihre Berghütte und hofft dort drinnen auf zahlende Kunden). Doch auch hier hat sich die Natur eine effiziente Lösung erdacht: das Erstarren. Ein Erstarren ist nur dann möglich, wenn sich der Körper schon vorher im Ausnahmezustand befunden hat.

In dem Beispiel zeigt sich das Erstarren als Prokrastination, als extreme Aufschieberitis. Sachen werden so lange auf morgen verschoben, bis der Zeitdruck genügend Adrenalin mobilisiert, damit der Mensch automatisch wieder ins Tun kommen muss. Andere Variante: Man betreibt die Vogel-Strauß-Politik und versucht, die »Gefahr« auszublenden.

Sandra hat keine Wahl: Sie *muss* erstarren, alles andere wäre für ihr System nicht zu ertragen. Menschen im Freeze-Modus erscheinen ohne Motivation, faul, undiszipliniert und ohne Ausdauer. Tatsächlich ist ihr Nervensystem einfach am Limit. Es befindet sich im Kollaps-Zustand. Würde man ergründen, was Sandras Nervensystem – spezifischer gesagt: das Reptiliengehirn – so verängstigt und transformiert, dann käme Sandra viel eher ins Tun. Wenn du dich im Freeze-Modus wiederfindest, dann ist die folgende eine tolle Übung, um wieder in den resilienten Bereich des Window of Tolerance zurückzukehren.

Den Körper abklopfen

Wann die Übung hilft:

- In allen Zuständen von Dysregulierung – sowohl in der Übererregung als auch in der Untererregung
- Besonders im Hypoarousal, in der Dissoziation geeignet (siehe Seite 40)

Was du lernst:

- Wie du dich schnell und wirksam wieder ins Hier und Jetzt zurückholst
- Wie du Kontakt zu deinem Körper herstellst und in ihn zurückkehrst

Zeitdauer der Übung: ca. 2 Minuten
Schwierigkeitsgrad der Übung: simpel
Benötigte Utensilien: keine
Als SOS-Übung in akuten Notfällen kann die Übung auch unterwegs durchgeführt werden.

Beschreibung:
Mit der flachen Hand klopfst du mit einer für dich angenehmen Intensität und in einem mittelschnellen Tempo deinen Körper ab. Entweder machst du das mit einer Hand oder direkt mit beiden Händen – wie es dir gefällt. Versuche, wirklich alle erreichbaren Stellen abzuklopfen. Beginne also zum Beispiel bei deinen Armen, wechsle hinüber zur Brust, zum Kopf, über den Bauch, den Rücken, zum Gesäß, über die Beine bis hin zu den Füßen.
Das Ganze darf ruhig ein paar Minuten dauern. Spüre anschließend nach.
Wichtig: Da dies eine Übung ist, die dich aus dem Freeze-Modus herausholt, wirst du wahrscheinlich nach der Übung einen Energieschub spüren. Dann macht eine weitere Übung, die in der Übererregung hilfreich ist – wie zum Beispiel das Abspacken (siehe Seite 113 f.) – sehr viel Sinn.

Der Border Collie aka Stressreaktion Fawn Response (Das-liebe-Mädchen-Syndrom)

Wäre die Stressreaktion Fawn Response (von englisch *fawn*: Rehkitz) ein Hund, dann wäre sie ein Border Collie. Diese alte Hunderasse wurde ursprünglich zum Schafehüten gezüchtet. Sie zeichnet sich dadurch aus, dass sie extrem arbeitswillig ist. Schafe hütet der Hund heute eher selten – stattdessen sitzt er sabbernd vor Frauchen und wartet sehnsüchtig auf irgendeine Aufgabe. Er *will* und er *muss* unbedingt gefallen.

Die gute Schwiegertochter

Kerstin ist immer nett. Nie erlebt man sie dabei, dass sie sich im Ton vergreift, eine Bitte ablehnt, nicht lächelt. Ohne zu murren, erledigt sie im Job Mehrarbeiten, die ihre eigentlich verhasste Kollegin Annika ihr zuschiebt. Annika hat es aber auch gerade schwer; erst kürzlich hat ihr Mann sie verlassen. Da ist es nur in Ordnung, wenn Kerstin etwas von Annika übernimmt. Kerstin ist diejenige, die beim Kindergartenfest die Organisation des Kuchenbuffets übernimmt und letztendlich von zehn Kuchen acht selbst backt. Kerstin ist die gute Schwiegertochter, die ihre ständig nörgelnde Schwiegermutter zum Arzt, ins Sanitätshaus und zum Wochenmarkt kutschiert und sich dabei von ihr noch anhören muss, was sie alles verkehrt macht. Kerstin ist die gute Freundin, die die On-off-Beziehung ihrer besten Freundin Nina mit all den Dramen erträgt. Schon um drei Uhr nachts ist sie durch die halbe Stadt gefahren, um Ninas Hand zu halten. Komisch nur, dass sich Nina nur meldet, wenn es ihr schlecht geht …

Bei all dem geht Kerstin oft über ihre eigenen Grenzen – zu sich selbst ist sie nicht wirklich nett. Ihr Motto: erst die anderen, dann ich.

Was der Blick aufs Nervensystem zeigt

Ist Kerstin ein Mensch, der gern dauernd beschäftigt ist? Ist Kerstin einfach unglaublich hilfsbereit, eine Art Mutter Teresa? Nein, Kerstin ist tief in der Fawn Response verhaftet. Es gibt für sie nicht die Frage, ob sie nett oder hilfsbereit sein will. Sie *muss* es sein.

Warum? Die Fawn Response entspricht der Tendenz, sich zu unterwerfen. Schauen wir hier wieder ins Tierreich: Gruppen von Säugetieren sind so organisiert, dass es einen Chef gibt und die Untertanen. Das sorgt für Ordnung und vermindert Konflikte. Im Kontakt mit dem Chef neigen rangniedrige Tiere dazu, sich dem Chef zu unterwerfen, um mögliche Konflikte zu vermeiden. Sie werfen sich auf den Rücken, senden weitere Beschwichtigungssignale wie Züngeln oder Blinzeln aus. Der Chef wird mit seiner Macht anerkannt und die Hierarchie bleibt bewahrt. Es sähe jetzt bei uns Menschen ein wenig merkwürdig aus, wenn wir uns ähnlich verhalten würden, deswegen drückt sich die Fawn Response hier etwas anders aus: Kerstin ist vermutlich in einer Familie aufgewachsen, in der es wichtig war, dem Chef – das können die Mutter, der Vater oder mehrere Personen innerhalb der Familie gewesen sein – zu gefallen. Wenn sie dem Chef nicht passte, dann hatte das negative Konsequenzen: Beschuldigungen, Beschämung, Bindungsabbruch oder gar Gewalt. Kerstin entwickelte folgerichtig die Strategie, stets nett, allzeit zu Diensten zu sein, und konnte so einige Konflikte vermeiden. Warum sollte sie eine Strategie, die sich früher bewährt und die sie geschützt hat, als Erwachsene sein lassen? Das wäre ganz schön unclever. Also ist sie auch heute noch immer die Nette.

Der lange Schatten der Ablehnung

Kerstin darf lernen und herausfinden, warum Ablehnung ein solch großes Thema für sie ist. Warum Ablehnung ihr persönlicher Lord Voldemort ist. Sie wird eine Kindheit erlebt haben, in der Liebe ein äußerst rares Gut war, in der die Verbindung zu ihren Eltern nur gegeben war, wenn sie zu Diensten war. Nur, wenn sie den Eltern die Wünsche vorausschauend von den Lippen abgelesen hat, für gute Stimmung sorgte oder sich nützlich machte, lediglich dann verteilten die Eltern ein paar Brotkrumen Liebe und Bindung. Auch Kerstin verrutscht in der Zeit. Für ein kleines Kind ist Liebe der Eltern überlebensnotwendig. Lieben Eltern ihre Kinder nicht, dann ist die Versorgung und damit das Überleben der Kinder extrem gefährdet. Da man als kleines Kind nicht in der Lage ist, sich selbst zu versorgen, *müssen* das also die Eltern beziehungsweise andere Bezugspersonen übernehmen. Liebe ist das Benzin, das das System am Laufen hält. Denn, seien wir ehrlich: Mama muss ihr Kind schon außerordentlich lieben, dass sie es erträgt, über Jahre nicht ausreichend zu schlafen und festzustellen, dass gerade in der ersten Zeit so etwas Profanes wie Duschen absoluter Luxus ist. Ohne Liebe würde das kein Mensch auch nur zwei Wochen aushalten. Ohne Liebe würde man sein Kind bereits nach kurzer Zeit an der Raststätte aussetzen.

Als Kinder haben wir aus diesem Grund ein feines Gespür dafür, wie tragfähig Bindung und Liebe sind. Sind sie in Gefahr, verbiegen wir uns auf Teufel komm raus, um etwas Zuwendung zu erhaschen.

Du siehst, auch Kerstin dümpelt arg im Unterbewusstsein herum. Wäre sie sich und ihrer Taten bewusster, müsste sie nicht mehr das liebe Mädchen spielen. Eine weitere Übung, um insgesamt bewusster zu werden, ist die folgende.

Traumasensitives Yoga

Wann die Übung hilft:

- In allen Zuständen von Dysregulierung – sowohl in der Übererregung als auch in der Untererregung
- Im Hyperarousal
- Im Hypoarousal

Was du lernst:

- Ich habe Möglichkeiten – immer!
- Ich kann in meinen Körper lauschen und ihn fragen, was mir guttut und was nicht.
- Ich kann die Verbindung zu meinem Körper stärken, indem ich ihm Aufmerksamkeit schenke und achtsam mit ihm bin.
- Es ist sehr entspannend, Dinge langsam zu tun.

Zeitdauer der Übung: 5 bis 15 Minuten
Schwierigkeitsgrad der Übung: simpel
Benötigte Utensilien: eventuell Smartphone
Diese Übung kann nicht unterwegs durchgeführt werden.

Hinweis:
Für diese Übung empfehle ich dir, den QR-Code im Anhang für die Übungen zu scannen und dich direkt von mir durch die Übung leiten zu lassen. Die Sprache, die ich dort verwende, wird dir vielleicht auf den ersten Blick ein wenig seltsam vorkommen. Lass dich einfach auf das Experiment mit der für dich eventuell nicht bekannten Wortwahl ein. Aber gerne kannst du auch einfach die Übung hier lesen.
Ich fand die Übung erst ziemlich Banane und habe mich gefragt, ob ich versehentlich bei irgendeinem Guru-Unsinn gelandet bin. Mittlerweile liebe ich sie!

Beschreibung:

Setz dich an einen bequemen und sicheren Ort deiner Wahl. Das kann ein Stuhl sein, die Couch, der Fußboden oder auch dein gemütliches Bett.

Ich lade dich dazu, deine Hände und Arme zu bewegen. Eine Bewegung, die du mit deinen Händen machen könntest, ist, sie vom geschlossenen Zustand vor dir langsam nach außen zu führen. Eine andere Bewegung könnte sein, dass du deine Hände nicht wie eben beschrieben horizontal, sondern senkrecht nach oben und unten bewegst. Probiere die Bewegung der Hände aus, versuche auch gern die Variante; horche in dich hinein, was dir besser gefällt. Du kannst das entscheiden. Und du kannst dich auch jederzeit umentscheiden. Bewege deine Hände und Arme in der für dich gewählten Form für circa eine Minute.

Wenn du deine Bewegung gefunden hast, dann experimentiere gern mit der Größe der Bewegung. Die Bewegung kann zum Beispiel sehr groß sein, vielleicht einen Meter groß; sie könnte aber auch sehr klein, um die 20 Zentimeter sein. Auch hier darfst du entscheiden, was für dich richtig ist. Du entscheidest, wie groß oder wie klein deine Bewegung ist. Bewege deine Hände nun in der Größe weiter, die du für dich als richtig erachtest hast. Auch das für circa 60 Sekunden.

Wenn du magst, kannst du nun noch ein wenig das Tempo variieren. Schau mal, wie sich die Bewegung für dich anfühlt, wenn du sie extrem langsam, wie in Ultra-Slow-Motion ausführst. Fühlt sich das gut an? Du kannst gern auch einmal probieren, wie es ist, wenn du ein wenig mehr Geschwindigkeit in die Handbewegung hineinbringst. Führe die Bewegung in deinem Tempo fort. Dein Tempo ist genau das richtige. Behalte die Bewegung für circa 60 Sekunden bei. Lege nun achtsam deine Hände in deinen Schoß. Spüre nach. Lass dir Zeit dabei, in dich hineinzuhorchen.

Ich möchte dich gern zu einer weiteren Bewegung einladen. Wenn du magst, dann bewege deine Schultern. Eine Möglichkeit wäre, die

Schultern nach vorn oder hinten kreisen zu lassen. Schau, ob dir diese Bewegung gefällt. Horche wieder intensiv in dich hinein und finde deine Bewegung.

Eine andere Idee wäre, die Schultern zusammen mit den Armen nach vorn oder hinten kreisend zu bewegen. Führe diese Bewegung für circa 60 Sekunden aus.

Wenn du die für dich richtige Bewegung gefunden hast, dann könntest du ein wenig mit dem Tempo experimentieren. Wie ist es, wenn du deine Schultern eher schnell kreisen lässt? Probiere es für einige Bewegungen aus.

Du könntest auch probieren, die Übung in Zeitlupe auszuführen. Wie fühlt sich das an? Probiere gern beides aus. Entdecke den Unterschied. Und bleibe dann für mehrere Augenblicke bei dem Tempo, das für dich das richtige ist. Du darfst entscheiden, wie viel Schnelligkeit oder Langsamkeit die Bewegung braucht.

Ich lade dich weiter ein, ein wenig mit der Größe der Bewegung zu experimentieren. Wie ist es für dich, wenn die Bewegung vielleicht so klein ist, dass man sie kaum wahrnehmen kann? Wie fühlt sich das für dich an?

Oder schau, wie es ist, wenn die Bewegung übertrieben groß wird. Beschreibe mit deinen Schultern einen Kreis, der ungefähr einen Durchmesser von 30 Zentimetern hat. Finde die Bewegung, die für dich richtig ist. Du darfst entscheiden. Führe diese Bewegung wieder für circa eine Minute aus.

Halte danach inne. Atme noch einmal bewusst ein und aus. Spüre nach – wie geht es dir jetzt? Falls du die Augen geschlossen hattest, öffne nun die Augen. Orientiere dich im Raum und recke und strecke dich ein wenig.

Entwicklungstrauma – das Trauma ohne Lobby

Du bist im vorletzten Theoriekapitel angelangt, das zugleich das emotional herausforderndste für dich – und auch für mich – sein wird. Hier meine Einladung an dich, das Buch gern zur Seite zu legen, wenn es dich zu heftig mitnimmt. Lass alles sacken und fahre fort, wenn du wieder dafür bereit bist.

Vielleicht verunsichere ich dich an dieser Stelle mit der Warnung. Mein Hinweis dient lediglich dazu, dass du achtsam mit dir bist und dir neue Informationen rund um Themen, deren Tragweite erfahrungsgemäß viele Lebensbereiche betreffen und manchmal aufrüttelnd sein können, behutsam zu Gemüte führst. Denn jedes Mal, wenn ich über Entwicklungstraumata spreche, und jemand hat noch nie davon gehört, dann verschlägt es der Person den Atem. Sekundenschnell wird die gesamte ätzende Tragweite deutlich. Es wird klar, was es möglicherweise für das eigene Leben bedeutet, für die Kinder, für die Enkel, für all die Menschen um einen herum. Also, du bist gewappnet und sorgst gut für dich? Dann geht's jetzt los!

Alles wie im Bilderbuch?

Silvia steht mitten im Leben. Sie ist verheiratet, lebt mit ihrem tollen Mann und den zwei reizenden Kindern im schmucken Eigenheim. Der leicht übergewichtige Labrador macht die Familienidylle komplett. Die große Tochter Maja geht bereits in die Grundschule, der kleinere Sohn Max besucht den Kindergarten. Silvia hat ihre Elternzeit glücklicherweise beendet und geht nun wieder halbtags als Marketingassistentin arbeiten. Zwischen Windeln und roten Spaghetti zu versauern – das war nicht ihr Plan!

Auf den ersten Blick sieht das Leben von Silvia klasse aus: Es ist alles da; es gibt keine nennenswerten Probleme. Doch da ist dieses nagende

Gefühl, dass irgendwie doch nichts gut in ihrem Leben ist. Sie ist unerklärlich traurig, sie ist rätselhaft unzufrieden mit ihrem eigenen Leben. Etwas fehlt ... nur was genau fehlt, das weiß sie nicht.

Klingt ein wenig nach meinem Lebensgefühl, bevor Somatic Experiencing in mein Leben trat? Ja, genau, du hast dich richtig erinnert. Was verbindet Silvia und mich miteinander, was verbindet eventuell auch dich mit uns beiden? Die fiktive Silvia und ich – wir sind beide von einem Entwicklungstrauma betroffen.

Als Entwicklungstrauma bezeichnet man wiederholte Bindungsabbrüche und/oder Traumata zwischen der wichtigsten Bezugsperson eines Kindes und dem Kind selbst ab der Zeugung eines Menschen bis zum Alter von drei Jahren.

Abgrenzung Schocktrauma versus Entwicklungstrauma

Wie soll ich vergessen, wenn ich mich nicht erinnern kann?
Carola Elisabeth in #Mindsetpoesie

Die Traumata, die wir bisher in dem Ratgeber besprochen haben, gelten als Schocktraumata. Ein einmaliges Erlebnis hinterlässt beim Menschen katastrophale Folgen. Beim Entwicklungstrauma wiederholen sich die Traumata über einen langen Zeitraum. Sie werden zur allgemeinen Lebensrealität.

Aus meiner Sicht hinkt die Definition an dieser Stelle ein wenig. Auch bei anderen Traumata – wie schwerer Gewalt oder sexuellem Missbrauch – haben wir leider in der Regel nicht nur ein singuläres Ereignis vorliegen, sondern diese schlimmen Taten finden immer und immer wieder statt. Ich bin daher dazu übergegangen, alles, was nicht Entwicklungstrauma ist, als »klassisches Trauma« zu bezeichnen. Der aktuelle ICD – das ist die Version ICD-11, die seit dem 1. Januar 2022 in Kraft ist – nimmt immerhin erstmalig eine komplexe posttraumatische Belastungsstörung auf. Aber Entwicklungstrauma ist für den ICD weiterhin ein Fremdwort.

Der Mensch als physiologische Frühgeburt

Was soll das denn jetzt heißen? Es gibt doch eine Regelschwangerschaftsdauer von 40 Wochen. Wird ein Baby vor der Vollendung der 37. Schwangerschaftswoche geboren – erst dann gilt es als Frühchen. Nein, nein, weit gefehlt. Wir Menschen sind sozusagen reguläre Frühchen. Das heißt, selbst nach einer regulären Schwangerschaftsdauer von 40 Wochen findet die Geburt an sich zu früh statt. Vieles im Baby ist noch nicht ausgereift. Bis wir ausgewachsen sind, dauert es circa 18 Jahre. Keine andere Spezies auf der Welt nimmt sich so viel Zeit wie der Mensch, um komplett heranzuwachsen.

Was dem Baby als physiologische Frühgeburt fehlt: ein Teil des autonomen Nervensystems, der Parasympathikus. Zur Erinnerung: Der Parasympathikus ist der Gegenspieler des Sympathikus. Während der Sympathikus generell aktivierend wirkt, das Gaspedal ist, ist der Parasympathikus der entspannende Part im Körper, die Bremse. Und dieser Teil fehlt dem jungen, zarten Wesen!

Das bedeutet: Der Mensch verfügt bis zum Alter von etwa drei Jahren einfach nicht über die biologischen Fertigkeiten, sich selbst durch eine stressige Situation hindurchzuführen. Im Umkehrschluss heißt das: Ein Mensch braucht bis zum Alter von drei Jahren eine liebevolle Person, die ihn in oder nach stressigen Situationen beruhigt. Die nach einer erlebten Bedrohung signalisiert: »Hey, es ist alles in Ordnung. Du bist in Sicherheit. Du kannst dich wieder entspannen. Ich bin für dich da.« Erst nach etwa drei Jahren ist der Parasympathikus ausgereift und das heranwachsende Kind ist nun überhaupt biologisch in der Lage, sich selbst zu besänftigen.

Fehlt jedoch diese empathische und präsente Person für das Kind, dann resultiert daraus ein früh dysreguliertes Nervensystem. Das hat sowohl für das Kind als auch später für den Erwachsenen verheerende

Folgen in allen Lebensbereichen: Partnerschaft, Gesundheit, Finanzen, Karriere – alles wird in Mitleidenschaft gezogen.

Die Schäden, die ein früh dysreguliertes Nervensystem hinterlassen, kannst du mit einem Hausbau vergleichen: Wird dort das Fundament oder die Bodenplatte stümperhaft ausgeführt, ist später das ganze Haus instabil. Durch die fehlerhafte Arbeit werden sich nach einiger Zeit Risse im Mauerwerk ergeben. Die Risse können weitere Schäden nach sich ziehen, das Mauerwerk wird anfällig und so ergeht es auch dem »rissigen« Nervensystem.

Das Körpergedächtnis

Die Krux am Entwicklungstrauma ist, dass unsere erzählende Erinnerung erst im Alter von etwa drei Jahren einsetzt. Das heißt, erst ab diesem Zeitpunkt sind wir in der Lage, Geschichten, die uns passiert sind, durch Worte wiederzugeben. Auch wenn uns davor die Möglichkeit des erzählendes Gedächtnisses fehlt – unser Körper erinnert sich sehr wohl. All das, was uns widerfahren ist, wird im Körper gespeichert – insbesondere in den Faszien oder den Gelenken.

Nun kann es sein, dass Silvia, ich oder du steif und fest behaupten: Meine Kindheit war eine Bilderbuchkindheit. Ja, es kann sein, dass die Jahre ab deinem dritten Jahr Stoff für eine Hollywood-Schnulze abgeben. Aber was war vorher? Gab es eine präsente Mama, die dir wahre Sicherheit vermittelt hat? War da eine Mama, die deine Bedürfnisse erkannt hat? War da eine Mama, die dich so hat sein lassen, wie du bist? Die dich nicht anders haben wollte? War da eine Mama, die dich durch deine Gefühle begleitet hat? War da eine Mama, die dich dazu ermuntert hat, dich selbst und die Welt zu entdecken? Dein Körper weiß es!

Ich verwende an dieser Stelle die Mama als primäre Bezugsperson, weil das nach wie vor das Familienmodell ist, das in Deutschland gelebt wird. Die Mutter zieht die Kinder groß, der Vater bringt das Geld nach Hause. Laut einer von Statista durchgeführten Studie mit einer Erhebung der Daten im Jahr 2019 machten lediglich 6,4 Prozent der Männer den Rollentausch und wurden zu Vollzeitvätern.

Bindungsabbrüche – die unsichtbaren Stacheln

Wahrscheinlich kannst du dir unter dem Begriff »Bindungsabbruch« nichts vorstellen. Sie lassen sich in drei Kategorien einordnen:

- Kategorie A: Die offensichtlichen Bindungsabbrüche, deren negatives Potenzial jedem ersichtlich ist.
- Kategorie B: Die versteckten Bindungsabbrüche, von denen man keine negativen Konsequenzen vermutet.
- Kategorie C: Die komplett unsichtbaren Bindungsabbrüche, die niemals in Betracht gezogen werden für ein Entwicklungstrauma.

Zur Kategorie A zählen:

- eine Risikoschwangerschaft,
- eine dramatische, möglicherweise traumatische Geburt mit Gefahr für Mutter oder Kind,
- eine frühe Krankheit des Babys, die in den ersten drei Lebensjahren zu längeren oder wiederholten Trennungen von der Mutter führt,
- eine schwere Krankheit der Mutter in den ersten drei Lebensjahren des Kindes,
- schwerer Stress der Mutter, weil zum Beispiel ein Familienmitglied ernsthaft erkrankt ist,
- ein missglückter Abtreibungsversuch,
- alle Ereignisse, die zu einem Trauma führen: schwere Vernachlässigung, physische Gewalt, sexueller Missbrauch.

Zur Kategorie B zählen:

- Mutter oder Vater sind sich über lange Zeit nicht sicher, ob sie das Kind wirklich möchten,
- eine alleinerziehende Mutter,
- die Mutter hat innerhalb der ersten drei Lebensjahren mit schwereren psychologischen Erkrankungen zu kämpfen, etwa einer post-

natalen Depression, einer Panikstörung, einer Depression, einer Schizophrenie,

- erheblicher Stress der Mutter während der Schwangerschaft durch Partnerschaftsprobleme, finanzielle Sorgen oder gesundheitliche Aspekte,
- eine Mutter, die selbst traumatisiert ist und durch ihr Baby fortwährend getriggert wird,
- emotionale Gewalt gegenüber dem Kind oder beobachtete Gewalt gegenüber den anderen Familienmitgliedern.

Zur Kategorie C zählen – und hier wird dich einiges überraschen:

- Altersabstand zwischen den Geschwistern ist unter einem Jahr,
- die Mutter ist emotional abwesend – was das genau ist, beschreibe ich gleich,
- eine emotional kühle Mutter,
- die Bedürfnisse des Kindes wie Hunger, Schlaf oder Nähe werden ständig nicht erfüllt,
- ein Haushalt, der durch wenig Körperlichkeit gekennzeichnet ist; Kuscheln gibt es nicht,
- das Idealbild der Eltern vom Kind weicht von dem tatsächlichen Bild des Kindes ab; zusätzlich wird dem Kind die Diskrepanz aufgezeigt,
- das sogenannte Schlaftraining (siehe ab Seite 85).

Die Wiederholung des Schemas sorgt für Trauma

All diese Punkte sind mögliche Ursachen für ein Entwicklungstrauma.

Übersetzen wir das Ganze in die Sprache des Nervensystems: Jeder Bindungsabbruch ist für ein Baby oder ein Kleinkind der Säbelzahntiger, der es in akuten, unerträglich hohen Stress bringt. Durch das Wahrnehmen der Bedrohung wird Fred – das Reptiliengehirn – aktiviert. Das Reptiliengehirn initiiert rasend schnell die überlebensnotwendige Stressreaktion, die einen Kampf- oder Fluchtreflex auslöst. Kämpfen ist für das Baby noch in gewisser Weise möglich: Es fängt bitterlich an zu schreien. Der Fluchtreflex hingegen kann nicht wirklich ausgelebt werden. Das Baby *kann* der Situation nicht entfliehen. Es kann nicht sagen: »Hey Mama, ich habe mir das überlegt mit uns beiden. Wenn du so unerfahren bist und noch nicht einmal meine Bedürfnisse befriedigen kannst – dann kann das mit uns nichts werden! Ich habe meine Koffer gepackt und gehe jetzt! Tschö!«

Das Baby ist der Situation hilflos und ohnmächtig ausgeliefert. Das hast du im vorherigen Kapitel gelernt: Ist Kämpfen oder Flucht nicht von Erfolg geprägt, dann fallen wir in die dritte Stressreaktion: Freeze.

Ist die Kindheit nun durch wiederholte Bindungsabbrüche geprägt – voilà, das Entwicklungstrauma ist geboren. Übertragen wir das Geschehen in das Window of Tolerance: Fehlt die co-regulierende Person, gerät das Baby zunächst in eine massive Dysregulation. Das heftige Schreien und Weinen ist der Übererregung im Window of Tolerance gleichzusetzen. Die Übererregung kann durch das Fehlen des Parasympathikus nicht selbstständig gemanagt werden. Der heftigen Dysregulation folgt unweigerlich der Kollaps, der Freeze-Zustand. Der Kollaps ist als solcher nicht von außen zu erkennen. Was man sieht, ist das brave Kind, das keinen Mucks mehr von sich gibt. Es weint nicht mehr. Es gibt keine Widerworte. Es zeigt auch sonst nicht mehr viele Gefühle. Es ist äußerst artig.

Weitere mögliche Traumaursachen

Neben den Bindungsabbrüchen gibt es auch Störfaktoren, die das Baby verunsichern. Hier einige Beispiele:

- ein Ziehen im Magen, weil es Hunger oder Durst hat,
- ein körperlicher Schmerz,
- ein Unwohlsein, weil die Windel voll ist oder zwackt,
- Angst, weil es sich alleine fühlt,
- ein schlechter Traum,
- kratzende, unpassende Kleidung,
- einen Wunsch, den sich das Baby nicht erfüllen kann beziehungsweise der nicht erfüllt wird, etwa: Ich will jetzt das blinkende Handy, das lustige Geräusche macht.

Zu den Störfaktoren kommen nicht erfüllte Bedürfnisse, die für ein hohes Irritationspotenzial sorgen, was letztendlich vom Baby/Kleinkind als Stress wahrgenommen wird:

- das Bedürfnis nach Unterhaltung, nach Spiel und Spaß, aber es ist niemand zum Spielen da,
- das Bedürfnis nach Nähe, weil es Angst oder andere Gefühle hat; das Baby ist aber allein,
- das Bedürfnis nach Ruhe; um das Baby ist es aber äußerst trubelig und hektisch,
- das Bedürfnis nach körperlicher Nähe; die Eltern sind aber nicht zärtlich,
- das Bedürfnis nach festen Ritualen und Gewohnheiten; der Alltag des Kindes ist aber alles andere als klar strukturiert,
- das Bedürfnis, die eigenen Gefühle durch Lachen, Quietschen, Schreien oder Weinen äußern zu können; die Eltern beschwichtigen jedoch jede Gefühlsäußerung.

Wird das Bedürfnis nach Ruhe einige Male nicht erkannt – kein Problem! Unterbindet die Mama die Gefühlsäußerung des Kindes an einigen Stellen – auch noch kein Grund, um jetzt schon für die Traumatherapie des Kindes zu sparen. Sind diese Irritationen jedoch die Regel, dann wird es kritisch. Auch wenn das Baby es mental noch nicht erfassen kann, kommt dennoch die Botschaft an: »Ich bin nicht wichtig. Meine Bedürfnisse sind nicht wichtig.« Das ist keine gute Lebensgrundlage.

Die eingefrorene Mutter

Anja ist frischgebackene Mama. Ihre Tochter Mila ist ein wahres Wunschkind. Lange haben Anja und Daniel auf sie warten müssen. Ohne medizinische Unterstützung mittels einer IVF (In-vitro-Fertilisation; künstliche Befruchtung der Frau) wollte es einfach nicht klappen. Umso glücklicher sind die beiden nun über ihre zauberhafte Tochter. Anja wollte von Anfang an alles richtig machen: Sie hat sich intensiv mit der Schwangerschaft, mit der natürlichen Geburt und auch mit der bindungsorientierten Begleitung – eine hippe Erziehungsform, die ich außerordentlich schätze – auseinandergesetzt. Anja und Mila haben innerhalb von vier Monaten einen gewissen Rhythmus entwickelt. Auf den ersten Blick sieht alles gut aus zwischen den beiden. Daniel macht jedoch eine irritierende Bemerkung: Wie Anja mit Mila umgeht, das sieht merkwürdig aus. Zuerst dachte er, es sei die natürliche Unbeholfenheit einer frischen Mutter. Mütter fallen ja schließlich auch nicht als Meisterinnen vom Himmel – sie dürfen erst lernen, eine gute Mutter zu werden. Aber das war es nicht. Er schaute genauer hin und entdeckte, dass Anja im Kontakt zu Mila mechanisch war. Wie ein Roboter. Kaum eine Gefühlsregung zeigte. Sie wirkte, als sei sie ganz weit weg – nicht nur mit ihren Gedanken, sondern mit ihrem ganzen Sein. Besonders deutlich fiel ihm das auf, wenn Mila ihre Gefühle zeigte: Wenn sie wie am Spieß wütend schrie, bitterlich weinte oder panisch vor Angst war. Sogar wenn Mila ausgelassen vor Freude gluckste, »fror« Anja ein.

Was ich hier beschreibe, ist die emotional abwesende Mutter. Nach außen sieht alles fein aus. Es fehlt an nichts; die Mutter versorgt ihr Kind hervorragend. Aber es ist ein bisschen so, als würde die emotionale Würze, die eine Beziehung erst richtig tief und dadurch so besonders macht, fehlen.

Ein tradiertes Verhalten

Warum ist die Mutter emotional abwesend? Ganz einfach: Weil sie selbst traumatisiert ist. Weil sie ein klassisches Trauma oder ein Entwicklungstrauma hat. Und nun wird sie von ihrer – auf der einen Seite so geliebten, auf der anderen Seite so Angst machenden – Tochter Mila getriggert. Die heftigen und unmittelbaren Gefühlsäußerungen von Mila erinnern Anja unbewusst an ihre eigene Ohnmacht, die sie als Baby mit ihrer Mutter fühlte. Auch sie hatte eine (unbewusst) traumatisierte Mutter, die ebenfalls emotional abwesend war.

Ein Bild dazu: Ein kleines Boot schippert draußen auf hoher See. Es herrscht Sturm; das Boot hat Mühe, nicht zu kentern. Doch in Sichtweite ist schon der sichere Hafen auszumachen. Es ist nicht mehr weit bis dorthin. Der Kapitän hat per Funk Kontakt mit der Hafenmeisterei. Er bittet um die Aufnahme im rettenden Hafen. Die Antwort der Hafenmeisterei: »Wir sind überfüllt. Sie kommen hier nicht rein. Tschöö!«

Das kleine Boot ist das Kind, das im Sturm Schutz und Zuflucht im Hafen – bei der Mutter – sucht. Die Mutter verweigert die Einfahrt und macht die Schotten dicht. Nicht aus böser Absicht, sondern weil sie schon mit sich überfordert ist.

Wie soll ich jemand anderem die Hand reichen können, wenn ich gerade selbst untergehe? Ich kann niemanden unterstützen – selbst wenn ich wollte. Zudem gibt es den natürlichen Überlebensinstinkt des Menschen: Erst helfe ich mir, bevor ich anderen helfe.

Die bittere Wahrheit über Kinder, die sich in den Schlaf schreien

Du hast keine Kinder und fragst dich, warum du dieses Kapitel lesen sollst? Das Kapitel betrifft dich auch als Nicht-Mutter. Denn es ist gut möglich, dass du in den zweifelhaften Genuss des sogenannten Schlaftrainings gekommen bist. Bei mir ist das der Fall: Ich bin ein Kind der 1970er-Jahre. In meiner Familie wurden Scherze darüber gemacht, was für ein großer Schreihals ich gewesen sei und dass ich regelmäßig blau angelaufen sei durch mein ständiges Brüllen. Aus heutiger Sicht finde ich das alles andere als lustig!

Worum geht es bei diesem Schlaftraining? Klar, Babys sollen schlafen lernen. Dazu gibt es einige Ratgeber, die ich dir auf keinen Fall empfehle. Aus dem bekanntesten Buch aus den Titeln, die sich mit dieser »Trainingsmethode« befassen, habe ich dir einen fatalen Tipp herausgesucht:

»Unmittelbar danach legen Sie Ihr Kind wach und allein in sein Bettchen, verabschieden Sie sich und verlassen das Zimmer. Allein wach im Bettchen zu liegen, ist ein völlig ungewohntes Gefühl, deshalb fängt Ihr Kind nun wahrscheinlich an zu weinen (…) warten Sie zunächst einige

Minuten ab, bevor Sie wieder zu Ihrem Kind hineingehen. Gehen Sie nach einem vorher festgelegten Zeitplan vor. Die meisten Eltern können ihrem Kind eine Schreiphase von drei Minuten zumuten, daher beginnt der Plan mit einer dreiminütigen Wartezeit.«

Der natürliche Impuls der Mutter, es beim Schreien in den Arm zu nehmen und zu trösten, wird unterbunden. Das Kind soll schreien. Allein. Ohne Worte, oder?

Die verheerenden Folgen des Schlaftrainings

Millionenfach wird das Schlaftraining in der westlichen, »zivilisierten« Welt von ahnungslosen Eltern durchgezogen. Babys schlafen in ihren eigenen Betten, Babys sollen schon früh ein- und besonders durchschlafen lernen, »damit sie einem nicht auf der Nase rumtanzen«. Und so ein wenig in den Schlaf schreien, »kräftigt schließlich die Lungen«. Augenscheinlich beruhigt sich das Baby. Es weint schließlich nicht mehr. Endlich hat es eingesehen, dass nun Schlafenszeit ist und es schlafen muss. Jeder Mensch muss schlafen.

Was ist in Wahrheit passiert? Das Baby ist vor Erschöpfung eingeschlafen. Es ist innerlich kollabiert und aus purer Ohnmacht und Überforderung und sicher nicht friedlich eingeschlafen. Nein, es ist eingeschlafen, weil es seine eigene Panik und Ohnmacht nicht länger aushalten konnte. Das Baby hat nichts eingesehen – denn dazu hat es noch gar nicht die mentalen Kapazitäten. Das Baby hat sich auch nicht selbst beruhigt. Denn auch dazu hat es noch nicht die biologischen Fähigkeiten. Es *kann* sich in diesem Alter nicht selbst beruhigen (siehe Seite 78).

Würde man, kurz nachdem das Baby »friedlich eingeschlafen« ist, die Werte von Cortisol, Adrenalin und Noradrenalin messen, wären diese gigantisch hoch. Zur Erklärung: Cortisol, Adrenalin und Noradrenalin sind Marker dafür, wie sehr der Körper gerade Stress empfindet.

Bist du Mutter und fragst dich nun völlig entsetzt, wie ich als Nicht-Mutter so wertend sein kann? Ich sehe dich, liebe Mama. Ich sehe dich in dem Versuch, für dein Kind nur das Beste zu wollen. Ich sehe dich mit deinen Augenringen, die aus vielen schlaflosen Nächten resultieren. Ich sehe, dass der dauernde Schlafmangel dein eigenes Nervenkostüm dünn werden lässt. Ich kann verstehen, dass Schlaftraining und kontrolliertes Schreien da wie eine intelligente Lösung erscheinen. Weil du eh schon auf dem Zahnfleisch gehst und einfach nur unendlich müde bist.

Dennoch: Es gibt so viel bessere Lösungen als diese Art von Schlaftraining. Im Anhang findest du wertvolle weiterführende Adressen. Es gibt tolle Möglichkeiten, dein Kind liebevoll zu begleiten, sodass auch *dein* Herz nicht vor Schmerz und Zweifel, ob das so alles richtig ist, weinen muss.

Über den Unsinn der Schuldfrage

Du bist keine Mama? Dann kannst du den Abschnitt gern überspringen. Du bist Mama? Dann ist der Abschnitt pures Gold für dich!

Aus meiner Praxis weiß ich, dass viele Mütter an der Stelle anfangen, sich selbst zu geißeln. »Wie konnte ich nur? Ich bin schuld, dass mein Kind traumatisiert ist! Ich habe mein Kind/meine Kinder traumatisiert! Oh mein Gott, was bin ich für eine schlechte Mutter!« Meinen Kundinnen erzähle ich dann diese Anekdote: Als junges Mädchen hatte ich das Glück, ein eigenes Pferd zu besitzen, meinen geliebten Maddocks. 1985 machte man noch einige Sachen bei der Pferdepflege anders als heute. Zum Beispiel schmierte man – nachdem der Hufschmied da gewesen war und dem Pferd neue Eisen verpasst hatte – jeden Huf inwendig mit sogenanntem Hufteer ein. Hufteer – nichts anderes als etwas feinerer Teer, mit dem man sonst Straßen asphaltiert. Eine Zeit lang nach Maddocks hatte ich kein Pferd. Im Jahr 2000 kam ein anderes Pferd in mein Leben. Aufgeregt kaufte ich mir ein zweites Mal in meinem Leben eine Pflegeausrüstung für Pferde. Nur den Hufteer – den fand ich nirgends im Geschäft. Verwundert fragte ich die Verkäuferin danach. Ihr Blick ließ meinen Atem stocken; wenn Blicke töten könnten und so. »Sie wissen schon, dass Hufteer den Huf zerstört und pures Gift ist! Das führen wir seit Jahren nicht mehr!«, raunzte sie mich tadelnd an.

Was ich dir mit der Anekdote vermitteln möchte, ist, dass sich das Wissen im Lauf der Zeit ändert. Aus heutiger Sicht scheint es mir vollkommen logisch zu sein, dass man keinen Hufteer in Hufe schmiert. Kein Mensch würde sich mit Teer die Fingernägel lackieren! Das war schon ziemlich bekloppt. Damals schien es mir aber sehr logisch, dass man es eben doch tut. Trifft mich nun Schuld? Nein, ausgestattet mit den mir bekannten Informationen, war meine Handlungsweise absolut legitim. Hätte ich das heutige Wissen zur Verfügung gehabt, dann hätte ich mit Sicherheit, nie, never, Hufteer verwendet! Der springende Punkt war mein fehlendes Wissen.

Du kannst dir den Schuldschuh dann anziehen, wenn du das Wissen hast, dass dein Handeln schädlich ist. Und selbst dann mag ich diese Aussage noch ein wenig einschränken: Manchmal handeln wir wider besseres Wissens. In der Regel sind dann Traumadynamiken am Start, die verhindern, dass du anders handeln kannst. Okay, hinter das Thema Schuld können wir einen Haken machen, ja? Danke!

Entwicklungstrauma in der Fachwelt? Fehlanzeige

Als ich beim Schreiben des Buches ein wenig im Internet recherchiert habe, bin ich über unzählige Seiten gestolpert, die nach wie vor das Schlaftraining propagieren. Auch den Buchklassiker, der vor beinahe 30 Jahren das Schlaftraining erfolgreich gemacht hat, gibt es nach wie vor zu kaufen. Er erfreut sich immer noch sehr großer Beliebtheit. Konzerne namhafter Babypflegeprodukte, selbst Krankenkassen und Ärzte deklarieren Schlaftraining weiter als *den* Standard. Gib bei Google Folgendes ein: »Ab wann schläft mein Baby durch?« Du wirst aus dem negativen Staunen und Kopfschütteln nicht mehr herauskommen!

Wäre die Information, dass ein Baby ohne die Möglichkeit der Selbstberuhigung auf die Welt kommt, weil ihm der Parasympathikus fehlt, Allgemeinwissen, müssten wir vieles überdenken: Was wir über Babyschlaf als normal erachten, was bei der Kindererziehung bisher als Goldstandard gilt, was wir über frühzeitige Krippenbetreuung denken.

An dieser Stelle darf, nein *muss* ich an dich appellieren: Bitte trag dieses Wissen weiter. Sei du selbst der Dominostein, der andere umschmeißt und uns so längst überholte Konzepte über Bord werfen lässt!

Ein Trauma kommt selten allein

In diesem Teil komme ich mir ein bisschen wie die böse Hexe vor, die andauernd die schlechten Nachrichten überbringt. Denn etwas habe ich dir noch vorenthalten: Ein Entwicklungstrauma ist der beste Nährboden, um auch klassische Traumata hervorragend wachsen und gedeihen zu lassen. Ich habe auf Seite 79 das Bild vom verpfuschten Fundament aufgebracht. Klassische Traumata sind die Feuchtigkeit, die in die Mauern zieht, den Beton instabil werden und die Eisenmatten rosten lässt, sogar das Fundament zum Einstürzen bringen können.

Während der Somatic-Experiencing-Ausbildung schilderte unsere Ausbilderin das eindrückliche Beispiel einer Klientin: Sie und ihr Mann waren bei dichtem Nebel in eine Massenkarambolage geraten. Wie durch ein Wunder war beiden nicht wirklich etwas passiert. Einige Monate nach dem Unfall entwickelte die Frau eine schwere Panikstörung und eine Depression, die es ihr fortan unmöglich machte, das Haus zu verlassen. Warum hatte sie der Unfall so mitgenommen, während ihr Mann augenscheinlich alles ohne Probleme bewältigt hatte? Die Frau hatte nicht nur eine lange Historie an klassischen Traumata hinter sich. In der Aufarbeitung des Unfalls stellte sich zudem ein Entwicklungstrauma heraus. Die Saat des Unfalls konnte in dem »gut gedüngten Boden« des Entwicklungstraumas für massive Probleme sorgen.

Viel Trauma, wenig Resilienz

Zahlreiche Studien legen den Schluss nahe, dass frühzeitige Kindheitstraumata die Entstehung von Traumafolgestörungen im weiteren Leben begünstigen. In einer Studie aus dem Jahr 2014 untersuchten

Nagy Youssef und Kollegen an 1488 Soldaten, die in Kriegsgebieten tätig waren, wie groß der Einfluss von Kindheitstraumata auf Depression, das Entwickeln einer posttraumatischen Belastungsstörung (PTBS) und suizidale Tendenzen ist. Nach der Kontrolle der Auswirkungen von Kampfexposition und PTBS zeigten die Ergebnisse, dass Kindheitstrauma-Expositionen signifikant mit depressiven Symptomen und Suizidgedanken assoziiert waren. Darüber hinaus war Resilienz negativ mit depressiven Symptomen und Suizidgedanken verknüpft, was auf eine potenzielle Schutzwirkung hindeutet. Und schau mich an: Ich bin der lebendige Beweis, mein bestes Testimonial dafür, dass man das gesamte Traumapaket buchen und dann sein Lebensruder komplett herumreißen kann. Mein Leben ist spitze geworden – das kann deins auch werden! Ganz sicher.

Entwicklungstrauma als Chance für posttraumatisches Wachstum

Ich kann mich noch ganz genau erinnern, als ich das erste Mal vom Entwicklungstrauma hörte. Mir dämmerte sofort, dass ich davon betroffen war. Ich hatte wahrlich den Jackpot gezogen: Eine Kindheit, die durch schwere Gewalt, eine frühe Scheidung und das Leben in zwei sehr unterschiedlichen Welten geprägt war. Die eine Welt war das Schlaraffenland, in dem der Champagner in Strömen floss; die andere Welt war so arm, dass meine Mutter sich oft Geld für eine Tankfüllung leihen musste, um in jenes Schlaraffenland – zu meinen Großeltern – zu kommen. Als Bonus hatte ich noch ein Entwicklungstrauma abgestaubt. Bravo! Ich hatte die klassische emotional abwesende Mutter, die kein sicherer Hafen für mich sein konnte, weil sie selbst so traumatisiert war.

Diese Erkenntnis hat mir erst einmal den Boden unter den Füßen weggezogen. Ich empfand mich als Opfer und dachte, das Schicksal hätte es echt böse mit mir gemeint. Ich hatte doch bereits genug durchgemacht, warum sollte ich nun auch noch die Folgen eines Entwicklungstraumas aufräumen müssen? Vielleicht keimen gerade ähnliche Gefühle in dir auf. Das kann ich gut verstehen. Das ist okay.

Wissen als erster Schritt

Ich möchte dir eine zusätzliche Betrachtungsweise anbieten: Jetzt weißt du, wo der Hase im Pfeffer liegt. Das Kind hat endlich einen Namen. Du weißt nicht nur, wie das Kind heißt. Mit diesem Buch hast du eine super Grundlage dafür, einige der Folgen aufzuräumen. Nur einige? Ich bin ehrlich – ja, nur einige. Das Entwicklungstrauma ist dadurch gekennzeichnet, dass es durch die Nicht-Verbindung von zwei Menschen entstanden ist. Wie lässt sich das beheben? Indem du gegenteilige und somit positive Erfahrungen damit machst, wie es ist, mit einem Menschen in tiefer Verbindung zu sein. Kann dieser Mensch dein Partner, deine beste Freundin oder deine Schwester sein? Nein, an dieser Stelle brauchst du einen gut ausgebildeten Traumatherapeuten, dem die Wörter »Entwicklungstrauma«, »Window of Tolerance« und »Nervensystem« nicht fremd sind.

Okay, nun kann ich mir vorstellen, dass gerade ganz schön viel Anspannung in deinem Körper steckt. Zeit für eine kleine Körperübung.

Gelenke öffnen

Wann die Übung hilft:

- In allen Zuständen von Dysregulierung – sowohl in der Übererregung als auch in der Untererregung
- Im Hyperarousal
- Im Hypoarousal

Was du lernst:

- Erhöhung der Achtsamkeit
- Fördert den Energiefluss im Körper

Zeitdauer der Übung: 15 bis 20 Minuten
Schwierigkeitsgrad der Übung: simpel
Benötigte Utensilien: eventuell ein Stuhl, um dich festzuhalten
Die Übung kann nicht unterwegs durchgeführt werden.

Hinweis: Führe alle Bewegungen so aus, dass sie nicht schmerzen. Jede Bewegungsübung sollte etwa 45 bis 60 Sekunden dauern. Solltest du mit einem Gelenk Probleme haben, dann lass das Gelenk aus.

Beschreibung:
Stell dich mit geöffneten Augen breitbeinig hin. Heb deinen linken Fuß an und bewege das Fußgelenk: Du kannst es im Uhrzeiger- oder entgegen den Uhrzeigersinn drehen. Du kannst aber auch deine Zehen in Richtung Schienbein und wieder davon wegführen. Probiere aus, was du lieber magst. Wie immer lade ich dich ein, das Tempo zu variieren. Während der Bewegung ist deine einzige Aufgabe zu bemerken, was diese kleine »Sporteinheit« mit dir macht. Setz den Fuß ab. Spüre nach.
Das nächste Gelenk, dem du dich widmest, ist das linke Kniegelenk. Hebe dazu deinen linken Fuß und dein gebeugtes Bein etwas an und lass dein Knie kreisen. Wähle die Richtung und das Tempo aus. Führe den linken Fuß nach etwa 45 bis 60 Sekunden wieder auf den Boden, atme tief ein und aus und spüre nach.
Jetzt ist das Hüftgelenk an der Reihe: Lass dein ganzes linkes Bein kreisen, damit sich deine Hüfte bewegt. Hebe dazu deinen linken Fuß etwas vom Boden ab, das Bein bleibt locker und ist nicht gebeugt. Du könntest auch das Bein nach vorne und hinten pendeln lassen. Nach der vorgegebenen Zeit stellst du den linken Fuß bewusst ab. Du ahnst, was kommt: Spüre nach.
In dieser Weise verfährst du mit allen weiteren Gelenken deiner linken Körperhälfte, du kreist das linke Handgelenk und die linke Schulter. Dann wechselst du zur rechten Körperseite: Du fährst fort mit der rechten Schulter, dem rechten Handgelenk, und so weiter, bis du beim rechten Fußgelenk angekommen bist. Zum Schluss stehst du breitbeinig auf dem Boden. Spüre intensiv nach. Was hat sich in deinen Gelenken, in deinem gesamten Körper verändert?

Das innere Kind – ein weiterer Untermieter

Weiter oben hatte ich dir von Fred und Hysteria erzählt, die in unserem Unterbewusstsein mächtig wirksam sind und die die ausgeklügelten Pläne des Nerds (Mr. Jobs), unseres analytischen Gehirns, durcheinanderwirbeln können. Sei gespannt auf den nächsten einflussreichen »Untermieter«, von dem du hier erfährst.

Stell dir vor, du fährst mit deiner fünfjährigen Tochter Lea im Auto auf der Autobahn. Die Kleine sitzt vergnügt hinten und schaut sich ein Bilderbuch an. Im Radio läuft Bibi Blocksberg. Plötzlich schreit Lea dich wutentbrannt an: »Fahr sofort rechts ran! Sofort! Ich meine sofort!« Erschrocken schaust du nach hinten und suchst panisch nach einer Möglichkeit, rechts ran zu fahren. Da, eine Raststätte. Mit quietschenden Reifen kommst du in einer Parklücke zum Stehen. Lea hat sich währenddessen merkwürdigerweise aus ihrem Kindersitz befreit und öffnet bereits die Tür. Sie schubst dich in Richtung Rückbank und befiehlt dir, dich in den Kindersitz zu quetschen. Artig folgst du den Worten der Fünfjährigen. In der Zwischenzeit hat sich deine Tochter auf dem Fahrersitz eingerichtet: Auf einem Thron von Kissen sitzt sie dort und kann gerade so über das Lenkrad schauen. Sie schaltet das Automatik-Auto ein und fährt los.

»Äh, das ist aber nicht der Weg nach Hause. Wo fährst du hin?«, fragst du.

»Wir fahren ins Disneyland – da wollte ich schon immer hin.«

»Okay, wenn du das willst, dann machen wir das so.« Zufrieden greifst du dir das Bilderbuch und blätterst darin herum.

Ja, die Szenerie ist ein wenig absurd. Was ich hier bildhaft beschreibe, ist der Moment, wenn verletzte Innere-Kind-Anteile die Führung in deinem Leben übernehmen. Du als Erwachsene stehst tatenlos neben dem inneren Kind und lässt es machen. Gehorsam nickst du die Taten des inneren Kindes ab, schleichst dich aus der Verantwortung für dein eigenes Leben, machst absolut irrationale Dinge. Du gerätst immer wieder in die Bredouille.

Wie sich ein Inneres-Kind-Anteil bildet

Sicher hast du schon vom Konzept des inneren Kindes gehört. Wenn wir von Situationen überfordert sind, nutzt unser Gehirn einen cleveren Mechanismus: Es teilt das aktuelle Geschehen in Fragmente.

Stell dir ein DIN-A4-Blatt mit einer Zeichnung vor: Die Zeichnung beschreibt eine Situation, wie ein kleines vierjähriges Kind von seinem Vater beschämt wird, weil es Johannisbeersaft auf der weißen Tischdecke verschüttet hat. Verängstigt durch Papas Reaktion, hat es das Glas fallen lassen, das in tausend Stücke zerbrochen ist. Auf dem Bild sieht man das vor Wut hochrote Gesicht des Vaters, seinen mahnenden Zeigefinger, der auf das Debakel zeigt. Weiter das vierjährige Kind, das bittere Tränen weint und das Gesicht vor Schmerzen verzogen hat.

Das Bild entspricht einer Erinnerung, die durch einen komplizierten Prozess über den kurzfristigen Datenspeicher im Gehirn in den Langzeitspeicher wechselt. Schon damals war das Geschehen für das Kind kaum auszuhalten. Um die Erinnerung in Zukunft aushaltbar zu machen, zerteilt das Gehirn das DIN-A4-Blatt mit der Zeichnung der beängstigenden Situation in mehrere Stücke: Ein Teilstückchen zeigt nur den erhobenen Zeigefinger des Vaters. Ein weiteres den verschütteten Saft und die vielen Scherben. Ein weiteres Stück beschreibt die Scham des Kindes und so weiter.

Die Teilstücke an sich erzählen keine Geschichte. Ähnlich wie bei einem Puzzle, das man erst erkennen kann, wenn der Hauptteil der Puzzleteile korrekt angebracht ist, verhält es sich mit den Teilstücken des DIN-A4-Blatts: Für sich genommen kann keines der Teilstücke die emotionale Wucht der ursprünglichen Situation heraufbeschwören. Ganz schön clever, unser Gehirn, nicht wahr?

Verschüttete Gefühle brechen durch

Es gibt ein großes Aber. Jedes dieser Teilstücke ist wie mit einem unsichtbaren Klingeldraht mit uns verbunden. Wenn im Hier und Heute eine ähnliche Situation auftritt – dein neues heißes Bumble-Date bestellt sich zum Beispiel ausgerechnet Johannisbeersaft –, dann wird unter Umständen dein Klingeldraht berührt und löst eine Reaktion im Hier und Heute aus, die jetzt irrational ist: Bis eben war der Typ noch ziemlich heiß, plötzlich macht er dir auf unerklärliche Art und Weise Angst. Mit deiner Freundin hast du eine Rettungsaktion für doofe Dates entworfen: Sie soll dich anrufen und daran erinnern, dass du sie vom Bahnhof abholen sollst. Mit gestammelten Entschuldigungen verlässt du fluchtartig die Bar und bist total erleichtert.

Warum dir der Kerl so unerwartet ein unangenehmes Gefühl verursacht hat … Du kannst es dir nicht erklären.

Daran erkennst du ein aktives inneres Kind in dir:

- Du benimmst dich irrational.
- Du handelst, als ob es nur eine einzige Option gäbe.
- Du siehst Dinge extrem in Schwarz oder Weiß.
- Du tust Dinge, von denen du sehr genau weißt, dass sie dir nicht guttun werden.
- Du verhältst dich wie fremdgesteuert.
- Du hast keine Frustrationstoleranz. Du willst Dinge. Jetzt!
- Du wirkst kindlich. Dein Tonfall verändert sich, vielleicht sogar die Worte. Deine Mimik und Gestik ähneln der eines Kindes.

Na, erkennst du dich wieder? Im Idealfall hast du eine glückliche Kindheit erlebt. Eine Kindheit mit Eltern, die dich wirklich gesehen haben und selbst präsent waren. Im Idealfall. Die Realität ist oft eine andere: Die meisten Menschen hatten eben nicht die rosa Zuckerwatte-Kindheit. Selbst Eltern mit den besten Absichten kränken und verletzen das reale Kind bisweilen.

Seelische Wunden, verdeckt und ungeheilt

Diese für das Kind oft nicht aushaltbaren Kränkungen führen dazu, dass wir verletzte Innere-Kind-Anteile ausbilden, die in der damaligen Zeit – zum Zeitpunkt der Verletzung – stecken bleiben. In den meisten Menschen, die sich teilweise als hochfunktionelle Erwachsene getarnt haben und scheinbar gut durch ihr Leben kommen, wohnen immer noch verletzte innere Kinder. Hä? Jetzt spricht sie in der Mehrzahl? Ja, denn sehr wahrscheinlich gab es in deiner Kindheit nicht nur eine einzige kränkende Situation, in der Regel wirst du zu mehreren Zeitpunkten unterschiedlich verletzt worden sein. Ist die Verletzung sehr groß für dich, dann bildet sich ein inneres Kind oder eben in der Pubertät ein innerer Teenager.

Die Innere Kind-Arbeit hat sich zum Ziel gesetzt, neben den inneren Kindern einen rationalen und dennoch mitfühlenden Erwachsenen zu entwickeln und zu etablieren. Dieser Erwachsene übernimmt im Hier und Jetzt die Arbeit und Aufgaben, die damals an sich Aufgabe der realen Eltern gewesen wären: dich zu sehen, dir zuzuhören, dich zu halten, zu bestärken, zu fordern und zu fördern und dir Mut zuzusprechen. In einem Satz: dich bedingungslos zu lieben.

Die gute Nachricht ist also: Du kannst heute für dich selbst zum liebevollen Erwachsenen für deine inneren Kinder und Teenager werden und sie »nachnähren«.

Warum sind innere Kinder immer noch aktiv?

Du hast nun verstanden, dass sich ein inneres Kind aufgrund einer realen Verletzung in der Kindheit gebildet hat. Psychologisch gesehen ist es zu einem Abspaltungsprozess gekommen. Natürlich ist der Abspaltungsprozess keine bewusste Handlung, sondern – wie oben beschrieben – ein unbewusster Vorgang, den dein Gehirn zu deinem Schutz anwendet. Während du als Gesamtperson weitergewachsen und erwachsen geworden bist, ist das innere Kind in der ursprünglichen Zeit stecken geblieben. Dein inneres Kind wohnt wie ein unsichtbarer Untermieter, von dem du nicht weißt, in deinem inneren Keller. Er meldet sich vehement in den oben beschriebenen Situationen und sperrt dich statt seiner im Keller ein.

Warum kann sich das innere Kind nicht vernünftig verhalten? Warum macht es vermeintlich so saublöde Dinge? Weil es die Welt mit den Augen des kleinen Kindes sieht. Es hat noch nicht das Wissen, das du jetzt als Erwachsene hast. Es hat noch nicht die Fähigkeiten, die du, ohne mit der Wimper zu zucken, anwenden kannst, weder körperlich noch mental. Es hat noch nicht die Erfahrungen gesammelt, die dich als Erwachsene Sachverhalte anders einschätzen lassen als ein Kind.

So wird im Jahr 2023 ein Johannisbeersaft zum ekelhaften Getränk, weil es für das innere Kind negativ besetzt ist. So wird ein mahnender Zeigefinger vom Chef zur Lebensbedrohung, weil er unbewusst an den Vater von damals erinnert. So wird eine beschmutze weiße Tischdecke zum Super-GAU, weil sie – ohne dass du es bewusst bemerkst – das innere Kind triggert.

Dein inneres Kind

Du willst wissen, wie aktiv dein inneres Kind beziehungsweise deine inneren Kinder sind? Dann mach den folgenden Test. Prüfe, ob du diese Fragen bejahen kannst:

- Im tiefsten Inneren spüre ich, dass mit mir etwas auf furchtbare Weise nicht stimmt.
- Etwas Neues beginnen? Das macht mir schreckliche Angst.
- Ich hasse Konflikte. Ich möchte von allen geliebt und gemocht werden. Deswegen bin ich im Grunde ein »Fähnchen im Wind«.
- Ich bin ein Rebell/Außenseiter – ich fühle mich lebendiger, wenn ich mit anderen Menschen in einem Konflikt stehe.
- Ich neige dazu, Dinge zu horten, und habe Schwierigkeiten, sie loszulassen.
- Ich fühle mich schuldig, wenn ich für mich selbst einstehe.
- Tief in mir habe ich das Gefühl, nicht gut genug zu sein.
- Ich bin bestrebt, immer die Beste zu sein.
- Ich kritisiere mich dauernd dafür, unangemessen/unwürdig zu sein.
- Ich bin streng und perfektionistisch.
- Ich habe Probleme, Dinge zu beginnen oder zu beenden.

- Ich schäme mich, starke Gefühle wie Trauer oder Wut auszudrücken.
- Ich werde selten wütend, aber wenn, werde ich extrem wütend.
- Ich misstraue allen, auch mir selbst.
- Ich bin süchtig oder war von etwas abhängig.

Wenn du mehr als achtmal zustimmend genickt hast, kannst du davon ausgehen, dass dein inneres Kind noch sehr aktiv ist.

Warum erzähle ich dir überhaupt vom inneren Kind? Eine Sache blieb bisher unerwähnt: Dein Reptiliengehirn Fred, dein limbisches System Hysteria und deine inneren Kinder sind die Gang in Berlin-Marzahn, die alle aufmischt. Sie sind beste Kumpels und sorgen, wenn sie miteinander agieren, für ordentlich unnötigen Trouble in deinem Leben – Zeit, die Gang aufzulösen beziehungsweise sie am besten in ein Sozialprojekt zu stecken.

Wie die inneren Kinder heilen können

Ich möchte ehrlich zu dir sein: Die Heilung der inneren Kinder ist nichts, was man nebenbei zwischen Wetterbericht und Tagesschau erledigen kann. Die Heilung braucht Zeit. Liebevolle Empathie mit sich selbst. Den Mut, auch wirklich hinzuschauen. Das Vertrauen in sich selbst, die Schmerzen von damals jetzt aushalten zu können.

Es braucht das wiederholte, bewusste Arbeiten mit deinen inneren Kindern, denn sie werden sich immer wieder ans Steuer deines Autos setzen. Und auch die Arbeit mit den inneren Eltern ist unerlässlich.

Doch das Geniale ist: Den ersten Schritt zur Heilung hast du, im Unterschied zu den meisten anderen Menschen, schon jetzt gemacht. Allein das Wissen und damit die Möglichkeit der Wahrnehmung deiner inneren Kinder ist nämlich ein Teil der Heilung.

Das Buch, das du in den Händen hältst, dient dazu, dich mit dem Nervensystem und den vielfältigen Auswirkungen eines dysregulierten Nervensystems vertraut zu machen, um dem ein Ende zu setzen. Die Heilung des inneren Kindes ist ein weiteres Buch von mir wert. Ich darf dir versichern: Es wird dir schon unglaublich viel helfen, wenn es dir gelingt, dass du deine inneren Kinder wahrnimmst. Ein erster Schritt ist genau durch dieses Kapitel bereits geschehen. Der Großteil der Menschen scheitert bereits an diesem Punkt.

Wer hilft verletzten inneren Kindern? Inner Parents!

Dennoch möchte ich dir die Grundzüge aus dem von mir entwickelten Konzept – den Inner Parents – vorstellen:

1. Die inneren Kinder wahrnehmen
2. Den eigenen Widerstand gegenüber den inneren Kindern wahrnehmen und wertfrei da sein lassen
3. Etablierung einer starken inneren Mutter und eines starken inneren Vaters
4. Die Begleitung der Gefühle der inneren Kinder durch die inneren Eltern
5. Eventuell die Aufarbeitung von früheren traumatischen Situationen

Wenn dich das Thema inneres Kind und mein revolutionäres, komplett anderes Konzept interessiert: Auf meiner Homepage gehe ich intensiv auf meine Inner-Parents-Methode ein. Neben kostenfreien Ressourcen findest du dort auch kostenpflichtige Angebote, die dir beibringen, wie du dir selbst die gute Mutter, der gute Vater sein kannst.

An dieser Stelle ist für dich jedenfalls wichtig, dass du um das innere Kind Bescheid weißt, dass es eine Gang mit Fred und Hysteria bildet und gern für Ärger sorgt. Schon dieses Wissen wird dein Leben positiv umkrempeln.

Nervensystem-Regulierung und die Arbeit mit dem inneren Kind

Wer war zuerst da? Die Henne oder das Ei? Ähnlich verhält es sich mit dem dysregulierten Nervensystem und den verletzten Inneren-Kind-

Anteilen. Man wird wohl keinen Menschen finden, der extrem stark verletzte Innere-Kind-Anteile in sich trägt und gleichzeitig über ein supergut reguliertes Nervensystem verfügt. Umgekehrt wird es ebenso sein. Die beiden Systeme triggern sich gegenseitig. So ist es nur logisch, dass du für wahre Heilung unbedingt auch die Heilung *beider* Systeme brauchst – das eine geht nicht ohne das andere.

Wenn deine Innere-Kind-Anteile aktiviert werden, dann heißt das im Grunde nichts anderes, als dass du ein weiteres Mal in der Zeit verrutschst. Du bist nicht wirklich präsent im Hier und Jetzt. Das Zaubermittel? Wieder einmal Achtsamkeit. Außerdem habe ich im Folgenden eine Übung für dich, die dir hilft, dich aus einer verfahrenen Situation und ihren Fallstricken für kurze Zeit herauszulösen. Du nimmst eine andere Perspektive ein und betrachtest sozusagen deinen Murks von oben, um Klarheit zu gewinnen.

Der Leuchtturm

Wann die Übung hilft:

- In allen Zuständen von Dysregulierung – sowohl in der Übererregung als auch in der Untererregung
- Wenn dir in einer Situation die Klarheit fehlt
- Wenn du dich in deinen Gedanken, Gefühlen oder Körperempfindungen verheddert hast
- Wenn du einen Streit oder einen Konflikt nicht loslassen kannst
- Wenn du den Wald vor lauter Bäumen nicht siehst

Was du lernst:

Ich begebe mich auf die Metaebene – ich richte den Blick von oben auf die Situation und mich selbst. Das hilft mir, Abstand zu bekommen. Mit Abstand zur Situation kann ich Lösungen entdecken.

- Durch die Distanz kann ich eigene, teilweise hinderliche Muster und Verhaltensweisen in mir erkennen. Das hilft mir, sie hinter mir zu lassen.

Zeitdauer der Übung: etwa 5 Minuten
Schwierigkeitsgrad der Übung: simpel
Die Übung kann auch unterwegs durchgeführt werden.

Beschreibung:
Stell dich aufrecht und hüftbreit hin. Du kannst die Übung sowohl mit geöffneten als auch mit geschlossenen Augen durchführen. Probier aus, wie es für dich angenehm ist.
Rufe dir innerlich das Bild eines Leuchtturms auf. Platziere ihn in einer Landschaft, die dir gefällt: Das kann die raue Nordseeküste sein, aber auch die malerische Côte d'Azur. Tritt nun einen Schritt zur Seite und sage dir innerlich – oder auch laut: »Ich steige nun in das Bild mit dem Leuchtturm hinein.« Öffne die Tür des Leuchtturms und geh die unzähligen Stufen nach oben, bis du oben an der Kanzel angekommen bist. Tritt hinaus auf die Kanzel. Lass dir den Wind um die Ohren streichen. Atme tief ein. Genieße den Ausblick und schau nach unten. Dort unten am Boden kannst du dich selbst erkennen. Obwohl du auf der Kanzel des Leuchtturms stehst, kannst du dich gleichzeitig am Boden in der verfahrenen Situation entdecken. Frage dich nun:

- Was macht dein Double am Boden?
- Wie sieht die Handlung aus, die dein Double ausführt?
- Was macht dein Double nicht und was sollte es tun?
- Was sind seine Gefühle?
- Falls mehrere Menschen beteiligt sind: Welche Dynamik herrscht zwischen den Beteiligten?
- Kannst du hier aus der Ferne eine Lösung erkennen, um aus der verzwickten Angelegenheit herauszukommen?

Sobald du Antworten gefunden hast, gehst du die Treppenstufen wieder hinunter. Falls du die Augen geschlossen hattest, öffnest du sie. Tritt in die ursprüngliche Position zurück, um das innere Bild zu beenden. Recke und strecke dich. Schüttle dich, um wieder zu 100 Prozent im Hier und Jetzt anzukommen.

Ab ins Training: Goodbye, Drama!

Ein Leben auf der Überholspur

Ein schnelles Leben ist ein geiles Leben!
Sasja Metz, früher

Zuerst ein kleiner Test für dich: Finde heraus, wie viel Hyäne in dir steckt. Jede Ja-Antwort beschert dir einen Punkt. Die Auflösung für diesen Test findest du auf Seite 112.

- Machst du auch liebend gern zwölf Drillionen Sachen gleichzeitig? Bist du eine Multitasking-Queen?
- Liebst du es, wenn in deinem Leben viel los ist, wenn du immer etwas zu tun hast?
- Hasst du es, Dinge langsam zu tun? Muss bei dir immer alles schnell-schnell gehen?
- Musst du dich anstrengen, pünktlich zu sein, weil du kurz vor einem Termin »noch eben schnell« mit einer anderen Tätigkeit beginnst, wie die Fenster zu putzen oder das Essen für den Abend vorzukochen?
- Hasst du es, mit dir allein zu sein? Ein Wochenende in einer einsamen Berghütte ohne TV und Internet – stellen sich dir bei dieser Vorstellung die Nackenhaare auf?
- Fühlst du dich ständig getrieben?
- Kannst du nur schwer oder gar nicht entspannen?
- Musst du zum Entspannen Hilfsmittel gebrauchen wie Alkohol, Essen oder Netflix?
- Sieht Entspannung bei dir so aus, dass du krank wirst, weil du einfach nicht mehr kannst?
- Bist du oft wütend, gereizt, hast eine kurze Zündschnur?
- Fahren deine Gedanken oft Achterbahn?
- Plagen dich starke Angstgefühle oder sogar eine Panikstörung?
- Ist dein Körper oft sehr verspannt? Sind Nackenverspannungen und/oder Kopfschmerzen deine konstanten Begleiter?

- Leidest du an einem nervösen Magen oder an einer chronisch entzündlichen Darmerkrankung?
- Schwitzt du häufig, auch ohne körperliche Aktivität?

Merke dir die Anzahl deiner Antworten für später und die noch folgende Testauflösung.

Die Übererregung – schaurig schön

Du erinnerst dich an die vier Stressreaktionen (siehe Seite 57)? Jede der Stressreaktionen ist dazu gedacht, *kurzfristig* mit einer Bedrohung umzugehen. Der Säbelzahntiger kommt, wird bekämpft, die Gefahr ist vorüber. Mechthild und Bartholomäus sitzen sicher in ihrer Höhle am wärmenden Feuer. Sie können entspannen. Doch wie sieht es aus, wenn sich die Stressreaktion »Kämpfen« zum Dauerzustand entwickelt?

Stress: Zu mir, bitte!

Nicole ist 38 Jahre alt. Ihre Tage sind durchgetaktet: Als verheiratete Mutter von zwei kleinen Kindern, die nach der Elternzeit wieder in Teilzeit in ihren Job als Anästhesieärztin eingestiegen ist, kennt sie Worte wie »Freizeit« oder »Work-Life-Balance« nur von der Ferne. Sie powert durch; etwas anderes bleibt ihr bei den vielen zu bewältigenden Aufgaben nicht übrig.

»Nur noch bis Samstag durchhalten, dann geht es endlich ab in den Urlaub. 14 Tage in den Robinson-Club auf Gran Canaria – das haben wir uns aber so richtig verdient!«, sagt sich Nicole.

Mit Grauen denkt sie auch an ihre ellenlange To-do-Liste, die sie vorher noch abarbeiten muss. Die Koffer sind nicht ansatzweise gepackt; vieles muss sogar noch gewaschen werden. Dann muss die Hündin Lisa in die tolle Pension außerhalb von Berlin gebracht werden; Bens Meerschweinchen finden für die zwei Wochen ein Zuhause bei einer guten Freundin. Sie wohnt allerdings nicht gerade um die Ecke von der

Familienwohnung in Charlottenburg. Mit der nörgeligen Schwiegermutter Brigitte darf sie heute noch einen kleinen Ärztemarathon unternehmen: Seit sich bei deren Mann Dieter die Symptome der Demenz verschlimmert haben, tritt Brigittes Überforderung immer deutlicher zutage. Neuerdings äußert sich ihre große Belastung in gefährlich hohem Blutdruck. Als Ärztin ist Nicole klar, dass ihre Schwiegermutter unendlich gestresst ist. Kein Wunder! Doch Nicoles Mann Robert macht sich große Sorgen um seine Mutter und hat sie gebeten, seine Mutter zu begleiten. »Du verstehst das Mediziner-Kauderwelsch besser. Und als Ärztin im Krankenhaus kannst du deine Kontakte spielen lassen. So kommt ihr schneller dran – ruckzuck seid ihr beim Kardiologen und durch mit den ganzen Untersuchungen!« Na klar, er hat gut reden; ist ja nicht seine knapp bemessene Zeit, sondern ihre. Wenn er ihr wenigstens mit den Urlaubsvorbereitungen unter die Arme greifen würde! Statt den Garten vor der Reise auf Vordermann zu bringen, trifft er sich lieber zum Tennistraining mit seinen Kumpels und geht anschließend noch ein Bierchen trinken. Echt nett! Neben all diesen Aufgaben hat sie sich auch noch erweichen lassen, im Krankenhaus eine Extraschicht für eine liebe Kollegin zu übernehmen. Es ist wie verhext: Immer halst sich Nicole zu viel auf und denkt sich: *»Ach, das kriege ich schon hin. Kein Problem!« In der Summe sind die Aufgaben dann doch zu viel.*

Irgendwie ist Nicole zwiegespalten: Ja, sie klagt darüber, dass sie so viel Stress hat. Sie meckert über Robert, der sich nur wenig einbringt. Auf der anderen Seite lässt sie sich aber auch nicht wirklich gern unter die Arme greifen. Nicole hat eine klare Vorstellung davon, wie die Dinge zu laufen haben. Roberts Vorstellung, wie man Sachen erledigt, weicht entschieden von ihrer ab. Wahrscheinlich würde er die Meerschweinchen in die Hundepension bringen und Lisa zu ihrer besten Freundin – obwohl sie doch eine Hundehaarallergie hat! Oder er würde das Spezialfutter für den Hund zu Hause vergessen. Im Grunde genommen ist sie auch froh, dass er heute zum Tennistraining gefahren ist und sich nicht den Rasen vornimmt. Obwohl sie ihn schon unzählige Male

darauf hingewiesen hat, wie man den Rasen korrekt mäht, schafft er es immer, das Gras so raspelkurz zu schneiden, dass die Sonne es anschließend verbrennt. Da macht sie es doch lieber selbst!
Wenn Nicoles To-do-Liste keine 1037 Punkte aufweist – was sowieso nie passiert –, wird sie unruhig. Auf der Couch sitzen und ein Buch lesen ... puh, das ist nicht ihres. Im Urlaub auf der Sonnenliege zum Brathähnchen werden – auch nicht ihr Fall. Nicole braucht Action. Sie hat Hummeln im Hintern. Und sie liebt ihre Hummeln im Hintern. Ohne sie wäre ihr Leben ganz schön langweilig.

Was der Blick aufs Nervensystem zeigt

Nicole ist im Dauerstress. Es gelingt ihr gar nicht mehr, in die für den Körper so notwendige Entspannung zu kommen. Sie ist getrieben, gehetzt, steht unter Strom. Ihre Haltung dazu ist ambivalent: Auf der einen Seite weiß sie, wie schädlich ihr Lebensstil ist, und unternimmt durch Yoga oder veränderte Schlafrituale Versuche, den Stress in den Griff zu bekommen oder ihn zumindest zu minimieren. Auf der anderen Seite liebt Nicole den Stress: Sie fühlt sich wohl mit ihm. Er kommt ihr wohltuend bekannt vor und durch ihn fühlt sie sich einfach nur lebendig. Insgeheim feiert sie sich selbst dafür, wie sie ihr anstrengendes Leben gewuppt bekommt. Heimlich verspürt sie Geringschätzung für Menschen, die ein ach so ruhiges Leben haben. Was für Weicheier!

Von der schützenden Stressreaktion zum schädigenden Lebensmuster

Wie kann es dazu kommen, dass sich die im Kern positive Stressreaktion wie in unserem Beispiel von Nicole verselbstständigt hat? Aus einer ehemals schützenden Reaktion ist zunächst ein Kompensationsmuster geworden. Durch das ständige Wiederholen der Kompensation hat sich das Muster zunehmend in Nicoles Leben verwoben. Es wird zum Lebensgefühl.

Um das zu verstehen, dürfen wir noch einmal die Wirkweise des Gehirns betrachten: Das Gehirn liebt Bekanntes, es hat eine gewisse

Abneigung gegenüber Neuem. Stell dir den brasilianischen Dschungel vor. Zusammen mit einem ortskundigen Führer hast du eine Dschungelexpeditionstour gebucht. Dumm nur, dass es die letzten Tage wie aus Kübeln geschüttet hat. Du musst dir mit einer Machete den Weg durch den Dschungel freischlagen; bei jedem Schritt versinkst du im Schlamm und ziehst mühsam deine Trekkingstiefel aus der Erde. Eine solche Expedition wird dich ziemlich viel Kraft kosten, nicht wahr?

Du reist gedanklich ans andere Ende der Welt: Dubai. Dort bist du vom exklusiven Shuttleservice des Hotels am Flughafen abgeholt worden. Eine Luxuslimousine, genauer gesagt: eine Mercedes-S-Klasse, wartet auf dich und fährt dich zu deiner Unterkunft. Fast lautlos scheint das Auto über den sechsspurigen Asphalt der Sheikh Zayed Road zu schweben. Hier braucht die Fortbewegung kaum Aufwand.

Das Gehirn mag Bekanntes und Einfaches

Dein Gehirn liebt es, mühelos über die sechs Spuren der Sheikh Zayed Road zu schweben. Dein Gehirn hasst es, sich mühsam durch den brasilianischen Dschungel zu kämpfen. Die Sheikh Zayed Road ist für dein Gehirn wie all das, was es kennt. Das, was es schon Hunderte, wenn nicht sogar Tausende Male ausgeführt hat. Es ist das Bekannte, das Gewohnte; das, was keine Überraschungen mehr birgt. Der brasilianische Dschungel stellt Prozesse dar, die du erstmalig ausführst. Dinge, in denen du keine Übung hast. Situationen, für die du noch keine Referenzwerte geschaffen hast. Er ist das Unbekannte. Das gilt nicht nur für Situationen, es gilt auch für Denkprozesse. Etwas komplett Neues zu denken, findet dein Gehirn eher mühsam.

Auch in deinem Gehirn gibt es Straßen. Nervenzellen kommunizieren miteinander über elektrische Impulse: Eine Nervenzelle leitet einen Impuls an eine andere Nervenzelle weiter, diese gibt den Impuls weiter an eine dritte Nervenzelle und so weiter. Daraus entstehen »Informationsstraßen« im Gehirn. Nun gibt es weniger benutzte Straßen (der brasilianische Dschungel) und Straßen, auf denen zwar ordentlich etwas los ist (die sechsspurige Autobahn in Dubai), der Verkehr aber fließt. Das entspannte Cruisen auf Dubais Straßen benötigt deutlich weniger Kraft.

Und Kraft beziehungsweise Energie ist das Schlüsselwort: Das Gehirn verbraucht im Vergleich zur sonstigen Körpermasse extrem viel Energie. Wenn du intensiv denkst, benötigt dein kleines Gehirn bis zu 20 Prozent deiner gesamten Energie. Das finde ich beachtlich! Konfrontierst du dein Gehirn mit Neuem, muss es sich anstrengen, dann kann der Energieverbrauch im Gehirn für diese Extraleistungen um circa 45 Prozent steigen.

Du erinnerst dich – dein Reptiliengehirn ist ein wenig in der Zeit stehen geblieben. Aus seiner Sicht macht es wenig Sinn, so viel Energie für neue Aufgaben zu verplempern. Wer weiß denn schon, wann das nächste Mammut erlegt werden kann?! Allzeit verfügbares Essen à la Lieferando oder Supermarkt und somit eine jederzeit mögliche Wiederauffüllung der Reserven gab es in der Steinzeit nicht. Ergo: Dubais Straßen sind toll, die Schlammpfade im Amazonas weniger.

Jetzt weißt du, warum Nicole ihre Stressreaktion verfestigt hat: Sie ist Stress gewohnt und fühlt sich darin sicher und aufgehoben. Aber du weißt noch nicht, warum sie immer wieder auf diese Stressreaktion zugreifen muss.

Die Zauberfrage des Somatic Experiencing

Im Somatic Experiencing gibt es mehrere Zauberfragen – eine, die uns in diesem Buch besonders interessiert, lautet: *Was musstest du früher lernen, um jetzt dieses Symptom zu haben?* Da gibt es einige denkbare Varianten. Was ihnen gemein ist: Nicole hat ihre Kindheit, besonders ihre frühe Kindheit bis zum Alter von drei Jahren, als nicht sicher erfahren. Was genau kann zu den Unsicherheiten geführt haben?

Die Bindung zu den Eltern war nicht stabil

Ein Elternteil oder sogar beide Elternteile waren im Kontakt nicht wirklich präsent, weil sie – vermutlich ohne böse Absicht – eher mit sich oder mit anderen Personen beschäftigt waren.

Ein Beispiel: Max und Liam wurden im Abstand von nur 18 Monaten geboren. An sich bräuchte Max aufgrund seines Alters noch die ganze Aufmerksamkeit der Mutter; dummerweise ist aber bereits Liam da. Die Mutter gibt ihr Bestes, aber kann sich natürlich nicht klonen. Max bleibt zunehmend auf der Strecke, weil der kleine Liam viel Aufmerksamkeit einfordert. Max erfährt die Bindung zu seiner Mutter als nicht sicher, weil er sich nicht auf sie verlassen kann.

Gefühle wurden nicht adäquat begleitet

Der kleine Liam ist sehr impulsiv. Ein Wutanfall mitten im Supermarkt – für ihn normal. Die Mama ist überfordert mit seinen heftigen Gefühlsausbrüchen. Sie schimpft mit Liam in der Hoffnung, seine Gefühle auf diese Art zügeln zu können. Immer wieder fallen Sätze wie: »Du benimmst dich so schlecht«, »Du bist ein böser Junge«, »Geh auf dein Zimmer«, »Wenn du dich beruhigt hast, dann kannst du wieder runterkommen«. Was Liam lernt? Mit heftigen Gefühlen bricht der Kontakt zur Mama ab. Da Bindung – besonders für ein kleines Kind – so wichtig ist wie die Luft zum Atmen, erfährt Liam seine Mama als nicht sicher.

Heftige Gefühlsausbrüche innerhalb der Familie

Max' Mutter ist überfürsorglich. An jeder Ecke wittert sie Gefahren. Ständig untersagt sie Max, die Welt spielerisch zu entdecken. »Pass auf!« ist der Satz, den Max am häufigsten von seiner Mutter hört. Er lernt: Die Welt ist voller Gefahren. Überall lauern unsichtbare Säbelzahntiger. Er muss dauernd auf der Hut sein. Zudem beobachtet er, dass es seiner Mutter in der Sorge um ihn nicht gut geht. Max folgert daraus: Gefühle tun nicht gut. Sie sind nicht sicher. Ich bin nicht sicher, wenn andere starke Gefühle haben.

Der Vater von Max ist das, was man gemeinhin als einen Choleriker bezeichnen würde. Die Kollegen auf der Arbeit spuren nicht so, wie der Vater es erwartet hatte: ein guter Grund, um beim gemeinsamen Abendbrot auszuflippen. Lautstark kritisiert er seine Frau dafür, dass die Cervelatwurst schon wieder die falsche ist. Max lernt: Um nicht angegriffen zu werden, muss ich lernen, andere Menschen zu lesen und so ihre Stimmungen zu erahnen. Nur auf diese Art bin ich vor möglichen Angriffen geschützt.

Was kaum jemand weiß: Auch verbale Attacken – sogar »nur« beobachtete verbale Attacken gegenüber anderen – aktivieren bei Kindern bis zu einem Alter von fünf Jahren die gleichen Hirnareale, die auch dafür zuständig sind, realen körperlichen Schmerz zu signalisieren. Das bedeutet: Es ist sozusagen unerheblich, ob du tatsächlich geschlagen oder verbal angegriffen wurdest oder »nur« Zeuge eines verbalen Angriffes als Kind warst – für dich als Kind fühlt sich das alles wie Schmerz und dadurch wie Stress an. Das Team um den Harvard-Professor Martin Teicher fand in mehreren Studien heraus, dass emotionale Gewalt nachhaltige Schäden im Hippocampus hinterlässt; er reift nicht auf die vorhergesehene Größe an. Der Hippocampus ist ein Teil des limbischen Systems und damit generell für die Steuerung und Regulierung von Gefühlen zuständig. Hier findet auch die Verarbeitung vom Kurzzeit- ins Langzeitgedächtnis statt. Eine Aussage wie »Es sind doch bloß Worte« ist also völliger Blödsinn!

Das Kind dient einem Zweck der Eltern

Ein heikles Thema. Die Partnerschaft von Daniela und Patrick steht auf der Kippe. In der letzten Zeit geraten die zwei immer häufiger aneinander. Just in dieser Krisenzeit wird Daniela schwanger mit Max. Also beschließen Daniela und Patrick, die Partnerschaft fortzuführen und sie heiraten sogar. Max ist der »Klebstoff«, der die Beziehung augenscheinlich »gekittet« hat. Unbewusst spürt Max, dass er einem Zweck dient. Innerhalb der Familie hat er eine Aufgabe zu erfüllen: Er hält seine beiden Elternteile zusammen. Eine Bürde, die ihn extrem verunsichert.

Ein weiterer Zweck: Julia (siehe Beispiel Seite 26) hatte nicht unbedingt das, was man als schöne, friedliche Kindheit bezeichnen würde. Schon als kleines Kind träumte sie von einer heilen Familie, in der man sich wirklich liebt. Als Erwachsene ist sie von der Sehnsucht nach einer Bilderbuchfamilie getrieben. Die Bilderbuchfamilie soll ihren inneren Mangel, ihre innere Leere füllen. Mit 22 Jahren findet sie den vermeintlichen Traummann und bekommt bereits kurz danach das erste Kind. Mia ist das absolute Wunschkind. Alle Sehnsüchte und auch der innere Mangel werden in die kleine Mia hineinprojiziert. Kein Kind ist in der Lage all die Fähigkeiten aufzubringen eine solch gewaltige Last zu tragen.

Das Kind weicht vom Wunschbild der Eltern ab

Liam ist sehr sensibel. Oft rührt ihn etwas zu Tränen. Sein Vater findet das merkwürdig. Er empfindet Liam als zu weich, als zu empfindlich. Ständig ermutigt er den kleinen Jungen, tapferer und mutiger zu sein, sich nicht »wie ein Mädchen anzustellen«.

Was Liam lernt: Mit meiner sensiblen Ader komme ich beim Vater nicht gut an. Er lehnt das ab. Er lehnt *mich* ab. Welches Kind möchte Ablehnung von den eigenen Eltern erfahren? Also schluckt Liam seine Tränen herunter und mimt den Starken.

Ein Leben, das sich unter der Oberfläche wie Krieg anfühlt

Das sind nur einige Faktoren, die dazu führen, dass sich kein stabiles Urvertrauen bilden kann. Die Welt wird als feindlicher Ort angesehen, andere Menschen sind nicht sicher, Beziehungen und man selbst ist nicht sicher. Daraus resultiert – je nachdem, wie du gestrickt bist, und je nachdem, wie viele schädigende Faktoren zusammenkommen – ein Gefühl der Bedrohung in dir. Der Säbelzahntiger steht ständig ungefragt vor deiner Tür. Dein Leben fühlt sich schon in deiner Kindheit nicht wie ein 5-Sterne-Wellnessurlaub an. Es fühlt sich eher an, als wärst du im Krieg. Im Krieg ist keine Zeit für Spaß, Entspannung, Freude oder Kreativität. Im Krieg ist nur genau eine Sache wichtig: dass du überlebst. Anstatt des Urvertrauens bildet sich ein latentes Misstrauen ins Leben. Du bist in dauernder Habachtstellung. Voilà: Das Leben in der Übererregung ist geboren.

Alles, was ich aufgezählt habe, sind nicht wirklich dramatische Ereignisse, wahrscheinlich findet das in irgendeiner Art und Weise in jeder Familie statt. Zum Glück bestehen wir Menschen nicht aus Zucker und verfügen über eine gesunde, uns innewohnende Resilienz (siehe Window of Tolerance, Seite 31 ff.).

Dein Testergebnis

Die Fragen, die ich auf Seite 103 f. gestellt habe, waren ein kleiner Test, um für dich zu klären, ob du von der Übererregung im Window of Tolerance betroffen bist. Hast du mehr als sieben Jas gesammelt … wunderbar: Du hast leider den Ramschpreis auf dem Rummelmarkt gewonnen. Dein Nervensystem fühlt sich äußerst wohl in der Übererregung. Zum Glück hältst du dieses Buch in Händen und bist auf dem besten Wege, das zu ändern! Was kannst du tun? Was könnte Nicole tun?

Die Heilung für dich und für Nicole setzt sich aus vier Komponenten zusammen:

1. der schrittweisen Regulation des Nervensystems durch Körperübungen,
2. der Eliminierung deiner Stressoren und dem Aufbau von gesunden Lebensstrukturen, die für dich passen,
3. dem Sterben deiner alten Identität, die in der Vergangenheit festhängt und an ihr festhält,
4. dem Entwickeln einer neuen Identität, die jeden Tag mehr im Hier und Jetzt verankert ist und nur noch auf Stressreaktionen zurückgreift, wenn sie wirklich angebracht sind.

Lass uns sofort mit der Umsetzung beginnen. Du hast verstanden, dass Nicoles Leben hauptsächlich durch den Sympathikus gesteuert ist. Die Aktivierung des Sympathikus bedeutet: Der Körper wird mit Adrenalin und weiteren Stresshormonen geflutet. Wie kann sich Nicole in diesem Zustand helfen? Wie kannst du dir in diesem Zustand helfen? Genau, indem du deinen Körper dabei unterstützt, das Adrenalin aus dem Körper herauszubekommen. Hier ist eine tolle Übung dazu.

Abspacken

Wann die Übung hilft:

- In der Dysregulation der Übererregung
- Wenn du das Gefühl hast, gleich zu platzen: vor Stress, vor Anspannung, vor Wut
- Wenn du ein bisschen in die Gänge kommen möchtest

Was du lernst:

- Ich kann mich von meinem inneren Druck befreien.
- Ich kann auch als Erwachsene albern und lustig sein – und das tut sogar gut!

Zeitdauer der Übung: 2 bis 3 Minuten
Schwierigkeitsgrad der Übung: simpel
Die Übung kann auch unterwegs durchgeführt werden.

Beschreibung:
Du bewegst dich mit oder ohne Musik (gern auch laut!) intensiv und schüttelst deinen Körper richtig durch, Arme, Hände, Kopf, Popo, Beine, Füße et cetera. Gern kannst du auch auf- und abspringen, einen Hampelmann machen – bring deinen Körper in Wallung, ohne dem ganzen zu viel Form in der Art einer Tanzchoreografie vorzugeben. Versuche, dich intuitiv leiten zu lassen. Lass es zu, dass dein Körper dich bewegt – und nicht du deinen Körper. Verbinde die Bewegungen gern mit Geräuschen. Das kann ein geräuschvolles Ausatmen sein, ein Brummen, ein Summen, ein Seufzen, ein Stöhnen. Variiere zwischen den Lauten.

Wichtig: Wir neigen dazu, uns in Rage beziehungsweise in einen negativen Flow hineinzubewegen, indem wir uns vom Körper trennen. Das ist *nicht* das Ziel des Schüttelns, im Gegenteil!
Wenn du nicht mit dir verbunden bist, während du dich schüttelst, stoppe, halte kurz inne, spüre und beginne erneut. Unverbunden-

heit bemerkst du am ehesten daran, dass du die Bewegungen mechanisch, wie in Trance, ausführst.
Du wirst sehen, es hat eine andere – eine viel bessere – Qualität, wenn du die Übung verbunden mit dir machst. An dieser Stelle erinnere ich an das Window of Tolerance: Wenn du nicht mit dir verbunden bist, dich von deinem Körper getrennt hast, dann befindest du dich entweder in der Über- oder Untererregung. Diese Übung soll aber dazu dienen, dich aus diesem Bereich herauszubringen. Darum ist es so wichtig, dass du sie verbunden mit dir durchführst. Das kannst du am leichtesten erreichen, indem du immer wieder innehältst und nachspürst und gegebenenfalls eine Pause einlegst.
Führe dein Abspacken für zwei bis drei Minuten aus. Tat gut, oder? Bleibe anschließend für einige Sekunden still stehen und spüre nach. Was hat sich verändert?

Die Übung »Abspacken« hilft dir natürlich nur vorübergehend. Was dein Leben wirklich verändert: dass du mittelfristig die Dinge aus deinem Leben verbannst, die dir bewusst oder unbewusst Stress erzeugen. Wie das geht – hier der erste Schritt dazu.

Stressoren erkennen

Wann die Übung hilft:

- Wenn du wie Nicole in der Übererregung zu Hause bist
- Wenn du bereits gesundheitliche Probleme entwickelt hast, die man als stressbezogen tituliert, wie Herz-Kreislauf- oder Autoimmunerkrankungen
- Wenn du eine kleine Stressbacke bist

Was du lernst:

- Wie sich Stress in meinem Körper anfühlt
- Was mir Stress macht
- Wie ich meinen Stress transformieren kann

Zeitdauer der Übung: 30 bis 45 Minuten
Schwierigkeitsgrad der Übung: mittelschwer
Benötigte Utensilien: Ruhe, Platz zum Schreiben, Zettel und Stift, absolute Ehrlichkeit

Beschreibung:

Die Übung besteht aus fünf Schritten:

1. Dein Lebensrad prozentual aufzeichnen
2. Deine persönliche Stressskala entdecken
3. Die Stressskala mit dem Lebensrad verbinden, um deine größten Stressoren zu entdecken
4. Den Lebensbereich erkennen, in dem die größte Hebelwirkung zum Stress-Detox liegt
5. Den größten Stressor sukzessive eliminieren

Dein Lebensrad aufzeichnen

Nimm ein großes Blatt Papier und zeichne darauf einen Kreis. Der Kreis soll dein Leben symbolisieren. Schreib nun neben den Kreis, welche Lebensbereiche es in deinem Leben gibt.

Das könnte beispielsweise so aussehen:

1. Gesundheit inklusive Ernährung und Schlaf
2. Körper
3. Job
4. Partnerschaft
5. Sexualität
6. Kernfamilie
7. Ursprungsfamilie
8. Beziehung zu mir selbst
9. Spiritualität
10. Lebenssinn, Vision, Wünsche und Träume
11. Finanzen
12. Freunde
13. Hobbys

Schau, ob das die Lebensbereiche sind, die für dich eine Rolle spielen. Natürlich kannst du Bereiche weglassen, sie anders benennen oder andere hinzufügen. Sei ehrlich mit dir: Wenn du keine Hobbys hast, dann haben sie in deinem Lebensrad nichts zu suchen. Also, bitte nicht schummeln!
Nun verteilst du die Lebensbereiche in deinem Lebensrad wie Tortenstücke in einer Torte. Zum Beispiel: Die Hälfte der Torte nimmt dein Job ein, Freunde ein Viertel, Hobbys ein Achtel. Füge nacheinander alle Lebensbereiche ein.

Deine persönliche Stressskala entdecken

Nimm ein weiteres Blatt und zeichne darauf einen horizontalen Strich. Du teilst den Strich in Einser-Schritten von 0 bis 10 ein. 0 bedeutet »kein Stress« und 10 bedeutet »Stress, der kaum auszuhalten ist und mich wahnsinnig macht«.
Geh in Gedanken durch deine letzten Tage und Wochen auf der Suche nach stressigen Situationen. Erinnere dich an diese. Du möchtest zwei Dinge entdecken:

1. Wie zeigt sich Stress in meinem Körper?
   Habe ich zum Beispiel Herzklopfen? Einen trockenen Mund? Fange ich an zu schwitzen? Bekomme ich Durchfall oder Kopfschmerzen? Was sind meine körperlichen Alarmsignale bei Stress?
2. Was sind das für Situationen, die mich stressen?
   Gibt es ein sich wiederholendes Muster, das Stress in mir auslöst? Entdecke ich zum Beispiel, dass Beziehungen aller Art mich stressen? Oder wenn ich nicht ausreichend meine Grenzen wahre? Quasi alles kann dich stressen – finde heraus, was genau es ist!

Bedenke: Dein Körper macht keinen Unterschied, ob es sich bei deinem Stress um negativen oder positiven Stress handelt. Ein persönliches Beispiel: Ich bin der wahrscheinlich größte Armin-van-Buuren-

Fan in der westlichen Hemisphäre. Zur Info für dich: Armin ist ein niederländischer Trance-DJ; Trance hört sich in den meisten Ohren wie Techno an. Im Juli 2022 hatte ich nach zwei quälend langen Corona-Jahren, in denen ich die Tickets für Armins Konzert aufbewahrt hatte, endlich die Möglichkeit, seine Nachhol-Show zu sehen. Ich habe mich so sehr auf den Tag gefreut, dass ich am Tag des Konzerts immer wieder in Tränen ausgebrochen bin. Auch wenn ich auf das Ganze den Aufkleber »Geil! Pure Freude« gepappt hatte; mein Körper beziehungsweise mein Nervensystem registrierte: Sasja ist heute so richtig gestresst.

Zurück zu deiner Stressskala: Zeichne nun oberhalb der gezeichneten Linie ein, was du herausgefunden hast, also wie sich zum einen Stress in deinem Körper manifestiert. Zum anderen skizzierst du unterhalb der Linie, welche Situationen Stress auslösen. Auch dazu ein persönliches Beispiel meinerseits: Ich tue mich äußerst schwer damit, mich ausreichend um meine Gesundheit zu kümmern. Oft schlafe ich nicht genügend. Durch meine langjährige Tätigkeit in der Gastronomie bin ich eine Meisterin darin, nicht auf Toilette zu gehen – obwohl ich muss. Daher ist eine profane Sache, wie rechtzeitig auf die Toilette zu gehen, eine Herausforderung für mich. Essen ist eine weitere Sache, die sich für mich schwierig gestaltet: Ich ignoriere nach wie vor mein körperliches Bedürfnis nach Essen und bemerke erst viel zu spät, dass ich schon seit Stunden Hunger habe.

Die Stressskala mit dem Lebensrad verbinden

Kehre zu deinem Lebensrad zurück und gehe nun nacheinander alle Lebensbereiche durch. Trage in jeden Lebensbereich ein, wie sehr er dich stresst. Deine Tortenstücke werden also wie in der Stressskala mit Ziffern von 0 bis 10 versehen. Ordne den Tortenstücken Schlagwörter der von dir definierten Stresssituationen zu.

Jetzt hast du schwarz auf weiß, was dich auf Hochtouren laufen lässt. Das kann ganz schön erschreckend sein …

Den Lebensbereich erkennen, indem die größte Hebelwirkung zum Stress-Detox liegt

Lass den Blick über das Lebensrad schweifen und finde heraus, wo du ansetzen kannst und musst, um zu mehr Entspannung in deinem Leben zu kommen. Du darfst hier ein wenig um die Ecke denken. Auf meinem Lebensrad ist der Job eindeutig mein größter Stressor. Dennoch liegt die deutlichste Hebelwirkung für mich im Bereich Gesundheit. Wenn ich selbstfürsorglich in Sachen Gesundheit mit mir umgehe, dann habe ich ein dickeres Fell, setze klare Grenzen, weiß, was ich mir in meiner Selbstständigkeit zumute und was nicht. Streiche mit einem Marker sichtbar deinen Hebelbereich an.

Den größten Stressor sukzessive eliminieren

Nun darfst du Projektmanagerin spielen. Welche Möglichkeiten gibt es, dein Problem in Babyschritten in den Griff zu bekommen? Wieder zu meinem Beispiel mit der Gesundheit: Für mich hat es sich bewährt, mit einem Essensplan zu arbeiten und am besten schon vorzukochen, damit ich Mahlzeiten nicht aus Bequemlichkeit auslasse. Des Weiteren habe ich mir angewöhnt – auch wenn es gar nicht meinem Alter entspricht – äußerst früh ins Bett zu gehen. Meist liege ich bereits um 21:00 Uhr im Bett. Das ist das aufregende Leben einer Autorin ... Außerdem gestalte ich meinen Kalender so, dass an Arbeitstagen ein Granny-Mittagsschlaf für mich drin ist. Auch auf meinen weiblichen Zyklus gebe ich acht: An menstruierenden Tagen sind Kundentermine für mich tabu; oftmals gebe ich mir für diese Tage frei. Lässt sich als Angestellte natürlich nicht zu 100 Prozent verwirklichen, aber vielleicht trägst du dir an solchen Tagen nicht noch 1037 andere private Termine ein.

Wichtig: Die Frauen, die ich wie magisch anziehe, sind ähnlich gestrickt wie ich. Ohne dich zu kennen, behaupte ich felsenfest: Du bist eine Frau mit hohen Anforderungen – in erster Linie an dich selbst. Wahrscheinlich neigst du dazu, in einem Rundumschlag alle Lebensbereiche auf einmal transformieren zu wollen. Nee, so

machen wir das nicht. Rom wurde schließlich auch nicht an einem Tag erbaut.
Also: Nimm dir Schritt für Schritt einen Lebensbereich vor. Etabliere innerhalb des Lebensbereiches *eine* neue gesunde Lebensgewohnheit. Erst wenn du diese zuverlässig auf Autopilot abrufen kannst, arbeitest du weiter. Auch innerhalb des Lebensbereichs krempelst du nicht alles von links auf rechts; nein, du arbeitest in Babyschritten. Alles andere wäre eine Überforderung, die du dir zumutest. Ich erinnere noch einmal daran, was Trauma ist: zu viel. Zu schnell. Zu plötzlich. Dämmert es? Sprich: Du traumatisierst dich durch Überforderung. Sei stattdessen lieb zu dir! Das hast du verdient!
Mach dir nun einen konkreten Zeitplan, wann du welchen Baby-Step umsetzt. Bedenke dabei: Pläne sind gut und geben Struktur und dadurch Sicherheit. Doch kein Plan sollte dich stressen. Das gerade wollen wir eliminieren.
Auch hier noch mal zu meinem Beispiel: Ich durfte lernen, dass ich auf die Toilette gehe, wenn ich muss. Und nicht stundenlang einzuhalten brauche. In mir gab es aber keine Achtsamkeit für »Sasja muss auf Toilette«. Wie konnte ich mir diese erschaffen? Für einen längeren Zeitraum habe ich mir zu unterschiedlichsten Zeiten meinen Handywecker gestellt. Sobald er klingelte, habe ich mich gefragt: »Du, Sasja, spüre in dich rein. Musst du eigentlich auf die Toilette gehen?« So habe ich Achtsamkeit für meine Blase trainiert.

Du hast nun einen wunderbaren Plan, wie du schrittweise deinen Stress minimieren kannst. Großes Aber: Selbst wenn du dich vorbildlich an den Plan hältst und an die Umsetzung herangehst, für mindestens 30 Prozent der Menschen würde mein toller Trainingsplan nicht aufgehen. Welchen entscheidenden Faktor du kennen musst, um zu den anderen 70 Prozent zu gehören, das erfährst du im nächsten Kapitel.

Hurra! Ich bin gestresst – also lebe ich!

Das Ausmaß des Dramas in deinem Leben ist kein Zufall.
Es ist Ausdruck deiner Stresssucht.
Sasja Metz

Rosenmontag 2007 in Köln

Obwohl Nicole eigentlich in ihrer kleinen Einzimmerwohnung an den Schreibtisch gekettet sein sollte, um für das Physikum des Medizinstudiums zu lernen, ist sie spontan nach Köln gefahren, um ausgelassen Karneval zu feiern. Die schriftlichen Prüfungen sind am 12. und 13. März. Also sollte sie laut dem Lernplan, den alle empfehlen, bereits seit dem 5. Februar lernen. Hat sie aber nicht. Zwei Wochen hat sie bereits mit Nichtstun verdaddelt.

Mit schlechtem Gewissen sitzt Nicole einige Tage später dann tatsächlich an ihrem Schreibtisch und kann nicht verstehen, warum sie wertvolle Zeit zum Lernen mit Partymachen, Extraschichten in der Gastro und der Komplettrenovierung ihrer Wohnung verbracht hat. »Wie kann ich nur so dämlich sein?«, fragt sie sich immer wieder. Nun sind ihre Tage mit 12-Stunden-Lernschichten vollgepackt. Sie ernährt sich von Tiefkühlpizza. Lässt ihre morgendliche Joggingrunde schleifen, um keine weitere wertvolle Zeit zu vergeuden. Ihre Lernkarten nimmt sie mit aufs Klo, um jede Minute effektiv zu nutzen.

Dinge auf den letzten Drücker zu erledigen, bleibt auch 15 Jahre später ein Thema für Nicole. Sie schiebt unangenehme Sachen auf die lange Bank, um dann in allerletzter Minute Vollgas zu geben. Vollgas könnte ihr zweiter Vorname sein. Ständig muss sie sich beeilen. An sich hasst sie nichts so sehr wie ihre Unpünktlichkeit; dennoch schafft sie es so gut wie nie, pünktlich zu sein. Das Verrückte ist: Kurz vor dem Termin entspringen ihrem Kopf lustige Ideen, was man noch alles mit der

vielen Zeit davor anstellen könnte: Schnell eine neue Spaziergehrunde mit Hündin Lisa auszuprobieren, sich dummerweise zu verlaufen, das Handy zwar dabeizuhaben – nur leider mit leerem Akku. So kann sie ihre Freundin Tanja nicht anrufen, die am Bahnhof vergeblich auf sie wartet. Eine übliche Geschichte in Nicoles Leben.
Nicole wirkt chaotisch. In Wahrheit ist sie strukturiert, aber mit ihren Gedanken überall und nirgends. Die Mitarbeiter des Einwohnermeldeamts begrüßen sie mittlerweile freundlich mit Namen, weil Nicole häufig einen neuen Ausweis beantragen muss. In der Regel kurz vor dem nächsten Urlaub. Nicole steigt in Zügen in die falsche Richtung ein. Nicole vergisst dauernd die Geburtstage ihrer Freundinnen. Nicole hat eine Schlüsselversicherung, weil die Kosten für eine Notfallöffnung ihrer Tür sie fast arm gemacht haben. Nicole gibt ihre Steuererklärung grundsätzlich zu spät ab. Nicole ist Meisterin darin, Verkehrsmittel zu verpassen.

Nicole ist kein Schussel. Sie ist weder chaotisch noch dumm noch unstrukturiert, undiszipliniert oder faul. Nein, sie ist süchtig. Süchtig nach Stress. Wenn sich der Stress in ihrem Leben minimiert, dann hat sie unbewusst eine wundersame Waffe entwickelt, um ihr Leben ein wenig aufzupeppen: Sie kreiert Stress, den sie dann doch irgendwie bravourös meistert. So schlägt sie zwei Fliegen mit einer Klappe:

1. Sie schafft sich Stress, der sich unbewusst anziehend, man könnte schon sagen: geil für sie anfühlt.
2. Sie überwindet die von ihr geschaffenen Hürden und kann sich selbst dafür feiern, wie toll sie das alles gemeistert hat. Auch andere klatschen Beifall.

Hui, peinlich berührend, nicht wahr? Ich kann mich noch genau daran erinnern, wie unangenehm es mir war, als mir bewusst wurde, dass meine lustigen Drama-Geschichten, die ich auf Partys zur Erheiterung aller zum Besten gab, auf diesem Mechanismus beruhten.

Die Ursachen der Stresssucht

Als Fötus im Mutterleib bist du eng mit deiner Mama verbunden. Ab einem gewissen Alter hörst du ihre Stimme; du pupst, wenn sie Zwiebeln gegessen hat; du spürst ihre Bewegungen, wenn sie auf dem Fahrrad sitzt und sich in die Kurve legt. Was du auch mitbekommst: Wie arg deine Mama innerhalb der Schwangerschaft gestresst ist. Der Cocktail an Stresshormonen, der sie flutet, macht nicht an der Nabelschnur halt. Über die Nabelschnur »schluckst« du automatisch Mamas Stresscocktail. Je nachdem, welche Erfahrungen deine Mama innerhalb der Schwangerschaft gemacht hat, kann dieser Cocktail eine eher leichte Weinschorle sein oder ein hammerheftiger Sex on the Beach, der dir die Schuhe auszieht.

Eine eindrückliches Studienergebnis über die Verbindung Mama–Kind zeigte eine Studie von Rachel Yehuda und ihren Kolleg*innen (siehe Anhang) über PTBS (posttraumatische Belastungsstörung) bei Babys, die den Anschlag auf das World Trade Center 2001 im Bauch der Mutter erlebt hatten. Das Ergebnis (zur Erklärung: Ein niedriger Cortisolwert steht im Zusammenhang mit dem Auftreten einer PTBS): »Bei 38 Frauen, die zum Zeitpunkt ihrer Schwangerschaft vom Attentat des 11. September betroffen waren, wurde etwa neun Monate nach der Geburt des Kindes morgens und abends Cortisol im Speichel der Mutter und des Kindes gemessen. Frauen, die eine posttraumatische Belastungsstörung (PTBS) entwickelt hatten, zeigten hierbei sowohl morgens nach dem Aufwachen wie auch abends vor dem Zubettgehen signifikant niedrigere Cortisolwerte als Frauen ohne PTBS. Kinder von Frauen mit PTBS hatten ebenfalls niedrigere Cortisolspiegel als Frauen ohne PTBS. Am deutlichsten waren die Werte der Kinder erniedrigt, deren Mütter mit PTBS sich zum Zeitpunkt des Attentats im dritten Schwangerschaftstrimester befunden hatten.«

Pränatale Prägungen

Stelle dir zwei schwangere Frauen vor: Die eine war zur Zeit der Anschläge auf das World Trade Center schwanger, lebte in New York und bekam das schreckliche Attentat hautnah mit. Eine andere Frau war im Frühjahr 2018 im beschaulichen Büsum in Schleswig-Holstein an der Nordsee schwanger.

Die New Yorkerin ist während ihrer Schwangerschaft angesichts der Katastrophe mit Sicherheit arg gestresst gewesen. Nun ist Büsum zwar kein Garant für eine entspannte Schwangerschaft, aber stell dir vor, dass es so wäre: Die Büsumerin war total gechillt. Was bedeutet der unterschiedliche Stresslevel nun für die beiden Föten, die im Mutterleib heranwachsen? Der Büsumer Fötus erlebt auf einer fiktiven Stressskala von 1 bis 10 einen mittleren Stresslevel von 5. Es gibt ein wenig Stress, aber nicht übermäßig viel. Stresslevel 5 ist für den Fötus sein »Normal«, er wird es zukünftig gewohnt sein. Der New Yorker Fötus bekommt einen Stresslevel von 10 ab. Dieses Kind erlebt ein völlig anderes »Normal« an Stress, nämlich das maximale Level. Auch wenn Level 10 für jedes Kind und auch jeden Erwachsenen zu viel ist, wird sich der Körper des New Yorker Kindes aufgrund dieser Konditionierung mit mehr Stress zukünftig wohler fühlen.

Genau dadurch erklärt sich das Drama, das wir als Erwachsene unbewusst kreieren. Sobald das Leben in zu ruhigen Bahnen verläuft – ein Griff in die Psycho-Zauberkiste: Schwups, das Drama ist da. Der Stress steigt wieder in gewohnte, »normale« Höhen. Hier kommt die Arbeitsweise des Gehirns zum Tragen, die ich dir im vorherigen Kapitel erklärt habe: Das Gehirn mag Gewohntes und verbraucht damit weniger Energie, Ungewohntes bewertet es als anstrengend, und das verunsichert das Körpersystem.

Auch wenn Stress objektiv und verstandesmäßig als nervig oder störend empfunden wird, gibt es eine innere Instanz, die fortwährend abgleicht, ob »genug« Stress im System ist. Geht der Stress auf acht oder sogar sieben herunter, wird der Organismus nervös und setzt alles daran, den Stress wieder auf das »normale«, eigentlich zu hohe Level hochzutreiben. Ganz schön verrückt, oder?

Stress, lass nicht nach

In der Fachsprache wird die Stresssucht GHIA genannt. Diese Abkürzung steht für *Global High Intensity Activation* oder zu Deutsch: global hohe Aktivierung.

Zu Recht fragst du dich jetzt: Aber wo ist die Abgrenzung zur Übererregung? Was ist schon so schlimm daran, wenn man schon als Fötus eine Extraladung Stress abbekommen hat? Sicherlich kannst du dich noch an mein Beispiel mit dem Fundament erinnern (siehe Seite 79) – ohne dich zu sehr zu schocken: Bei GHIA erreicht die Dicke deines Fundaments vielleicht gerade einmal zehn Zentimeter. Die übliche Bodenplatte umfasst 40 Zentimeter. Mit zehn Zentimetern Fundament schaffst du keine guten Voraussetzungen, um ein stabiles Haus bauen zu können. Im Fall der Übererregung hingegen ist deine Bodenplatte an die 40 Zentimeter dick; es wurde nur ein wenig schlampig gearbeitet und sie hat ein paar Risse und Unebenheiten.

Nicole, durch die Nervensystem-Brille betrachtet

Schauen wir uns Nicoles Situation genauer an. Warum beginnt sie mit dem Lernen erst auf den letzten Drücker? Nicole wird seinerzeit im Mutterleib eine nicht unbedingt stressfreie Zeit erlebt haben. Ihr »normaler« Stresspegel wird zu hoch gewesen sein. Im späteren Leben ist sie unbewusst also immer wieder auf der Suche nach Stress. Wie schön stressig ist es, zu spät mit dem Lernen für eine lebensentscheidende Prüfung zu beginnen? So erklären sich auch ihre pseudolustigen Ideen, noch schnell vor einem Termin etwas einzuschieben. Und so erklärt sich ihre vermeintliche Schusseligkeit, ihr Chaos und ihr Talent, Sachen zu verlegen oder zu verlieren.

Raus aus der Stresssucht

Ich möchte ganz ehrlich mit dir sein: Ich selbst laboriere auch noch an meiner Stresssucht herum. Immer wieder ist es verführerisch, in die

Stressfalle zu tappen und sich dann herrlich lebendig zu fühlen. Hach, ist das toll! Im ersten Augenblick. Dann folgt wie bei allen Süchten die Ernüchterung und das schlechte Gewissen. Wie kann es dennoch gelingen, die Sucht zu überwinden? Auch dazu habe ich einen Trainingsplan für dich. Zunächst aber stelle ich dir die vorbereitende Übung vor, mit deren Hilfe du dein Future Self – die beste Version von dir, die bereits in dir schlummert – entdeckst und zum Leben erweckst.

Entdecke dein Future Self

Wann die Übung hilft:

- Wenn du deinen inneren Kompass verloren hast
- Wenn es nötig ist, dass du dich selbst besser in deinem Leben führst
- Wenn du dich schwer entscheiden kannst
- Wenn es dir an Disziplin, Entscheidungskraft, Mut oder Durchsetzungskraft fehlt

Was du lernst:

- Ich trage alle Lösungen in mir, sie liegen nicht im Außen.
- Ich bin unglaublich mächtig.

Zeitdauer der Übung: 30 bis 45 Minuten
Schwierigkeitsgrad der Übung: simpel
Benötigte Utensilien: Platz zum Sitzen oder zum Liegen, Smartphone, etwas zum Schreiben
Die Übung kann nicht unterwegs durchgeführt werden.

Beschreibung:

Eines vorweg: Auch diese Übung habe ich vertont. Am besten schnappst du dir dein Handy, scannst den QR-Code und lauschst meinen Worten. Damit wirst du die besten Ergebnisse erzielen. Aber für den Fall, dass dir diese Möglichkeit nicht zur Verfügung steht, hier die Übung in Schriftform.

Setze dich bequem hin. Lies dir zunächst in Ruhe die Anweisung durch.
Schließe dann die Augen und tauche in die Tiefen deines Unterbewusstseins ein.
Während du die Augen geschlossen hast, »blicke« auf deinen Hinterkopf, also einfach 180 Grad nach hinten. Ich weiß, das hört sich ein wenig verrückt an. Es dient dazu, dass du in einen tranceartigen Zustand kommst und das rationale Denken ausschaltest. Auch wenn diese Augenbewegung sehr ungewohnt ist, halte sie für einige Augenblicke.
Vergiss nicht gleichmäßig zu atmen. Kehre in deine übliche Augenhaltung zurück.
Stelle dir vor, dass du vor einer Treppe stehst, die nach unten führt. Die Treppe hat zehn Stufen. Mit jeder Stufe, die du betrittst, tauchst du tiefer in dein Unterbewusstsein ab.
Du betrittst die oberste Stufe. Du tauchst tiefer in dein Unterbewusstsein ab.
Du setzt deine Füße auf die nächste Stufe und bleibst dort stehen. Ebenso wie deine Füße ist auch dein Unterbewusstsein eine Stufe tiefer gesunken. Atme tief ein und aus. Nimm dir Zeit.
Steige auf die nächste Stufe hinab. Dein Unterbewusstsein nimmt mehr Platz ein, du tauchst noch ein Stück tiefer hinein.
In deinem Tempo gehst du auch die restlichen Stufen hinab. Du erlaubst dir, mit jeder Stufe noch tiefer in dein Unterbewusstsein einzutauchen.
Nun hast du die letzte Stufe erreicht und stehst vor einer massiven Holztür mit wuchtigen Eisenbeschlägen.
Es ist angenehm dunkel hier unten. Ein wenig Licht spenden die Fackeln an den Wänden.
Mit klopfendem Herzen stehst du vor der Tür. Du ahnst, dass es deine Aufgabe ist, durch die Türe zu treten. Du spürst, dass hinter dieser Türe etwas Wichtiges auf dich wartet.
Langsam öffnest du die Türe; sie knarzt.

Du bist erstaunt. War es vorher so dunkel, so wirst du nun durch ein strahlendes Licht geblendet.

Vor dir liegt ein feenhafter Wald. Er scheint einem Märchen entsprungen zu sein. Du entdeckst riesige Bäume, die bis in den Himmel zu ragen scheinen. Du schaust auf den Boden: Samtiges Moos bedeckt den Untergrund. Es duftet köstlich nach Erde, du nimmst einen Hauch von Maiglöckchen wahr. Die unterschiedlichsten Gerüche mischen sich zu einem berauschenden Cocktail. Du kommst aus dem Staunen gar nicht mehr heraus.

Bedacht betrittst du diese andere Welt und lässt deine Füße im Moos einsinken. Wie magisch zieht es dich zu einem Punkt in der Ferne. Dort willst du hin. Da *musst* du hin.

An dieser Stelle scheint das Licht noch heller zu leuchten. Dein Herz tanzt vor Freude. Was wartet bloß in diesem hellen Licht auf dich? Du magst nicht länger warten. Aufgeregt rennst du zu dem Punkt.

Fast wärst du in deinem Eifer über eine Parkbank gestolpert. Du bemerkst, dass auf der Parkbank ein Mensch auf dich wartet. Dieser Mensch wartet schon sehr lange auf dich. Dein Herz quillt über vor Freude. Noch nie in deinem Leben hast du so viel Liebe verspürt, als sei jede Zelle deines Körpers von Liebe erfüllt.

Wow! Du setzt dich zu der Person auf die Bank. Freundlich schaut sie dich an. Sagt: »Wie schön, dass du mich endlich besuchen kommst. Ich habe so lange auf dich gewartet.« Tief schaut ihr euch in die Augen. Für dich fühlt es sich an, als würdest du nach Hause kommen. Ihr braucht nicht viele Worte; ihr versteht euch auch ohne Worte. Du weißt, dass du jederzeit zu dieser wunderbaren Person zurückkehren kannst. Du weißt, dass sie dein Leitstern ist, den du in herausfordernden Zeiten um Rat bitten kannst.

Nun ist es an der Zeit, wieder ins Hier und jetzt zurückzukehren. Ihr verabschiedet euch.

Du gehst durch den Feenwald zurück zu der wuchtigen Holztür mit den Eisenbeschlägen.

Langsam steigst du die Stufen wieder hinauf. Mit jeder Stufe, die du hinaufsteigst, kommst du ein kleines Stückchen mehr im Hier und Jetzt an.
Wenn du an der obersten Stufe angekommen bist, öffnest deine Augen. Recke und strecke dich. Nimm dir ein paar Minuten Zeit, um aufzuschreiben, wen du im Feenwald entdeckt hast.
Beschreibe die Person, nicht nur äußerlich, eher ihre inneren Werte und was sie in dir ausgelöst hat. Und wie wäre es, wenn du ihr auch einen Namen verpasst?

Wen du hier getroffen hast? Dein Future Self. Es ist die beste Version von dir. Die Version, die mutig ihren Weg geht – auch wenn sie Angst hat. Die Version, die in schwierigen Situationen die richtigen Worte findet. Die Version, die sich nicht davor scheut, ihren Raum zu achten und Grenzen zu setzen. Die Version, die sich selbst an die erste Stelle setzt. Die Version, die sich selbst vertraut. Die immer zu 100 Prozent an sich glaubt. Die gut mit sich verbunden ist. Die keine Angst vor ihren eigenen Gefühlen hat. Die Person, die geerdet und klar ist.

Dein Future Self – das musst nicht du in einer älteren Variation sein. Es kann auch jemand sein, den du vielleicht aus dem Fernsehen kennst. Irgendjemand, den du bewunderst.

In Zukunft kannst du dein Future Self in herausfordernden Zeiten besuchen. Es um Rat bitten. Es um seine Sicht auf die Dinge bitten. Du wirst erstaunt sein, welch wertvolle Tipps es für dich bereithält!

Den ersten Einsatz hat dein Future Self bereits in der nächsten Übung. Mit seiner Hilfe entzerren wir eine konkrete Situation, die du unbewusst kreiert hast, um deinen Stresspegel schön hoch zu halten. Hast du eine solche entdeckt? Wunderbar; das ist schon die Vorbereitung für die Übung, die nun folgt.

Schick die Stressbacke in die Wüste

Wann die Übung hilft:

- Wenn du wie Nicole im GHIA zu Hause bist
- Wenn du unter chronisch entzündlichen Darmerkrankungen (CED), Chronic Fatigue Syndrome (CFS), Fibromyalgie oder Migräne leidest
- Wenn du die Stressbacke vor dem Herrn bist

Was du lernst:

- Wie ich mich selbst sabotiere und damit aufhöre
- Dass ein »langweiliges« Leben echt nett sein kann

Zeitdauer der Übung: 45 bis 60 Minuten
Schwierigkeitsgrad der Übung: mittelschwer
Benötigte Utensilien: Ruhe, Platz zum Schreiben, Zettel und Stift, absolute Ehrlichkeit
Dieser Übungsblock kann nicht unterwegs durchgeführt werden.

Beschreibung:

Du gehst in den folgenden sieben Schritten vor:

Brain-Dumping: Skizziere stichwortartig die Situationen, in denen du Stress kreierst

Nimm ein großes Blatt Papier und schreib wild drauflos, welche wiederkehrenden Stresssituationen es in deinem Leben gibt. Versuch nicht zu denken, sondern es aus dir heraus fließen zu lassen. Das kann so aussehen:

- »Ich komme immer zu spät.«
- »Meine Dokumente sind immer schludrig; ich habe kein gutes Ordnungssystem für wichtige Unterlagen.«
- »Ich lese Mails nicht aufmerksam, sodass Deadlines bei mir untergehen.«

Ordne die Situationen in Kategorien

Nimm ein weiteres Blatt und verpacke die Situationen in Kategorien. Beispielsweise:

- Beziehungen
- Arbeitswelt
- Freizeit
- Arbeitsweise

Entdecke, wo das größte Stresspotenzial liegt

Ähnlich wie in der Übung »Stressoren erkennen« ordnest du die Kategorien nach Stressintensität in deine Stressskala ein (siehe Seite 116).

Analysiere einzelne Situationen

Mithilfe der Leuchtturm-Übung (Seite 100 f.) schaust du dir wie eine Profilerin einzelne Situationen an.

- *Was* mache ich?
- *Wie* mache ich es?
- *Warum* mache ich es?
- *Welche* besonderen Trigger gibt es?

Frag dich selbst: Wie geht das einfacher? Schau dir dein Umfeld an: Wie gehen andere Menschen mit solchen Situationen um? Was machen sie anders? Wie gelingt ihnen, was dir noch nicht gelingt? Als ich diese Übung gemacht habe, ist mir aufgefallen, wie kompliziert ich bei manchen Sachen denke. Es kann zwar durchaus ein Vorteil sein, um die Ecke zu denken. Aber ich war eine Meisterin darin, etwas schon durch meine Gedankengänge extrem zu verkomplizieren! Ein Beispiel: Um pünktlich zu sein, muss ich mich echt anstrengen. Lustigerweise habe ich das Problem im Jobbereich nicht, aber privat ist es ein Riesending. Ich durfte also erst herausfinden, warum es mir privat schwerfiel, pünktlich zu sein. Ich mache mich ein wenig nackig: Im Arbeitskontext habe ich das Urteil von Kolleg*innen oder

Kund*innen gefürchtet; im privaten Bereich habe ich mich so sicher gefühlt, dass es mir nichts ausmachte. Da konnte ich es mir »erlauben«, unpünktlich zu sein. Mein Mann hingegen ist der pünktlichste Mensch auf der Welt: Wenn wir vereinbaren, wir fahren um 14:37 Uhr los, dann ist er auf jeden Fall um 14:30 Uhr startklar. Ich habe ihn also gefragt, was er anders macht als ich. Er hat ein komplett anderes Gefühl dafür, wie lange Dinge brauchen, und baut zusätzlich einen Sicherheitspuffer an Zeit ein. So etwas Langweiliges wie einen Sicherheitspuffer hat es bei mir nie gegeben.

Erforsche ein eventuell zugrunde liegendes Bedürfnis

Horch in dich herein und schau, ob es tief vergraben ein ungestilltes Bedürfnis gibt, das durch die Kamikazeaktion befriedigt werden soll. Erinnere dich an Nicole, die erst so spät mit dem Lernen begonnen hat. Macht scheinbar keinen Sinn. Graben wir etwas tiefer, können wir entdecken, dass Nicole sich nach Anerkennung, nach Applaus für ihre bravourösen Taten sehnt. Wäre Nicole achtsam und liebevoll mit sich gewesen und hätte sie sich bereits im Vorfeld selbst Anerkennung geschenkt, hätte sie sich diese Zuwendung nicht auf so umständliche Weise erarbeiten müssen.

Wenn du ein Bedürfnis gefunden hast: Wie kannst du es selbst stillen? Tue es.

Wie löst dein Future Self diese Situation?

Für die Antwort dafür habe ich dir ab Seite 125 die Übung für das Future Self vorgestellt. Hier kann sich dein Future Self wunderbar austoben. Frag die beste Version von dir, wie sie die Situation für dich lösen würde. Du wirst überrascht sein, was sie für tolle Ideen hat!

Widme dich in der kommenden Zeit den analysierten Situationen mit der neuen Future-Self-Version

An sich auch selbsterklärend, aber zur Verdeutlichung fahren wir mit meinem Beispiel der Unpünktlichkeitsproblematik fort: Einmal in der Woche und zusätzlich täglich habe ich ein Augenmerk auf meine privaten Termine gelegt. Sind meine Zeiteinschätzungen realistisch? Waren sie zunächst nicht; ich habe immer wieder Rücksprache mit meinem Mann gehalten, um das zu lernen. Meine Freunde habe ich über mein Experiment aufgeklärt. Ich habe sie gebeten, nicht mehr so großherzig zu sein und mir meine Unpünktlichkeit übel zu nehmen. Dann ist etwas Spannendes passiert: Schon nach einiger Zeit klappte es mit der realistischen Zeiteinschätzung. Oft war ich pünktlich. Dennoch gab es in mir einen kleinen Schlawiner – wie ein kleines Teufelchen auf meiner Schulter –, der mir säuselnd zuflüsterte: »Sasja, es wäre doch echt viel lustiger, wenn wir nicht pünktlich wären. Ich hätte da noch eine ganz grandiose Idee, wie wir das verhindern könnten.« Das Teufelchen – das in Wahrheit niemand anderes als Fred (das Reptiliengehirn) ist, der aufs Heftigste revoltiert – erzählte mir von seinem grenzgenialen Plan. Mithilfe meines Future Self konnte ich – zugegebenermaßen unter großen Anstrengungen – die Klippen gerade rechtzeitig umschiffen. Was ich damit sagen möchte: Fred wird dein neues »langweiliges« Leben nicht kommentarlos hinnehmen. Im Gegenteil: Er wird auf die Barrikaden gehen und dir Honig ums Maul schmieren. Er wird *alles, wirklich alles* versuchen, damit dein Leben herrlich aufregend bleibt. Deine Aufgabe ist es, dich zugleich als Leaderin durch so etwas hindurchzuführen *und* liebevoll mit dir zu sein. Du darfst dir zugestehen, dass es schwierig ist.

Du kommst bei der Umsetzung deines Trainingsplans unter Druck? Du zweifelst daran, das Stressbewältigungsproblem in den Griff zu kriegen, und springst beinahe im Viereck? Hier kommt Hilfe zum Dampfablassen und Runterkommen in Form einer kleinen Übung.

Der Terminator

Wann die Übung hilft:

- In allen Zuständen von Dysregulierung – sowohl in der Übererregung als auch in der Untererregung
- Im Hyperarousal besonders gut geeignet

Was du lernst:

- Wie ich effektiv inneren Druck abbauen kann
- Wie stark ich bin
- Wie befreiend es ist, meine Stimme einzusetzen

Zeitdauer der Übung: 2 bis 3 Minuten
Schwierigkeitsgrad der Übung: simpel
Benötigte Utensilien: eine Wand oder ein Mensch, gegen den du drücken kannst
Die Übung kann nicht unterwegs durchgeführt werden.

Beschreibung:
Platziere dich wenige Schritte vor einer Wand. Am besten trägst du Schuhe, damit du beim Drücken nicht wegrutschst und hinfällst. Drück nun so fest du kannst gegen die Wand. Stell dir vor, dass du mit deiner Kraft die Wand verrücken oder durchbrechen kannst. Gib alles! Drück fest, noch fester – da geht noch etwas! Verbinde deine Kraftanstrengung gerne mit Geräuschen wie »argh«, »grrrrrrr« oder einem zischähnlichen Laut wie »chhhhhhh«. Der Laut an sich spielt keine Rolle, es geht nur darum, dass die Kraftanstrengung auch durch deine Stimme hörbar ist. Drück die Wand für mindestens 30 Sekunden. Stelle dich aufrecht hin und spüre nach.
Mache diese Prozedur für minimal drei Runden und schließe ab mit ausgiebigem Nachspüren.

Variante: Du kannst einen vertrauten Menschen bitten, die »Wand« zu spielen. Achte darauf, dass ihr euch nicht verletzt.

Der Freeze-Modus – wenn Fred die Stopp-Taste drückt

Zu Beginn ein kleiner Test für dich. Wie immer: Für jedes Ja gibt es einen Punkt. Merk dir die Anzahl für später; kurz vor Ende des Kapitels kommt die Auswertung.

Der Faultier-Test:

- Ich fühle mich oft wie taub und leer.
- Immer häufiger habe ich grüblerische und schwere Gedanken, die ich gar nicht loslassen kann.
- Mein Kopf, mein Gehirn fühlt sich wie vernebelt an. Ich kann schlecht denken.
- Ich bin sehr erschöpft und dauernd müde.
- Es fällt mir außerordentlich schwer, Entscheidungen zu treffen.
- Immer öfter überfallen mich Gefühle von tiefer Hoffnungslosigkeit.
- Es fällt mir zunehmend schwerer, mich zu konzentrieren oder mich auf eine Sache zu fokussieren.
- Mein Körper fühlt sich merkwürdig an, als würden Teile meines Körpers nicht zu mir gehören. Ich muss zum Beispiel meine Hand anschauen, um wirklich zu 100 Prozent zu wissen, dass meine Hand meine Hand ist.
- Mir ist öfter schwindlig.
- Prokrastination – also Dinge auf die lange Bank schieben –, das habe ich erfunden.
- Andere sagen von mir, dass ich in letzter Zeit wie ein nasser Sack sitze; Spannung und Vitalität sind meinem Körper verloren gegangen.
- Zu anderen Menschen fühle ich zunehmend eine schlechte Verbindung, so, als wären wir durch eine Glasscheibe voneinander getrennt.

- Ich funktioniere hauptsächlich auf Autopilot.
- Nein zu sagen, fällt mir schwer.
- Ich entschuldige mich ständig.
- Immer öfter schäme ich mich für mich selbst.
- Ich atme sehr flach.
- Meine Mimik und Gestik haben sich verändert und verringert.

Der Freeze-Modus ist eine der vier Stressreaktionen, mit der unser Nervensystem einer Bedrohung begegnet (siehe Seite 58): Fight (Kampf), Flight (Flucht) oder Freeze (Einfrieren). Ich habe die Stressreaktion des Einfrierens als »Faultier« klassifiziert. Faultiere sind nicht faul, sondern sie sind besonders gut an ihre Umgebung angepasst. Sie haben sich ein cleveres Energiesparsystem eingerichtet, um mit möglichst wenig Energie möglichst lange auszukommen. Warum? Faultiere verschlafen den Großteil des Tages. Sie bewegen sich ultralangsam: Um eine Wegstrecke von 100 Metern zurückzulegen, brauchen sie eine halbe Stunde. Sie ernähren sich täglich nur von einer Handvoll Blätter, Trieben und Früchten. Auch ihr Verdauungssystem ist äußerst verlangsamt – das Futter verbleibt für circa sechs bis sieben Tage im Magen. Das ermöglicht, dass sie nur einmal pro Woche ihren schützenden Baum verlassen, um zu koten. In der Nacht fährt das Faultier die Körpertemperatur um zehn Grad herunter.

All das sind clevere Maßnahmen, um Energien und Ressourcen zu schonen. So ähnlich machen wir als Menschen das auch, wenn wir keine Möglichkeit sehen, dem Stress durch Kämpfen oder Flüchten zu begegnen. Eine andere Variante ist, dass wir bereits so früh Traumata erfahren haben, dass Kämpfen oder Flüchten uns nicht zur Verfügung stand und wir stattdessen buchstäblich erstarrten.

Ich unterteile den Freeze-Zustand von seiner Schwere in drei verschiedene Stadien:

1. Die Prokrastination, umgangssprachlich »Aufschieberitis« genannt
2. Der »Ich bin nur zur Hälfte da«-Zustand
3. Der »Ich bin gar nicht mehr da«-Zustand

Die Prokrastination

Unter Prokrastination versteht man eine pathologische Störung, bei der eine Aufgabe extrem vertagt oder immer wieder unterbrochen wird, sodass die Fertigstellung der Aufgabe nur sehr schwer oder gar nicht möglich ist. Du erinnerst dich noch an das Lerndebakel von Nicole für das Physikum? Anstatt rechtzeitig mit dem Lernen anzufangen, fährt sie nach Köln, um dort Karneval zu feiern. Hier haben Fred und die gute Hysteria mal wieder ihre Finger im Spiel: Nicole hat eine solche Angst davor, durch das Physikum zu rasseln, dass sie das Lernen auf die lange Bank schiebt. Erst wenn der Zeitdruck ausreichend viel Adrenalin in ihr erzeugt, kann sie wieder in die Gänge kommen. Vorher ist sie einfach nur wie gelähmt.

In einer Studie aus dem Jahr 2018 fand das Team der Forscherin Carolin Schlüter aus Bochum heraus, dass sich die Gehirne von Aufschiebern und Menschen, die Dinge geradlinig durchziehen, unterscheiden: Zum einen ist bei den Aufschiebern die Amygdala im limbischen System stark vergrößert. Du erinnerst dich an den Rauchmelder, der Gefahr wittert, wo keine ist (siehe Seite 47)? Die abnorm große Amygdala führt dazu, dass Angst verstärkt wahrgenommen wird. Zudem ist die Zusammenarbeit mit dem dorsalen anterioren cingulären Kortex (auch ACC; einem Bereich im Neokortex) weniger stark ausgeprägt. Das führt dazu, dass man in Situationen, denen man ambivalent gegenübersteht, in eine Pattsituation gerät. Es geht nicht vor, es geht nicht zurück. Würde die Verbindung zwischen Amygdala und ACC korrekt funktionieren, könnte man unangenehme Handlungen leichter zu Ende bringen.

Zudem gibt es die Vermutung, dass bei Frauen eine erhöhte genetische Disposition zur Prokrastination vorliegen kann. Der bei Frauen natürlich erhöhte Östrogenspiegel scheint sie empfänglicher für Dopamin – das Belohnungshormon – zu machen. Dopamin verursacht unter anderem eine gesteigerte Ablenkbarkeit.

Ein paar Beispiele, wie sich die Prokrastination zeigt:

- Die Deadline für die Abgabe der Steuer ist am 31. Oktober. Du hast dir fest vorgenommen, es dieses Jahr ohne Säumniszuschlag zu schaffen. Am 31. Oktober hast du noch nicht einmal die Belege zusammengesucht.
- Für deinen Job sollst du einen aufwendigen Verkaufspitch mit Präsentation für den 15. Mai vorbereiten. Du hattest einen Monat Zeit dafür. In der Nacht zum 15. Mai sitzt du mit literweise Kaffee an deinem PC und stellst am nächsten Tag mit Augenringen den Pitch vor.
- Noch sechs Wochen, bis du mit deiner Familie umziehst. Doch anstatt Kisten zu packen, surfst du im Internet nach neuen Klamotten.
- Du hast einen Teil eines Hauses geerbt. Schon jetzt zeichnet sich am Horizont ein Streit mit den anderen Erben ab. Du solltest dringend ein klärendes Gespräch suchen, um den Hausverkauf voranzutreiben. Stattdessen verschwindest du klammheimlich in einen mehrwöchigen Urlaub.

Na, erkennst du dich wieder? Wie kann es sein, dass dir auf der einen Seite klar ist, was zu tun ist, es auf der anderen Seite aber eine unsichtbare Mauer gibt, die verhindert, dass du an dein Ziel kommst? Oder, noch schlimmer, dass du – anstatt die Aufgabe zu erledigen – dich in völlig unsinnigen Tätigkeiten verrennst?

Kapitulation nach der Übererregung

Wenn Prokrastination auftritt, heißt es im Umkehrschluss, dass vorher extrem viel Erregung, ja Übererregung da gewesen sein muss. Dein Körper sah sich nicht in der Lage, mit der Übererregung umzugehen, und ist aus der Übererregung in eine massive Untererregung gefallen. Warum warst du in der Übererregung? Weil die Erreichung des gewünschten, bewusst gedachten Ziels sich unbewusst nicht sicher angefühlt hat.

Für dein erwachsenes Ich klingt es super, die Steuer rechtzeitig abzugeben. Für dein inneres Kind – das sich mit Fred verbündet und Party macht – klingt das Wort »Steuer« wie ein ernst zu nehmender Säbelzahntiger: Was, wenn ich einen Fehler bei der Steuer mache? Was, wenn ich ganz viel nachzahlen muss? (Dass man das im Fall der Fälle sowieso tun muss, blendet das Gehirn zuverlässig aus.) Was, wenn ich zu blöd bin, um die Steuer zu machen? Wie doof, dass mich die Steuer daran erinnert, wie schlampig ich in Bezug auf wichtige Papiere bin! Das mag ich nicht fühlen!

Unbewusst ploppen viele unangenehme Gefühle wie Versagensangst, Minderwertigkeitskomplexe und Ähnliches angesichts des Ziels auf, die irgendwie zum Schweigen gebracht werden müssen. Hier greift dein Nervensystem auf den Mechanismus »Ich stelle mich ein bisschen tot« zurück, um nicht so viel spüren zu müssen. Das erinnert an das magische Denken von Kleinkindern: Wenn ich mir die Augen zuhalte, bin ich nicht mehr da. Das bekommst du als Erwachsene durch Verdrängung hin.

Warum noch mehr Härte und Disziplin nicht helfen

Schaut man sich im Internet um, gibt es viele »tolle« Tipps, wie man Prokrastination angeblich auflösen soll. Aus meiner Sicht: alles Bullshit.

Auf der Homepage einer Krankenkasse findet man zum Beispiel solche Tipps:

- Priorisieren Sie.
- Planen Sie Aufgaben konkret.
- Protokollieren Sie Ihr Arbeitstempo.
- Vermeiden Sie Störungen.
- Teilen Sie große Aufgaben in kleine.
- Belohnen Sie sich.

Nett, aber so, als würde man eine schimmelige Wand einfach weiß überstreichen. Auf den ersten Blick sieht es gut aus, löst aber nicht das

Problem. Wenn du berücksichtigst, dass es sich bei Prokrastination um den Ausdruck eines dysregulierten Nervensystems handelt, das gerade außer Rand und Band ist, bringt es nichts, dieses durch starre Regeln noch mehr zu überfordern.

Was würde helfen? Genau, das Nervensystem in einen regulierteren Zustand zu bringen, um dann zu schauen, was der Säbelzahntiger eigentlich ist.

Prokrastination auflösen

Wann die Übung hilft:

- Wenn du an massiver Aufschieberitis leidest

Was du lernst:

- Dass ich nicht faul oder unfokussiert bin, sondern mich mein Nervensystem in einen leichten Freeze-Modus versetzt, wenn ich mit unangenehmen Dingen konfrontiert werde
- Wie ich Dinge endlich durchziehe und dadurch stolz auf mich bin

Zeitdauer der Übung: 45 bis 60 Minuten
Schwierigkeitsgrad der Übung: mittelschwer
Benötigte Utensilien: Ruhe, Platz zum Schreiben, Zettel und Stift
Diese Übung lässt sich nicht unterwegs durchführen.

Beschreibung:

Du gehst in folgenden zehn Schritten vor:

Brain-Dumping von Drama-Situationen

Nimm ein großes Blatt Papier und schreib wild drauflos, welche Situationen es in deinem Leben gibt, in denen du unter Prokrastination leidest. Versuche nicht zu denken, sondern es aus dir herausfließen zu lassen.

Das kann so aussehen:

- Steuererklärung
- Deadlines, die unbedingt eingehalten werden müssen
- Rechnungen termingerecht bezahlen
- Aufräumen
- Arztbesuche

Ordne die Situationen in Kategorien

Untersuche diese Situationen genauer. Was ist dein Ausweichverhalten? Schreib es auf.

Eisenhower-Matrix

Die Eisenhower-Matrix ist ein Konzept, um die Dringlichkeit und Wichtigkeit von Aufgaben unterscheiden zu können.

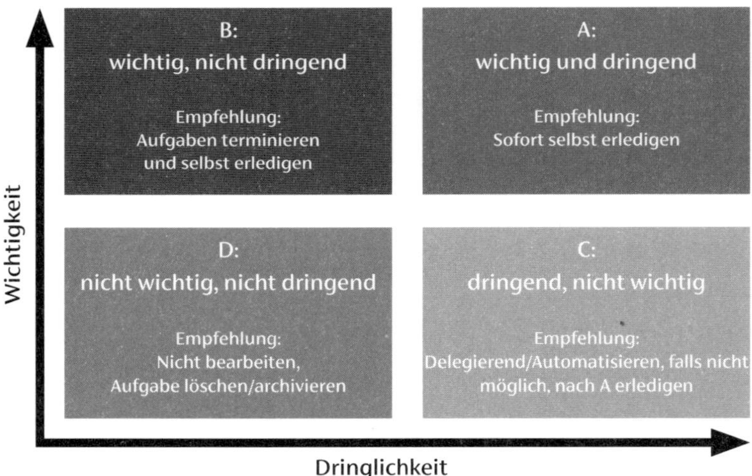

Male dir die Matrix auf ein Blatt und schütte alle Aufgaben, die in deinem Kopf hin- und herschwirren, aufs Papier. Bleibe realistisch: Dein erster Impuls wird sein, wirklich alles unter A zu kategorisieren. Aber ist wirklich alles so wichtig, wie du denkst?

Jetzt hast du eine klare Übersicht, welche Dinge wichtig sind und welche nicht.

Die Zauberfrage »Warum habe ich diese Situation kreiert?«

Pick dir nun eine A-Situation (wichtig und dringend) heraus. Diese A-Situation schreibst du auf ein neues Blatt Papier. Versuche, beim Schreiben in deinen Körper zu horchen, warum die Situation dir einen solchen Schrecken verursacht und wie er sich anfühlt.
Zum Beispiel ein Arztbesuch. Frage dich:

- Wovor hast du Angst?
- Ist der Arzt unfreundlich?
- Sind die Sprechstundenhilfen unfreundlich?
- Magst du es nicht, dort anzurufen und einen Termin zu vereinbaren?
- Ist der Fahrtweg dorthin für dich nervenaufreibend?
- Musst du lange in der Praxis warten und bist dort quasi »gefangen«?
- Hast du Angst, dass der Arzt dir eine schreckliche Diagnose verkündet?

Und so weiter.
Finde heraus, was dir so unglaubliche Angst macht. Schreib es auf. Werde sehr konkret und spezifisch.

Was ist die auslösende Situation, die dich im Hier und Heute triggert?

Wenn dir heute ein Zahnarztbesuch Angst macht, dann gibt es mit großer Wahrscheinlichkeit eine vergangene Situation, die unschön verlaufen ist. Vielleicht kannst du dich an einen furchtbaren Zahnarztbesuch in deiner Kindheit erinnern, bei dem man dir sehr wehgetan und dich dann auch noch angeschnauzt hat mit »Jetzt stell dich nicht so an!«.
Erkenne, dass du diese schreckliche Situation schon überstanden hast, du hast sie gemeistert! Und: Die Situation von heute hat mit damals nichts zu tun – es ist nicht dieselbe Situation. Zudem bist du heute groß und kannst ganz anders für dich sorgen.

Ist die Angst realistisch?

Nun schaust du ganz faktenorientiert, ob deine Angst wirklich begründet ist. Im Beispiel: Deine Angst ist, dass die Sprechstundenhilfen pampig mit dir umgehen. Zudem musst du mehrere Stunden auf deinen vereinbarten Termin warten – das erträgst du nur schlecht. Du bist sicher, dass die Schmerzen im rechten Backenzahn von einer Zahnwurzelentzündung herrühren und eine schmerzhafte Wurzelkanalbehandlung durchgeführt werden muss.
Sind diese Ängste wirklich realistisch? Sofern du keine Zahnärztin bist, wage ich zu bezweifeln, dass du einschätzen kannst, was deine Zahnschmerzen verursacht. Diese Angst ist nicht begründet beziehungsweise es lohnt sich nicht, die inneren Pferde scheu zu machen. Um das Problem kannst du dich kümmern, wenn es da ist.
Wie die Sprechstundenhilfen gelaunt sind, lässt sich schwer vorhersagen. Auch deine Erfahrung mit den langen Wartezeiten muss sich nicht mit hundertprozentiger Sicherheit wiederholen. Sei dir bewusst, dass du lediglich aufgrund deiner vergangenen Erfahrungen Vermutungen anstellst.

Im Akutfall: Körperübung zur Auflösung von Immobilisation

Je nachdem, wie sehr du innerlich vor der Bewältigung einer Aufgabe erstarrst, ist es notwendig, dich aus der Immobilisation herauszuholen. Das gelingt sehr gut mit folgenden Übungen, die du zum Teil schon kennst:

- Stift in der Handfläche bewegen (siehe ab Seite 43)
- Orientierung im Raum (siehe ab Seite 153)
- Wuuu-Tönen (siehe ab Seite 260)

Wahrscheinlich wirst du danach feststellen, wie viel Anspannung in deinem Körper feststeckt. Dazu empfiehlt sich eine Übung, in der du dich von der Energie befreist, wie:

- Abspacken (siehe ab Seite 113)
- Der Terminator (siehe Seite 133)

Wie kannst du es dir leichter machen?

Werde kreativ. Vielleicht »bestichst« du die Sprechstundenhilfen mit einer Pralinenbox. Du kannst in der Praxis anfragen und freundlich darum bitten, dass du kurz vor dem Termin anrufen darfst, um zu erfahren, ob du dich auf den Weg machen sollst oder ob du noch länger warten musst. Eine andere Idee ist, dass du ganz einfach den Arzt wechselst. Wäre auch eine Möglichkeit.

Erstelle einen Umsetzungsplan und setze ihn in Babyschritten um

Wie kommst du an dein Ziel? Wichtig ist, dass du dir einen kleinteiligen Plan erstellst mit Schritten, die du auch wirklich schaffen kannst. Wenn die Schritte zu groß sind, ist die Gefahr zu scheitern erhöht und das ganze Projekt verläuft im Sande.
So könnte ein Plan aussehen:

1. Öffnungszeiten heraussuchen
2. Öffnungszeiten mit deiner Arbeitszeit abgleichen: Wann könntest du dorthin gehen?
3. Überprüfen, ob du in ausweichendes Verhalten zurückfällst. Wenn ja: Körperübungen machen
4. Pralinenbox für die Sprechstundenhilfe kaufen
5. Eine Belohnung für dich ausdenken, die du dir nach dem Zahnarztbesuch gönnst
6. Eine Freundin bitten, dass sie »kontrolliert«, ob du beim Zahnarzt einen Termin vereinbart hast
7. Deine Belohnung organisieren
8. Dich für das Erstellen des Plans feiern
9. Am Abend vor dem Zahnarztbesuch richtig nett zu dir sein
10. Dich mit der Freundin zum Frühstück treffen und von dort zum Arzt gehen

Belohne und feiere dich

Ganz wichtig: Du wirst mit Sicherheit keine Meisterin darin sein, dich selbst abzufeiern. Es gibt wahrscheinlich einen inneren Dialog wie:

»Oh Mann, ich bin so bekloppt. Jeder normale Mensch kann zum Zahnarzt gehen.« Ja, das können bestimmt einige. Auf der anderen Seite gibt es aber auch viele Zahnärzte, die sich auf Angstpatienten spezialisiert haben. Wenn kein Bedarf dafür bestünde, hätten sich die Zahnärzte nicht auf Angstpatienten spezialisiert. Auch wenn es für manch anderen kein großes Ding ist, zum Zahnarzt zu gehen – für dich ist es das. Nimm dich ernst. Wenn du den Zahnarztbesuch geschafft hast, dann ist das ein Grund zum Feiern. Denn für dich *war* es eine riesige Hürde!

Der »Ich bin nur zur Hälfte da«-Zustand

Außer über Prokrastination kann sich der Freeze-Modus aber auch anders ausdrücken. Schauen wir noch einmal in Nicoles Leben.

Wenn Trauer dumpf macht

2013 verstirbt plötzlich Nicoles geliebte Oma. Sie war für Nicole immer der heimelige und sichere Hafen gewesen, in dem sie auftanken konnte. Im Gegensatz zu ihrer herrischen Mutter war Oma Tonnie, wie sie sie liebevoll nannte, überbordend *mit ihrer Liebe gewesen. Von ihr fühlte sie sich wahrhaftig geliebt. Sie durfte sich als kleines Mädchen fallen lassen und mit allem zeigen. Die Oma wärmte ihr mit einer Wärmflasche das kalte Bett vor. Wie gemütlich es war, ins warme Bett zu steigen! Bei Oma Tonnie durfte sie abends so lange aufbleiben, bis sie müde war; sie trug sie schlaftrunken ins Bett. Und die Omi bestrich ihr Frühstücksbrot immer mit extraviel Butter. Wie lecker! Nun ist Oma Tonnie tot. Nicole fühlt ein riesengroßes Loch in ihrer Brust. Keine zärtlichen Umarmungen mehr, keine cholesterinhaltigen Brote, keine 20-Euro-Scheine mehr, die ihr Omi verstohlen zusteckt, obwohl Nicole längst genug Geld verdient. Für Nicole ist mit Oma Tonnie ein Teil ihrer Kindheit mitgestorben. Anfangs fällt es Nicole gar nicht auf, dass irgendetwas in ihr anders ist. Freunde weisen sie darauf hin, dass sie seltsam abwesend ist, sich schlecht erinnern kann, was gerade gesprochen wurde. Sie scheint ein wenig entrückt zu sein – so als wäre sie gar nicht da. Auf die Frage »Wie geht es dir, Nicole?« kann sie nur schulterzuckend mit »Ich weiß es nicht« antworten. Sie hat das Gefühl für sich selbst verloren. Nicole ist verwirrt darüber, dass sie kein einziges Mal über den Tod von Oma Tonnie geweint hat. Eigentlich müsste sie doch traurig sein, aber irgendwie ist da einfach nichts. Ihr Körper fühlt sich merkwürdig wattig an, als wäre er unter Hunderten Schichten von Verband verpackt. Teilweise muss sie ihre Hand anschauen, um zu wissen und zu spüren, dass es ihre Hand ist und nicht eine fremde. Auch ihre Gefühle sind merkwürdig abgeflacht: Als wäre bei einem Foto die Farbe ausgeblichen. Sie ist zwar da, aber nur sehr blass. Sie bemerkt, dass es ihr unglaublich schwerfällt, den Fokus zu halten und sich zu konzentrieren. Oft ist sie irgendwo mit den Gedanken, nur nicht im Hier und Jetzt. Auch wenn Nicole ausreichend und gut schläft, fühlt sie sich dennoch erschöpft. Alles ist so anstrengend! Vielleicht arbeitet sie zu viel?*

Was der Blick aufs Nervensystem zeigt

In der Fachsprache nennen wir den Zustand Dissoziation. Es gibt ihn in verschiedenen schweren Ausprägungen, die gesund oder wie im hier gezeigten Fall von Nicole krankhaft sein können. Eine gesunde Form der Dissoziation finden wir beim Tagträumen: Man ist mit seinen Gedanken weit weg, während der Körper sich an Ort und Stelle befindet. Auch bei Tätigkeiten, die wir im Autopilot-Modus durchführen – wie zum Beispiel die tägliche Fahrstrecke zum Job –, schaltet das Gehirn in diesen Trance-Modus und spart auf diese Art Ressourcen.

Die Dissoziation rutscht bei diesen Symptomen ins Pathologische ab:

- Derealisation: Man hat das Gefühl, sich im dichten Nebel zu befinden; man ist wie in Watte gepackt. Die Welt kommt einem seltsam fremd vor.
- Depersonalisation: Man hat nur erschwert oder gar keinen Zugang mehr zu seinem Körper. Man spürt ihn nicht mehr, steht wie

neben sich. Man schaut seinen Körper an und fragt sich: »Bin das ich?!«

- Amnesie: Das Gedächtnis leidet, Erinnerungen verschwinden im Nirwana.
- Fugue: Filmriss. Man hat einen Abriss in seiner Erinnerung, befindet sich plötzlich an einem anderen Ort und kann nicht sagen, wie man dorthin gekommen ist.

Der Freeze-Zustand ist in der Trauersituation etwas ausgeprägter als in der Prokrastination. Nicole rutscht aus der Dysregulation der Untererregung immer näher an den Kollapszustand in der Untererregung heran. Die Beziehung zur Oma war eine der bedeutsamsten für Nicole. Nicoles Nervensystem greift auf einen bewährten und überlebenssichernden Modus zurück: Es stellt sich tot. Das gleicht dem Versuch, sich bei einem Orkan mit Windstärke 12 in ein stabiles Haus zurückzuziehen und den Sturm abzuwarten. Erst wenn der Sturm vorüber ist, wagen wir uns wieder aus dem Haus. Während des Sturmes hinauszugehen, würde unnötig wichtige Ressourcen vergeuden und ist zudem gefährlich. Nicoles System schützt sich vor dem Sturm, also der Trauer um die geliebte Oma, indem sie den Freeze-Zustand wie eine dichte Mauer um die Trauer packt. So muss sie ihre Trauer und auch die Zäsur, die der Verlust in ihrem Leben darstellt, nicht fühlen.

Die Ursachen der Untererregung

Doch nicht nur Trauer kann eine stärkere Form der Untererregung auslösen. Grundsätzlich alles, was für dein System unbewusst eine starke Bedrohung auslöst, kann dich zunächst in die Übererregung und von dort aus in die Untererregung bringen. Oder du landest sofort dort.

Hier zur Verdeutlichung ein paar mögliche auslösende Faktoren:

- Scheidung, Trennung vom Partner
- Tod des Partners oder einer nahestehenden Person
- Verlust des Arbeitsplatzes
- Extreme Arbeitsbelastung

- Diagnose oder drohende Diagnose einer schweren Erkrankung
- Kind wird flügge und verlässt das Haus
- Heirat
- Großer finanzieller Druck
- Schwerer Unfall

Dein System verfährt in der verstärkten Untererregung nach dem Motto »erst einmal Gras über die Sache wachsen lassen«. Es versucht, durch den Faktor Zeit die Chancen zu erhöhen, zukünftig über mehr Ressourcen zu verfügen, um adäquat mit der Bedrohung umgehen zu können.

Der »Ich bin gar nicht mehr da«-Zustand

Die höchste Stufe des Freeze-Modus ist noch drastischer als der »Ich bin nur zur Hälfte da«-Zustand. Schauen wir uns ein Beispiel an.

Nicole in der Erstarrung

Herbst 2009. Nicole sitzt auf ihrer Couch. Schon seit Stunden. Das TV dudelt vor sich hin. In der Küche surrt schon ewig der Backofen. Nicole wollte sich eine Pizza machen. Stattdessen verharrt sie, nachdem sie viel zu spät aufgestanden ist, in einer zusammengesunkenen Position auf der Couch. Ihr Pyjama ist fleckig, die Haare fettig, ihr Körpergeruch hat das Verfallsdatum längst überschritten. Es gibt nur einen Gedanken in ihrem Kopf: »Ich sollte aufstehen und endlich die Pizza in den Ofen schieben.« Stattdessen bleibt sie sitzen. Es wäre zu anstrengend aufzustehen, die Folie der Pizza zu entfernen, sie in den Ofen zu schieben und sie dann nach zwölf Minuten herauszuholen. »Ich bin so müde. Schlafen. Ich möchte nur noch schlafen. Dann wäre auch dieser elendige Tag vorbei«, denkt sie.

Vor zehn Wochen hat sich Ingo von ihr getrennt – der Mann, mit dem sie alt werden wollte. Jetzt ist er einfach weg, nach fünf Jahren Bezie-

hung. Nicole ist aus allen Wolken gefallen, als sie ihn mit einer anderen im Bett erwischt hat. Das war kein einmaliger Ausrutscher gewesen, nichts, »in das er nur hineingeschlittert war«. Nein, Ingo hatte bereits seit eineinhalb Jahren eine Geliebte. Wie konnte sie nur so dämlich sein und davon nichts mitbekommen? Wie einfältig und naiv war sie gewesen, dass sie ihm nicht früher auf die Schliche gekommen war? Trotz aller Wut und Enttäuschung fühlte sich ihr Herz an, als sei es in Tausende Stücke zerborsten.

Zunächst funktionierte sie noch und besuchte weiter die Vorlesungen. Allmählich hatte jedoch eine Schwere von ihr Besitz ergriffen, die sie dazu brachte, das Haus schließlich nicht mehr zu verlassen. Sie schläft zwölf Stunden, wacht völlig ermattet auf und kann sich tagsüber zu nichts aufraffen. Die Wohnung und sie selbst haben einen Messie-Zustand erreicht, was ihre Scham über die allgemeine Situation noch mehr verstärkt. Ihr ist einfach alles zu viel.

Was der Blick aufs Nervensystem zeigt

Man könnte meinen, dass Nicole einfach ein wenig Liebeskummer hat. Es erklärt aber nicht, wie sich aus der toughen Nicole zusehends ein Messie entwickelt, für den es eine unüberwindbare Herausforderung ist, eine Pizza in den Ofen zu schieben. Nicole ist in den Kollaps-Zustand der Untererregung gerutscht. Der absolute Freeze-Modus ist für sie die einzige Möglichkeit, wie sie der Trennung von Ingo, dem Verlust des Lebenskonzeptes, der Enttäuschung über den Verrat und der Frage, wie sie ohne Ingo weiterleben soll, begegnen kann.

Wenn wir uns den Freeze-Modus im Tierreich anschauen, wird deutlich, was hier passiert. Wenn du magst, such im Internet nach »impala collapsed immobility«. In den Videos, die erscheinen, siehst du ein scheinbar totes Impala, das von einem Geparden gerissen wurde. Um die Tierliebhaber unter uns gleich zu beruhigen: Das Video hat ein Happy End! Es wird an das Impala herangezoomt: Man kann keine Atmung beim Impala erkennen, die Augen blinzeln nicht und es ist keine Körperspannung zu sehen. Plötzlich wird der Gepard durch eine Gruppe von Hyänen gestört, die ihm die Beute streitig machen wollen. Der Gepard wird von den Hyänen verfolgt und in die Flucht geschlagen. Das Impala liegt mit weit aufgerissenen Augen reglos am Boden. Plötzlich geschieht das Wunder: Das Impala fängt stoßweise an zu atmen. Nach einigen Atemzügen richtet es sich halb auf und zittert über mehrere Sekunden. Dann springt es wackelig auf und rennt fröhlich in sein zweites Leben. Es ist dem Tod von der Schippe gesprungen!

Der Freeze-Modus als Notnagel

Du erinnerst dich bestimmt, dass Freeze nur benutzt wird, wenn Kämpfen oder Flüchten keine Aussicht auf Erfolg liefert. Es ist sozusagen der »Notnagel« für besonders schwierige Situationen. Es ist nicht die Variante, die dein Nervensystem automatisch als Erstes benutzt. Es gibt drei verschiedene Erklärungsansätze dafür:

Variante 1: Entwicklungstrauma

Vielleicht hat Nicole in den ersten drei Lebensjahren wiederholt schwere Bindungsabbrüche zu den ihr wichtigen Bezugspersonen erfahren und so ein Entwicklungstrauma entwickelt, das nachhaltige und in den meisten Fällen unentdeckte Schäden an ihrem Nervensystem hinterlassen hat. Das hat dazu geführt, dass sie ein kleineres Window of Tolerance als üblich entwickelt hat. In Stresssituationen fällt sie schnell aus dem resilienten Bereich des Window of Tolerance heraus und landet durch die frühkindliche Störung in der Dysregulation der Untererregung, dem Hypoarousal. Sobald der vom Nervensystem registrierte Stress für ihr System zu viel und zu übermächtig wird, zieht es den Stecker und veranlasst einen kompletten Shutdown.

An dieser Stelle ist es essenziell zu verstehen: Was für dein Nervensystem Stress bedeutet und was für dich Stress bedeutet, das sind zwei völlig unterschiedliche Paar Schuhe! Deine Ratio mag sagen: »Alles safe, hier sind wir sicher«, während sich dein Nervensystem auf das nächste Armageddon vorbereitet.

Variante 2: Schwere Traumata nach der Prägungsphase

Gehen wir davon aus, Nicole hatte die perfekten Eltern. Du weißt: Eltern sind alles andere als perfekt, so wie alle Menschen. Okay, aber geh davon aus, sie hätte perfekte Eltern gehabt: Eltern, die ihre eigenen Traumata aufgeräumt und unendlich viel an ihrer eigenen Entwicklung gearbeitet haben. Und dann haben sie Nicole als absolutes Wunschkind bekommen. Die Eltern konnten Nicoles Emotionen stets gut begleiten (siehe Seite 163). Sie haben sie darin bestärkt, zu 100 Prozent sie selbst zu sein. Sie haben sie geliebt, eben weil Nicole Nicole war – und niemand anderes.

Haha, genug Disney-Kitsch – meine Meinung ist, dass es solche Eltern nicht geben kann. Aber setzen wir den höchst unwahrscheinlichen Fall voraus, dass Nicole einer der wenigen Menschen auf der Welt ist, die nicht an einem Entwicklungstrauma leiden. Sie konnte ein perfekt nachgereiftes Nervensystem entwickeln.

Mit 20 Jahren erleidet Nicole einen schweren Autounfall, der sie fast das Leben kostet. Wochenlang liegt sie im Krankenhaus und es ist nicht klar, ob sie jemals wieder mit fließenden Bewegungen laufen wird. Sie arbeitet hart an ihrer Genesung. Irgendwann bemerkt niemand mehr, dass sie monatelang im Rollstuhl gesessen hat. Die körperlichen Schäden bekommt sie gut in den Griff. Die Verwüstung, die der Unfall im Nervensystem hinterlassen hat, hat jedoch (noch) niemand bemerkt. Als nun die Oma verstirbt, bricht das unbearbeitete Trauma mit voller Wucht wieder auf und versetzt Nicole in den Freeze-Modus.

Variante 3: Entwicklungstrauma plus weitere, spätere Traumata

Bingo! Bei dieser Variante hätte Nicole den absoluten Nieten-Jackpot gezogen. Das Entwicklungstrauma wirkt wie der besonders gut gedüngte Boden, auf der die Saat von weiteren Traumata bestens aufgehen kann. Nehmen wir an, dass Nicole bestens mit einem Entwicklungstrauma versorgt wurde: Die Mutter war emotional nicht verfügbar, der Vater brillierte ebenfalls durch Abwesenheit. Die Mutter hat narzisstische

Züge und schon früh musste Nicole lernen, sich um ihre Mutter zu kümmern, anstatt andersherum. Die Launen der Mutter waren wechselhaft; es konnte sich keine sichere Bindung zwischen ihr und Nicole entwickeln. In der Jugend reihte sich ein herausforderndes Ereignis an das nächste: Die Eltern ließen sich scheiden. Nicole entwickelte eine schwere Lungenerkrankung und ist immer wieder für mehrere Wochen im Krankenhaus. In der Schule wurde sie aufgrund ihrer gesundheitlichen Konstitution gemobbt. Mit 20 dann der Autounfall, der sie fast das Leben kostete.

Je instabiler das nervliche Fundament ist, desto leichter können dich spätere Ereignisse komplett umhauen. Die Trennung von Ingo war der Tropfen, der bei Nicole das Fass zum Überlaufen brachte. Ihr System wusste sich nicht anders zu helfen, als in den Kollaps-Zustand der Untererregung zu geraten. Sie entwickelte eine Depression. Bei anderen Menschen zeigt sich die Untererregung als Burn-out. Hinter beiden Erkrankungen versteckt sich ein äußerst dysreguliertes Nervensystem, das laut um Hilfe schreit.

Sonderfall körperliche Immobilisation

Ähnlich wie beim Impala gibt es auch bei uns Menschen im ausgeprägtesten Zustand des Freeze-Modus eine körperliche Immobilisation. Ist die äußere Bedrohung so massiv, dass wir wirklich oder gefühlt um unser Leben fürchten müssen, zieht das Gehirn komplett den Stecker: Du kannst dich nicht mehr bewegen. Du kennst Sprüche wie »Da war ich wie vom Blitz getroffen« oder »Ich war starr vor Angst«. Es ist kaum bekannt, dass diese körperliche Erstarrung nicht durch reine Willenskraft aufgelöst werden kann. Der Nucleus raphe – eine Schicht im Hirnstamm – unterdrückt im Fall einer massiven Bedrohung Flucht- und Wehrimpulse und erhöht auf diese Weise die Chance zu überleben.

Du erinnerst dich an das Credo in der Untererregung; es ist »Ich kann nicht mehr«. In der extremsten Form führt das »Ich kann nicht mehr« so weit, dass der Körper tatsächlich bewegungsunfähig ist. Kannst du dir vorstellen, wie schlimm es für Opfer von Gewalttaten oder Vergewaltigungen sein muss, wenn sie immer wieder folgenden Satz hören: »Ja, aber du hättest dich doch wehren können!«? Nein, verdammt noch mal, wenn die Untererregung so weit fortgeschritten ist, dann geht es eben nicht mehr! In meiner Familie habe ich in der Kindheit viel Gewalt beobachtet. Noch als Erwachsene bin ich zur Salzsäule erstarrt, wenn Menschen sich oder gar mich angeschrien haben. In solchen Momenten war ich komplett handlungsunfähig. Aus Sicht der Natur ein cleverer Schachzug: Ein Opfer, das sich nicht wehrt, befeuert den Jagdtrieb nicht mehr und erhöht so seine Überlebenschancen.

Der Weg aus dem Freeze-Modus als Lebensgefühl

Wie du aus dem Freeze-Modus herauskommst, hängt natürlich davon ab, welche Ursache beziehungsweise welche Variante bei dir vorliegt. Grundsätzlich lässt sich sagen, dass es darum geht, sukzessive dein Nervensystem zu regulieren und dadurch dein Window of Tolerance zu erweitern. Sehr wahrscheinlich gibt es aktuell einen großen Stressfaktor in deinem Leben, der dich zunächst in eine Übererregung hat kommen lassen, um dich dann in der massiven Untererregung feststecken zu lassen. Wenn du dich zum Beispiel in einer toxischen partnerschaftlichen Beziehung befindest, ist es gut und schön, dein WoT durch Übungen zu regulieren. Solange du aber deinen Partner nicht verlässt, wirst du den Stress, den du durch die Übungen abbaust, täglich durch das Zusammenleben mit deinem Partner wieder auffüllen. Das ist Sisyphusarbeit und macht keinen Sinn.

Die Auflösung deines Testergebnisses: Wie viel Faultier steckt in dir?

Du erinnerst dich an den Fragenkatalog am Anfang des Kapitels? Und hast dir die Anzahl deiner Ja-Antworten gemerkt oder sie notiert? Hier kommt die Auswertung.

Weniger als 5 Mal Ja: Es ist nicht sonderlich wahrscheinlich, dass du dich im Hypoaurousal-State des Window of Tolerance befindest. Herzlichen Glückwunsch!

Mehr als 5 bis zu 11 Mal Ja: Je näher du an den elf bist, desto wahrscheinlicher ist es, dass du zumindest Tendenzen für den Hypoarousal-State des Window-of-Tolerance-Bereichs aufweist. Das ist kein Grund, die Pferde scheu zu machen. Dennoch könntest du dich von einer Fachperson untersuchen lassen. Tägliche Körperübungen sind gut geeignet, um das Nervensystem in einen regulierten Zustand zurückzuversetzen. Zusätzlich darfst du herausfinden, was in deinem Leben dir so viel Kraft und Energie abverlangt.
12 Mal Ja und mehr: Es ist sehr wahrscheinlich, dass du dich im Hypoarousal-Bereich des Window of Tolerance befindest. Ich bitte dich, eine geeignete Fachperson wie einen Psychiater oder Psychologischen Psychotherapeuten zurate zu ziehen und deinen Zustand einschätzen zu lassen. Im Anhang findest du wertvolle Anlaufstellen dafür.

Ein kleines Wort zur Ermunterung: Auch ich hatte »das große Los« gezogen. 2017, bevor ich Somatic Experiencing begegnete, hätte ich bei dem Test mindestens 15 Punkte abgestaubt. Heute, durch das beständige Üben und Arbeiten mit dem Nervensystem, komme ich auf zwei Punkte. Ich hoffe, das entspannt dich ein wenig. Wie du an meinem Leben siehst: Auch in diesem ganzen Mist können Goldnuggets versteckt sein. Wenn das für mich gilt – warum dann nicht auch für dich?

Und um dem näher zu kommen, übst du an dieser Stelle am besten gleich weiter die Regulierung deines Nervensystems …

Orientierung im Raum

Wann die Übung hilft:

- Die *beste* Übung im Hypoarousal
- Wenn du ein wattiges Körpergefühl hast, dich wie im Nebel fühlst
- Wenn du Schwierigkeiten hast, klar denken zu können
- Wenn du dich von deinem Körper getrennt hast und ihn nicht mehr wahrnehmen und spüren kannst
- Wenn du dich gerade unsicher mit dir oder/und deinem Körper fühlst

Was du lernst:

- Ich kann mir selbst Sicherheit verschaffen.
- Auch wenn frühere Anteile von mir unsicher waren – jetzt bin ich sicher, weil ich erwachsen bin.
- Ich bin fest verwurzelt im Hier und Jetzt.
- Es gibt einen Unterschied zwischen meinem Reptiliengehirn, das oft Gespenster und Monster sieht, und mir. Wir beide sehen die Welt durch unterschiedliche Brillen.
- Ich kann mein Reptiliengehirn im übertragenen Sinne an die Hand nehmen und es beschützen.

Zeitdauer der Übung: 3 bis 5 Minuten
Schwierigkeitsgrad der Übung: simpel
Benötigte Utensilien: keine
Die Übung kann auch unterwegs durchgeführt werden.

Beschreibung:
Setz dich an einen sicheren Ort deiner Wahl. Das kann ein Stuhl sein, die Couch, der Fußboden oder dein gemütliches Bett. Kuschle dich gern in deine Lieblingsdecke.
Stell dir vor, dass du in dem Raum, in dem du dich gerade aufhältst, zum allerersten Mal bist. Ein wenig mit der Attitüde, als ob du mit einem Makler zusammen deine Traumwohnung anschaust. Obwohl du vielleicht schon Tausende Male in deinem Wohnzimmer warst, schaust du dir die Beschaffenheit der Tapete an, entdeckst mögliche Spinnweben, Flecken, Muster et cetera. Nun lässt du extrem langsam, wie in Zeitlupe, deinen Kopf durch den Raum gleiten. Du bewegst dabei sowohl deine Augen als auch deinen Kopf sehr langsam. Fast so, als würde man ein Slow-Motion-Video von dir drehen. Während du den Blick durch den Raum schweifen lässt, untersuchst du penibel genau die Objekte in dem Raum.
Als Beispiel verwende ich einen Tisch, der sich in dem Raum befindet: Wie sieht der Tisch aus? Aus welchem Material besteht er?

Welche Farbe hat er? Wie groß ist er? Auch wenn du den Tisch schon Tausende Male gesehen hast, nimm die Haltung »Ich sehe den Tisch zum ersten Mal in meinem Leben« ein. Wie ein kleines Kind, das völlig im Moment ist und Dinge sehr bewusst wahrnimmt. So lässt du deinen Blick sehr gemächlich durch den Raum wandern, hältst inne bei bestimmten Objekten, schaust sie dir sehr intensiv an. Es gibt keine Eile, nimm dir wirklich Zeit.
Versuche, in alle Richtungen zu schauen. Du schaust nach vorn, nach links, nach rechts, nach hinten, nach oben und sogar unter dich. Erinnere dich zwischendurch daran, wie wohltuend es ist zu atmen.
Wenn du geübt bist, kannst du diese Übung an so gut wie jedem Ort umsetzen: Beim Warten an der Bushaltestelle, in der Schlange an der Supermarktkasse und so weiter. Ich kann dir versprechen: Du wirst überrascht sein, wie wohltuend diese Art des Schauens ist.

Wichtiger Tipp: Die Übung ist eine wunderbare SOS-Übung für akute Notfälle. Unterstützend kann dabei sein, wenn du dir innerlich oder sogar laut sagst: »Ich bin hier sicher.«

Oh nein, Gefühle – schnell weg!

Ohne Emotionen kann man Dunkelheit nicht in Licht und Apathie nicht in Bewegung verwandeln.
Carl Gustav Jung, Psychiater

Jedes Lob ist zu viel

Die wöchentliche OP-Besprechung im Krankenhaus. Der Oberarzt, der sonst eher für einen harten und rüden Ton bekannt ist und nach dem Motto verfährt »Nicht geschimpft ist schon genug gelobt!« verfährt, hebt Nicoles Leistung besonders hervor. »Nicole, du bist unser bestes Pferd im Stall. Wie du die Komplikationen bei Herrn Maier in den Griff bekommen hast – Respekt!« Das Blut weicht Nicole aus dem Gesicht, ihr Atem stockt. So etwas wie Aufregung durch Überforderung macht sich in ihr breit. Wie im Himmel sollt sie darauf bloß reagieren?! Blitzschnell irren ihre Gedanken im Kopf wild hin und her. Ha, da ist es! Hier passen Dankbarkeit und ein Hauch von Scham. Das ist, was »normale« Menschen in solchen Situationen fühlen. Das hatte sie schon öfter beobachtet. Okay, wie geht Dankbarkeit? Wie geht Scham? Hektisch kramt Nicole in ihrem Kopf nach Ausdrücken von Dankbarkeit. Bei Dankbarkeit lächelt man. Die Augen werden weich. Man grinst wie ein Honigkuchenpferd auf Ecstasy. Puh, das hatte gut geklappt! Aber wie zum Teufel geht Scham? Ha, sie hat eine gute Idee: Lady Diana war immer so gut in Scham gewesen. Da gab es dieses eine Bild von ihr, der Kopf schräg, etwas Röte auf den Wangen, den Blick nach unten geneigt. Okay, Scham demonstrieren. Wie gut, dass sie eine so gute Gefühlsschauspielerin ist. Das ist eine oscarwürdige Vorstellung! Nicole atmet mit einem tiefen Seufzer aus. Zum Glück merkt niemand, dass sie Gefühlslegasthenikerin ist. Zum Glück merkt niemand, dass sie ihre Gefühle nicht fühlt, sondern nur denkt. Mittlerweile fällt ihr das Schauspielern von Gefühlen so leicht, dass sie in einigen Augenblicken selbst glaubt, ihre Gefühle seien echt. Aber im Grunde genommen weiß sie: Meine Gefühle sind nur Fake.

Es gibt aber Momente, in denen sie Gefühle in all ihrer Intensität fühlt. Dumm nur, dass sich diese Gefühle nicht nett anfühlen. Sie machen ihr große Angst. Es fühlt sich an, als würde sie ein Gefühl wie eine Welle verschlucken und nicht mehr hergeben. Sie befürchtet, die Kontrolle zu verlieren und in Panik zu geraten. Worüber sie die Kontrolle verliert ... Das weiß sie selbst nicht.

Was der Blick aufs Nervensystem zeigt

Für manche ist die Welt der Gefühle eine unbekannte und angstmachende Welt. Wie für Nicole. Nicole fürchtet ihre Gefühle wie der Teufel das Weihwasser. Warum ihr Gefühle so panische Angst bereiten? Das kann sie gar nicht so genau sagen. Denn immer wenn sie an Gefühle denkt und warum sie ihr so Angst machen – dann hört Nicole einfach auf zu denken. Nie hat sie bisher logisch und rational reflektiert, was denn so erschreckend an diesen Gefühlen ist. Nie hat sie sich die Frage gestellt, was schlimmstenfalls passieren könnte, wenn sie doch fühlen sollte. Gefühle sind schlimm. Punkt. Sie machen Angst und komische Dinge im Körper: Ihr Herz schlägt ihr zum Beispiel bis zum Hals. Und das macht sie noch ekelhafter.

Gefühle über die Ratio lenken

Nicole hat herausgefunden, dass es viel einfacher ist, Gefühle zunächst im Kopf zu denken, um sie anschließend zu fühlen. Der Umweg über den Kopf verpackt ein Gefühl in Zuckerwatte. Plötzlich hat es nicht mehr diese Intensität. Das Gefühl lässt sich händeln. Es lässt sich nach Belieben an- und ausschalten.

Das ist die gute Seite der Medaille. Die schlechte Seite der Medaille an ihrem Umgang mit Gefühlen, die sie gern ausblendet, ist, dass sie sich manchmal wünscht, echte Gefühle zu fühlen. Als die Kinder zum Beispiel noch klein waren und sie sie abends zu Bett gebracht, sich an sie gekuschelt und sie ihnen eine Gutenachtgeschichte vorgelesen hatte, da hatte sie sich gewünscht, dass ihr Herz überquillt vor Liebe. Dass die Liebe jede Faser ihres Körpers erfasst und sie in diesem Gefühl badet. Denn genau das hat sie bei anderen Müttern beobachtet. Selbst ihr Mann Robert kann das. Wenn andere von der Liebe zu ihren Kindern erzählen, dann klingt es so, als würden Weihnachten, Ostern und die Lieferung der heiß ersehnten Birkin-Bag auf einen Tag fallen. Bei ihr gibt es nur dieses leichte Ziehen in der Brust. Sie kann ihren nagenden Zweifel nicht abstellen, dass sie irgendetwas anders macht beim Fühlen als der Rest der Menschheit.

Auf der anderen Seite ist sie höchst emotional: Kein einziges Mal kann sie *Titanic* schauen, ohne an den traurigen Stellen in Tränen auszubrechen. Es ist ihr auch nicht möglich, Dokumentationen über hungernde Kinder in Afrika anzuschauen. So etwas öffnet automatisch und hemmungslos ihren Tränenkanal. Selbst Nicole ist der innere Widerspruch aufgefallen: Für Menschen und Dinge, mit denen sie nichts zu tun hat – da hat sie Gefühle und kann sie aushalten. Nur in ihrem eigenen Leben, in ihrem direkten Umfeld, da gehen Gefühle überhaupt nicht. Das ist doch irgendwie merkwürdig?

Nicole und die Gefühle durch die Nervensystem-Brille betrachtet

Lass uns überprüfen, warum Nicole zu einer »Gefühlsdenkerin« geworden ist. Die merkwürdige Gefühlswelt von Nicole nennt sich im Fachjargon Alexithymie. Es wird mit »Gefühlskälte« oder »Gefühlsblindheit« umschrieben. Den Betroffenen fällt es schwer, eigene Gefühle zu entdecken, und noch schwieriger, sie in Worte zu fassen. Häufig findet sich eine schwächere Abstufung der Alexithymie im Rahmen einer Depression. Menschen, die an einer Depression leiden, berichten, dass sie ihre ursprüngliche Gefühlsintensität nicht mehr wahrnehmen können. Besonders fällt der Verlust von Freude ins Auge. Es ist so, als wären alle Gefühle, die einmal in bunten Farben daherkamen, plötzlich mit einem Grauschleier überzogen.

Ist Nicole depressiv? Leidet sie an Alexithymie? Nein. Was ich hier beschreibe, ist eine in der Kindheit erlernte Selbstschutzstrategie, um mit Gefühlen umzugehen und sie aushalten zu können. Ich erinnere an die Zauberfrage im Somatic Experiencing:

Was musstest du früher lernen, um jetzt Symptom XYZ zu haben?

Die Eltern als Rollenvorbilder für den Umgang mit Gefühlen

Nicoles Eltern stritten sich oft. Der Vater wurde wegen Kleinigkeiten häufig wütend. Seine Wut konnte er nur so ausagieren, dass er seine Frau wüst anschrie. Die Mutter versuchte sich zwar verbal zu wehren, doch letztendlich gab sie immer klein bei. Nach einem Streit weinte sie. Insgeheim war sie sauer auf sich selbst, dass sie sich so wenig verteidigt hatte, dass sie keine Grenze gesetzt hatte. Die Beobachtungen, die Nicole in ihrer Kindheit in Bezug auf Gefühle wie ein trockener Schwamm aufsog, waren diese:

- Papa hat Gefühle – das macht Mama und mir Angst.
- Mama machen Gefühle traurig.
- Gefühle sind dolle schlimm.
- Wenn Mama und Papa streiten, dann haben sie sich nicht mehr lieb.
- Wenn Mama und Papa sich streiten, dann bin ich Luft für sie. Sie kümmern sich nicht mehr um mich.

Nicole hatte also zwei schlechte Beispiele in ihrem direkten Umfeld dafür, wie man mit Gefühlen umgeht. Weil sie noch nicht in der Lage ist, ihre Eltern infrage zu stellen, zieht sie den falschen Schluss: Gefühle machen Probleme. Sie kann nicht erfassen, dass ihre Eltern das Problem sind, da sie einen schlechten Umgang mit ihren Gefühlen pflegen.

Gut gemeint und nicht gut gemacht

Ein strahlender Sommertag 1990. Nicole trägt ihr Lieblingskleid: das mit den großen roten Blumen und den lustigen Volants am Rocksaum. Die Vögel zwitschern und Nicole lacht mit der Sonne um die Wette. Heute wollen sie und ihre Eltern den ersten Ausflug mit dem pinkfarbenen Fahrrad machen, das sie zum sechsten Geburtstag geschenkt

bekommen hat. Ein wenig Bammel hat sie schon, denn Papa hat gerade erst die Stützräder entfernt. Begeistert und übermütig fahren sie los. Plötzlich verliert Nicole das Gleichgewicht, kommt ins Schlingern. Schwups – da liegt sie schon auf dem Asphalt. Ihr Knie ist blutig. Kleine fiese Steinchen stecken in der Wunde. Sofort kommt die Mutter herbeigeeilt und versucht, Nicole zu trösten, die bitterlich weint. »Mein Knie! Es tut so weh. Oh nein, das Kleid ist zerrissen!«, schluchzt sie.
Die Mutter: »Ist doch gar nicht so schlimm, soll ich ganz fest pusten?«
Die Mama pustet feste auf Nicoles Knie. Doch der Schmerz bleibt. Nicole fängt erneut an zu schluchzen. »Es tut so weh, Mama! Und mein wunderschönes Kleid – es ist kaputt!«
»Jetzt stell dich nicht so an. Das Kleid kann ich reparieren.«
Zögerlich steht Nicole auf; erneut fährt ihr ein stechender Schmerz ins Knie. »Aua, mein Knie ist gar nicht heile!«
Die Mama: »Komm, jetzt ist alles gut. Du kannst dir gleich im Eiscafé auf den Schrecken ein extragroßes Eis bestellen, ja? Wenn du nicht sofort aufhörst zu weinen, dann lassen wir solche Ausflüge in Zukunft!«

Was als Tröstungsversuch gut gemeint ist und täglich und überall auf der Welt in bester Absicht passiert, ist in Wahrheit – bei ständiger Wiederholung – pures Gift für eine kleine, zarte Kinderseele. Denn was lernt Nicole? Sie lernt: Ich habe verschiedene Gefühle (Schmerz über das verletzte Knie und Traurigkeit über das kaputte Kleid). Diese Gefühle stehen jedoch im krassen Widerspruch zur Aussage der Mutter. Sie behauptet, dass der Schmerz nach dem Pusten weg ist. Auch würdigt sie die Traurigkeit über das versehrte Kleid nicht, sondern versucht, von der Traurigkeit abzulenken. Genauso hat der Schreck über den Unfall keinen Platz, eine mögliche Scham über den Sturz ebenso wenig.

Was Nicole lernt:

- Meine Gefühle stimmen nicht.
- Vor Gefühlen muss man wegrennen, weil sie so schrecklich sind.
- Ich kann mir nicht trauen, weil ich meinen Gefühlen nicht trauen kann.

- Ich bin anstrengend, wenn ich Gefühle habe und nicht so, wie sich meine Eltern mich wünschen.
- Etwas mit mir stimmt nicht, wenn ich Gefühle habe.
- Ich bin falsch, wenn ich Gefühle habe.

Kontakt- und Beziehungsabbruch der Eltern in Gefühlssituationen

»Jetzt reicht es aber! Geh sofort auf dein Zimmer! Wenn du artig und nicht mehr so wütend bist, wenn du dich wie ein großes Mädchen benimmst, dann kannst du wieder herunterkommen. Ich bin enttäuscht von dir!« Erschrocken schaut Nicole ihren Vater an. Es verschlägt ihr den Atem. Mit hochrotem Kopf steht er mit mahnendem Zeigefinger vor ihr. Dabei hatte sie doch nur lautstark bekundet, dass sie die eklige Leberwurst zum Abendbrot nicht essen wollte. Mit hängenden Schultern tapst Nicole in ihr Zimmer und weint bittere Tränen.

Was Nicole durch solche Situationen lernt:

- Wenn ich starke Gefühle habe, bricht möglicherweise die Bindung zu meinen Eltern ab.
- Wütend sein ist nicht erwünscht: Es ist unartig.
- Wütend zu sein, entspricht dem Verhalten von kleinen Kindern. Nicole ist kein Baby mehr – sie ist schon sechs!
- Ich bin eine Enttäuschung für meinen Vater durch meine Gefühle.

Ich finde es ziemlich clever von Nicole, dass sie zu einer Gefühlsdenkerin wurde. Es war die beste Möglichkeit, in dem gefühlsfeindlichen Umfeld zu überleben.

Die Geburt eines Gefühlsdenkers

Wenn Eltern so wie Nicoles Eltern mit den Gefühlen von sechsjährigen Kindern umgehen, sie kleinreden oder die Verbindung abbrechen, dann wird die nächste Gefühlsdenkerin geboren. Es ist nicht wahrscheinlich, dass diese Eltern wahre Meister im Umgang und in der Begleitung von Gefühlen sind.

Was heißt das für Nicoles Nervensystem? Zu einer Zeit, in der sie stabile Eltern so dringend gebraucht hätte, um ihre Gefühle zu begleiten (siehe Seite 163) – da gab es keine Eltern, die diese Rolle übernommen haben. Nicole war in Gefühlssituationen auf sich allein gestellt und musste sich mehr schlecht als recht durchmanövrieren. Zur Erinnerung: Bis zum Ende des dritten Lebensjahres fehlt der Parasympathikus. Nicole kann sich also nicht selbst beruhigen. Das heißt, Nicole wird früh gelernt haben, die Stressreaktion Freeze in emotionalen Situationen abzurufen (da Fight und Flight keine Aussicht auf Erfolg liefern). Das wird zu einem Muster: Ein Gefühl kommt, schwups, Freeze darübergelegt wie einen Tarnumhang, Gefühl ist weg.

Zudem sind unsere Eltern wahre Götter, bis wir etwa sechs Jahre alt sind. Alles, was unsere Eltern sagen, ist die reine Wahrheit für uns. Erst mit dem Eintritt in die Schule fängt der guruähnliche Status der Eltern an zu bröckeln.

Wie zeigt sich nun der erlernte falsche Umgang mit Gefühlen in der Kindheit in Nicoles Erwachsenenleben?

Probleme, Gefühle als solche zu erkennen

Nicole wird Schwierigkeiten haben, Gefühle zu identifizieren. Denn sie hat schon früh ein ausgeklügeltes System entwickelt, um ihren Gefühlen zu entkommen. Untermieter Fred schreit sie schon beim Hauch eines Gefühls lautstark an, da sie gelernt hat, dass Gefühle eine Bedrohung sind. Durch das jahrzehntelange beständige Training vollzieht sich der Prozess rasend schnell und komplett unbewusst.

Probleme, den eigenen Gefühlen zu trauen

Dadurch, dass Nicoles Gefühle – wenn auch wohlwollend und in bester Absicht – von den Eltern immer wieder infrage gestellt wurden, misstraut sie ihnen. Sofern sie ein Gefühl für sich registriert, ist sie sich nicht sicher, welchen Aufkleber sie diesem Gefühl verpassen darf. Ist Traurigkeit wirklich Traurigkeit? Oder ist es nicht doch Wut?

Probleme, schlechte Gefühle auszuhalten

Nicole hat gelernt, dass es gute Gefühle gibt. Ein paar wenige wie Freude oder Liebe. Sie hat aber auch gelernt: Viele Gefühle sind schlecht – Trauer, Wut, Ärger, Neid oder Eifersucht. Das führt zu einer großen Verunsicherung im Zusammenhang mit Gefühlen. Also wieder ein wichtiger Grund, den eigenen Gefühlen aus dem Weg zu gehen.

Probleme, sich Gefühle zu erlauben

Nicole lernte, dass bestimmte Gefühle in gewissen Situationen nicht angemessen sind. Immer wieder hat ihr das Umfeld bestimmte Gefühle versagt und ihr zu verstehen gegeben, dass zum Beispiel Traurigkeit nicht angebracht ist. Daher entwickelte Nicole unbewusst einen Maßstab, wann welches Gefühl erlaubt beziehungsweise nicht erlaubt ist. Viele Gefühle – wie zum Beispiel Wut – ziemen sich nicht für sie als Mädchen und so später nicht als Frau. Als Erwachsene kennt Nicole Wut nicht. Sie bricht lediglich unvermittelt und heftig aus ihr heraus, wenn sie überfordert ist und sich nicht anders zu helfen weiß.

Angst vor den eigenen Gefühlen

In Nicoles Kindheit wurden ihre eigenen Gefühle von den Eltern nicht adäquat begleitet. Das nährte eine unterschwellige Angst vor Gefühlen. Das schlechte Vorbild der Eltern, die immer wieder von ihren eigenen Gefühlen überrollt wurden, tat sein Übriges. Kein Wunder, dass Nicole unbewusst Gefühle unter Generalverdacht stellt und sie als potenziell bedrohlich und gefährlich einstuft.

Gefühle begleiten – wie geht das?

Einige Male habe ich den Ausdruck »Gefühle begleiten« benutzt. Du fragst dich sicherlich, was das sein soll. Es ist die Grundidee der sogenannten bedürfnisorientierten Begleitung von Kindern. Die bedürfnisorientierte Begleitung oder Erziehung wird im Englischen »Attachment Parenting« genannt, was den Charakter der Erziehungsmethode schön verdeutlicht: Der Fokus liegt auf der Bindung, die kontinuierlich gestärkt und verfeinert werden soll. Diese Bindung ermöglicht der Mutter, auf die Bedürfnisse des Kindes gut eingehen zu können. Falls du keine realen Kinder hast, solltest du dennoch weiterlesen, denn ein Kind hast du: dein inneres Kind. Und auch dafür vollbringt die bedürfnisorientierte Begleitung wahre Wunder!

Die Grundidee ist, dass kein Kind ein Tyrann ist, der manipulieren oder austesten möchte. Nein, Kinder haben Bedürfnisse. Aufgrund ihres Alters sind sie meist noch nicht dazu in der Lage, sie eigenständig zu erfüllen, und sind so auf die Hilfe von uns Erwachsenen zwingend angewiesen. Gefühle sollen nicht »weggemacht« werden, sondern die Eltern sollten sie als Leuchttürme für das Kind begleiten. Hier ergibt sich oft die Problematik, dass Erwachsene mit ihren eigenen Gefühlen überfordert sind und von denen des Kindes derart getriggert werden, dass sie dazu nicht mehr in der Lage sind. So entwickelt sich zum Beispiel die abwesende Mutter (siehe Seite 84).

Wir kehren noch einmal zu Nicoles Fahrradsturz zurück. Was hätte ihre Mama besser machen können?

»Oh Nicole, da bist du aber sicherlich sehr erschrocken, dass du gestürzt bist.« –Äußerung der Spiegelung des beim anderen wahrgenommenen Gefühls.

»Das muss aber wirklich wehtun. Dein Knie blutet – und die vielen Steinchen in der Wunde.« – Äußerung von Mitgefühl; Signal: »Ich sehe dich, ich verstehe dich und ich fühle mit dir.«

»Soll ich dich mal ganz fest in den Arm nehmen? Was brauchst du von mir?« – Signal: »Ich bin bei dir. Das stehen wir gemeinsam durch und ich als Erwachsene passe gut auf dich als Kind auf.«

»In meiner Tasche habe ich eine Flasche Wasser. Ich hole sie und dann säubern wir die Wunde.« – Lösung anbieten.

»Das kann ich gut verstehen, dass du traurig bist wegen des kaputten Kleides.« – Validierung des Gefühls: »Dein Gefühl stimmt und ist richtig.«

»Es ist okay, dass du traurig bist. Lass uns einfach einen Moment hier sitzen und traurig sein.« – »Ich als Mama kann es aushalten, wenn du traurig bist. Das ist für mich kein Grund, aus dem Kontakt mit dir zu verschwinden.«

Falls dich das Thema Attachment Parenting näher interessiert, findest du im Anhang weitere Informationen dazu.

Wenn ich denke, brauche ich nicht zu fühlen

Nicht umsonst ist Nicole Ärztin geworden. Sie liebt ihren brillanten Verstand. Denken macht sie so richtig glücklich. Darum liebt sie es auch, sich fortzubilden, schlaue Podcasts zu hören oder anderweitig Gehirnakrobatik zu betreiben. Warum? Weil Denken eine weitere Masche von ihr ist, sich nicht in ihren Gefühlen zu verheddern und ihnen bedrohlich nahe zu kommen.

Hast du Lust auf ein kleines Experiment? Denk an eine gefühlsgeladene Situation, die du in den letzten Tagen erlebt hast. Du warst vielleicht wütend oder traurig oder aber sehr freudig. Versetz dich in den Moment, an den du dich gerade erinnerst, zurück. Jetzt horche in deinen Körper hinein. Was verändert sich in deinem Körper durch die Erinnerung? Wo im Körper kannst du eine Veränderung wahrnehmen? Es könnte zum Beispiel sein, dass du eine Schwere im Bereich des Brustkorbs beobachtest. Einen Druck, der dir die Luft zum Atmen nimmt. Es könnte natürlich auch etwas ganz anderes sein. Konzentriere dich intensiv darauf, was du in deinem Körper entdecken kannst. Schau es wie mit einem Vergrößerungsglas genau an. Wahrscheinlich wird sich die Empfindung dadurch verstärken.

Wenn du jetzt beschreiben müsstest, was du an dem Tag zu Abend gegessen hast: Was war es? Wie hat es geschmeckt? Auf welchem Teller hattest du es angerichtet?

Horche erneut in deinen Körper: Ist noch irgendetwas von der Körperempfindung von eben übrig? Ich wette: nein.

Denken und fühlen gleichzeitig – das geht nicht so wirklich gut zusammen. Unbewusst hast du das als Gefühlsdenkerin für dich erkannt und dir als Superwaffe zu eigen gemacht. Du bist halt ganz schön clever!

Von der Gefühlsdenkerin zur souveränen Meisterin der Emotionen

Du kannst es dir schon vorstellen: Auch ich war so eine Gefühlsdenkerin. War! Heute fällt mir der Zugang zu meinen Gefühlen leicht. Teilweise kann ich gar nicht mehr nachvollziehen, warum ich jemals so große Schwierigkeiten hatte, Gefühle zu fühlen.

Was ist nun das Geheimnis für eine reiche Gefühlswelt, für tiefe Gefühle? Es ist so simpel, dass ich mich kaum traue, es aufzuschreiben: Du fühlst Gefühle. Im Körper. Ende der Geschichte. Du brauchst keinen ausgeklügelten 752-Schritte-Plan, kein Mondritual und auch wieder einmal keinen Selleriesaft. Du brauchst nur dich, deinen Körper und den Mut, dich deinen Gefühlen zu stellen.

Natürlich lasse ich dich nicht im Regen stehen. Denn jetzt fragst du dich wahrscheinlich: »Aber Sasja, wie geht das denn? Im Körper fühlen?« Okay, klären wir zunächst, wie das genau ist mit den Gefühlen.

Emotionen oder Gefühle?

In der Psychologie wird zwischen Gefühlen und Emotionen unterschieden. Emotion ist der Oberbegriff, der Gefühle (wie Angst, Wut, Trauer, Freude, Überraschung und Ekel) mit Körperempfindungen und Gedankengängen verbindet. Das Gefühl hingegen ist ein biochemischer Prozess, der hauptsächlich durch das limbische System aka Hysteria gesteuert wird.

Gefühle erleichtern die nonverbale Kommunikation zwischen Menschen. Egal, ob du einem chilenischen Lama-Züchter oder einem norwegischen Fischer in einem Moment, in dem du trauerst, begegnest: Beide werden mit deinem Gesichtsausdruck, deiner Haltung etwas anfangen können und dies als Traurigkeit bewerten können. Gefühle sind länderübergreifend gültig. Das ist ein riesiger Vorteil für zwischenmenschliche Kontakte.

Grundsätzlich können Gefühle sich in einem gesunden oder in einem pathologischen Ausdruck zeigen. Pathologisch wird es immer dann, wenn die Gefühle nicht mehr in Balance sind und übermächtig werden. Eine Panikstörung ist zum Beispiel durch sehr viel Angst gekennzeichnet; die ursprünglich gesunde Angst hat ihre Grenzen verloren und ist ins Pathologische gekippt.

Ich habe eben von einem biochemischen Prozess gesprochen, der stattfindet, um überhaupt ein Gefühl zu erzeugen. Halte dich fest: Ein Gefühl dauert maximal 90 Sekunden! Wie kann es dann sein, dass man in Gefühlen versinkt und sie an einem kleben wie Kaugummi an der Schuhsohle?

Wenn aus Gefühlen Emotionen werden

Wenn ein Gefühl beständig ist, sind wir in der Emotion gelandet. Die ursprüngliche körperliche Empfindung, die einen sehr klaren Anfang und ein äußerst definiertes Ende hat, hat sich durch kreisende Gedanken in einem Loop verfangen und wird durch Gedanken immer wieder erneut entfacht.

Ein Beispiel: Deine Chefin hat dir eine herausfordernde und verantwortungsvolle Aufgabe übertragen. Direkt nach dem Gespräch bemerkst du ein Ziehen in der Bauchgegend, es ist ganz unruhig dort. Du hast Angst. Die Angst ist das Gefühl. Würdest du dich in dem Gefühl begleiten, es körperlich ausdrücken – wie das geht, erfährst du später (siehe Seite 168)–, dann wäre die Angst spätestens nach 90 Sekunden vorbei. Jetzt kommen jedoch die dummen Gedanken hinzu: »Oh mein Gott, ich weiß wirklich nicht, ob ich dieser Aufgabe gewachsen bin. Was ist, wenn die Chefin etwas in mir sieht, das ich gar nicht bin?« Schwups, die Angst ist wieder präsent.

Deine Gedanken machen aus einem Gefühl, das eigentlich nur 90 Sekunden durch dich hindurchläuft, eine Emotion, die beständig ist und ganz schön nerven kann. Und dein Nervensystem ordentlich auf Trab bringt, den es nicht unbedingt braucht. Damit es deinem Nervensystem gut geht, wünscht es sich, dass du Gefühle über den Körper fühlst, ausdrückst und Emotionen regulierst. Sprich: dass du deine Gedanken dahingehend transformierst, dass du …

a) dir nicht jeden Mist glaubst,
b) nicht zulässt, dass negative Gedankenloops entstehen, die wie ein Brandbeschleuniger für Gefühle sind.

Das Wesen der Emotion

Schauen wir uns das Wort »Emotion« genauer an. Es stammt von dem lateinischen Wort *emovere* ab: Das bedeutet »sich hinausbewegen«. Eine Emotion soll uns also in Bewegung, in Aktion bringen. Hier kurz und knapp, welche Aktionen hinter den einzelnen Gefühlen stehen:
Angst: Ich darf mich in Sicherheit bringen.
Wut: Ich darf meine Grenze verteidigen. Ich darf meinen Raum klar definieren.
Trauer: Ich darf einen Verlust, einen Abschied betrauern.
Freude: Ich darf etwas wahrhaftig genießen.
Ekel: Ich darf etwas Giftiges, Schädliches aus meinem System verbannen.

Du siehst, hinter jeder Emotion steckt im Kern eine gute Absicht. In einer Gesellschaft, die nach Leichtigkeit und Sorglosigkeit strebt, hat es sich eingeschlichen, Gefühle in positive und negative zu klassifizieren. Das empfinde ich als großen Blödsinn!

Ich gehe nicht so weit zu sagen, dass es mir unglaublich viel Freude macht, wenn zum 1037. Mal meine Traurigkeit an die Tür klopft und fragt, ob ich Zeit für sie hätte. Nein, da hüpfe ich nicht vor Freude im Kreis – wahrlich nicht. Was ich aber gelernt habe: den Widerstand gegenüber Gefühlen bleiben zu lassen. So wird es sofort viel, viel einfacher. Lass also bitte den Unsinn, Gefühle in gute und schlechte einteilen zu wollen.

Bereit für das Bootcamp für mehr Leichtigkeit mit Gefühlen? Hier kommt der versprochene Trainingsplan.

Bootcamp für Easy-peasy-Gefühle

Wann die Übung hilft:

- Wenn du deine Gefühle nicht wirklich fühlst (Gefühlsdenkerin)
- Wenn dich Gefühle immer wieder überfallen

- Wenn du in deinen Gefühlen versinkst
- Wenn du fast nichts oder gar nichts fühlst

Was du lernst:

- Wie ich Gefühle wie eine Welle reite, sodass sie einen Anfang und ein klar definiertes Ende haben
- Wie ich die Botschaft hinter Gefühlen verstehe
- Wie ich Gefühle lieben lerne

Zeitdauer der Übung: 45 bis 60 Minuten
Schwierigkeitsgrad der Übung: mittelschwer
Benötigte Utensilien: Ruhe, Platz zum Schreiben, Zettel und Stift, Mut
Die Übung kann nicht unterwegs durchgeführt werden.

Beschreibung:
Die Übung besteht aus folgenden fünf Schritten:

Erstelle deine persönliche Gefühlslandkarte
Nimm ein großes Blatt Papier. Male ein Strichmännchen darauf. Widme dich zum Beispiel dem Gefühl der Angst. Erinnere dich dafür an eine angstbesetzte Situation. Horche in deinen Körper hinein und lass dir anzeigen, was er für Empfindungen meldet. Zeichne deine Wahrnehmungen von Angst in dein Strichmännchen ein. Das kann etwas Grummelndes im Bauch, eine Schwere auf der Brust oder etwas ganz anderes sein. Was du entdeckst, ist richtig.

Entdecke triggernde Situationen für jedes Gefühl
Geh im Kopf angstbesetzte Situationen durch. Was sind deine Angstauslöser? Das kann zum Beispiel eine Umgebung, ein Tempo (etwas ist zu schnell oder zu langsam), es können Menschen, Anforderungen an dich, es kann eine Tageszeit, ein bestimmter Blick, eine Körperhaltung, ein Geräusch oder ein Duft sein. Finde deine persönlichen Trigger. Notiere auch diese auf deinem Blatt.

Stell einen möglichen Gedankenloop fest

Werde erneut zur Meisterdetektivin. Vielleicht hast du Angst vor Höhe? Es kann sein, dass es ein negatives Erlebnis rund um Höhe gab. Du bist als Kind irgendwo heruntergestürzt und hast dir dabei fürchterlich wehgetan. Wenn du dich heute als Erwachsene in einer Höhensituation befindest, rast in einem Sekundenbruchteil, den du bisher nicht bemerkt hast, der Gedanke »Bei Höhe muss ich besonders gut aufpassen. Da kann ich mich wirklich schwer verletzen« durch dich hindurch. Finde solche Gedanken, die dich aus der Zeit katapultieren. Auch das überträgst du auf dein Blatt.
Bis hierhin machst du das mit allen weiteren Grundgefühlen: Wut, Ärger, Traurigkeit und Ekel.

Verkörperungssession: Prozessiere das Gefühl durch Bewegungen

Im Bonusteil, den du mittels des QR-Codes (siehe Anhang) öffnen kannst, findest du sowohl ein Video als auch verschiedene musikalische Playlists, wie du Gefühle durch Bewegung verkörpern kannst. Diesen Punkt nicht auslassen! Und keine Angst: Du musst nicht deinen Namen tanzen. Oder in ein Kissen schreien. Es geht darum, dass du dich in eine Gefühlssituation versetzt und anschließend deinem Körper die Gelegenheit anbietest, das Gefühl über den Körper auszudrücken. Das kann ein Wiegen, ein Schütteln, ein Streicheln sein. Lass dich überraschen, wie dein Körper ein Gefühl ausdrücken möchte!

Für die Zukunft: Erhöhe deine Achtsamkeit, um Empfindungen im Körper wahrzunehmen, die auf das Gefühl deuten

Entwickle deine eigene Challenge: Widme eine Woche oder einen ganzen Monat einem Gefühl. Wir bleiben bei der Angst. Setz dir eine imaginäre Brille auf, die wie ein Filter für Angst ist. Es ist deine Aufgabe, in der festgelegten Zeit immer wieder in dich hineinzuhorchen, noch achtsamer zu werden und deine Angstmomente zu entdecken. Werde zu deiner eigenen Angstexpertin.

Du fragst dich vielleicht: »Warum soll ich mich denn auf meine Angst konzentrieren? Dann wird sie noch größer!« Nein, die Angst ist ohnehin die ganze Zeit da. Du hast sie nur nicht angeschaut. Mithilfe dieser Übung richtest du nun den Fokus auf etwas, das du sowieso die ganze Zeit aushältst. Deinen Blick nicht darauf zu lenken, kostet dich unglaublich viel Kraft und Energie. Dich in deinem Gefühl zu sehen, wahrzunehmen und zu begleiten, wird ungeahnte Kräfte in dir freisetzen. Du wirst erstaunt sein!

PS: Wenn du noch tiefer in das Thema Gefühle meistern einsteigen möchtest, findest du auf meiner Homepage Blogartikel und Onlinekurse dazu.

Gefühle dürfen wild sein

Vielleicht entsteht der Eindruck, dass deine Gefühle in Zukunft wohltemperiert sein müssten. Weit gefehlt! Ein gesundes Gefühlsleben ist keines, in dem bestimmte Gefühle ausgeklammert werden. Alle Gefühle dürfen gefühlt werden.

Ein gesundes Gefühlsleben zeichnet sich dadurch aus, dass Gefühle die Intensität von Wellen haben. Deine Gefühle sollen kein stehendes Gewässer sein, das vor sich hin modert. Nein, es dürfen richtig krasse Wellen sein, die dir so manches Mal den Atem rauben. Stell dir einmal ein richtiges Meer vor: Was ist der gefährlichste Bereich? Genau, es ist der Bereich, in dem sich die Wellen brechen. Dort kannst du von den Wellen zu Boden gerissen werden und wirst hin- und hergeschleudert. Genauso verhält es sich mit Gefühlen. Wenn du versuchst, sie zu bändigen, werden sie dich – ebenso wie die sich brechenden Wellen im Meer – hin und her wirbeln. Gefühle kontrollieren zu wollen oder der Wunsch, dass sie sanft sein mögen, ist so, als würdest du dich in die Brandung stellen und versuchen, durch deine Kraft den Wellen standzuhalten. Macht keinen Sinn. Stattdessen: Schwimme achtsam durch die Brandung hindurch, danach kommt der Bereich des Meeres, in dem das Wasser wieder ruhig ist.

Ein reales Beispiel, wie ein »normaler« Gefühlstag bei mir aussieht: Es ist jetzt gerade 12:15 Uhr, als ich diese Zeilen schreibe. Ich bin schon seit einigen Stunden wach. Ich habe bereits zweimal geweint – einmal Freudentränen, einmal Tränen der Überforderung. Zudem hatte ich tierische Angst. Ich war auch schon wütend, weil eine Sache nicht so lief, wie ich sie mir vorgestellt hatte. Zwischendurch war ich euphorisch. Dann gab es einen Moment, in dem ich mich sehr geliebt fühlte. Zu guter Letzt ein Gefühl von Stolz. Das ist nicht unbedingt wohltemperiert, oder? Bis ich schlafen gehe, werden mit Sicherheit noch einige Gefühle bei mir anklopfen.

Eine Übung, die mir im Prozess, die Gefühlswellen auszuhalten, unglaublich gut geholfen hat, ist diese:

Pendeln

Die klassische Somatic-Experiencing-Übung.

Wann die Übung hilft:

- In allen Zuständen von Dysregulierung – sowohl in der Übererregung als auch in der Untererregung
- Im Hyperarousal
- Im Hypoarousal
- Wenn du regelmäßig merkst, dass dich deine Gefühle überfluten
- Wenn du Körperempfindungen hast, die ausufern und deinen gesamten Körper kapern
- Bei akuten Schmerzen

Was du lernst:

- Ich kann meine Gefühle steuern.
- Ich kann entscheiden, wohin ich den Fokus im Körper lenke: auf einen Schmerz, ein Unwohlsein oder auf einen Ort, der mir Kraft gibt.
- Ich kann mich entscheiden, immer und überall.

Zeitdauer der Übung: etwa 15 Minuten
Schwierigkeitsgrad der Übung: simpel bis mittelschwer
Benötigte Utensilien: Platz zum Sitzen oder zum Liegen
Diese Übung ist nicht für unterwegs geeignet.

Beschreibung:
Setz dich an einen bequemen Ort. Wenn du magst, kannst du dich auch hinlegen.
Nimm zunächst Kontakt mit deinem Körper auf. Bemerke, dass du sitzt oder liegst, und atme für einige Atemzüge sehr bewusst durch die Nase ein und durch den Mund aus. Lass dir Zeit.
Du gehst innerlich auf die Suche nach einem Ort in deinem Körper, der sich gerade nicht so schön anfühlt. Wahrscheinlich wirst du keine großen Schwierigkeiten haben, den Ort schnell zu finden. Auf einer Skala von 1 bis 10 bewertest du, wie unangenehm sich dieser Ort für dich anfühlt. 1 steht dabei für »super«, 10 steht für »schlechter geht es nicht«. Wenn du den Ort gefunden hast, dann »parkst« du ihn für einen Augenblick. Gern kannst du dir und auch dem Ort – wenn du magst, sogar laut – sagen: »Ich kehre gleich zu dir zurück.«
Wir vereinbaren, dass wir diesen Ort den »schlechten Ort« nennen.
Nun suche einen Ort, der sich ein wenig besser anfühlt als der schlechte Ort. Wandere mit deiner Aufmerksamkeit, beginnend am Kopf, hinunter auf der Suche nach dem guten Ort. Du darfst dir gern ein wenig Mühe geben. Falls du auch nach intensivem Suchen keinen Ort findest, lass dir von mir versichern: Es gibt *immer* einen guten Ort. Es kann nicht sein, dass es keinen guten Ort gibt.
Aber es kann sein, dass der schlechte Ort sich wie ein nerviger Streber in den Vordergrund zu stellen versucht. Sag ihm dann liebevoll, aber konsequent: »Ich komme gleich zu dir zurück. Das hatten wir eben so vereinbart. Bis dahin bitte ich dich um deine Kooperation und Stille. Danke!«
Sobald du nun deinen guten Ort gefunden hast, kann die eigentliche Übung beginnen. Wie fühlt sich der Ort an? Sei wie eine Naturfor-

scherin, deren Aufgabe es ist, den Ort möglichst genau zu studieren und zu analysieren. Als lustiges Bild kannst du dir dazu eine Wissenschaftlerin für Schmetterlingskunde vorstellen. Sie läuft achtsam mit ihrem Tropenhut, einem Schmetterlingsnetz und einer riesigen Lupe über eine bunte Blumenwiese, um seltene Schmetterlingsarten zu entdecken. Lass die Forscherin deinen guten Ort entdecken. Wo genau befindet sich der Ort? Welche Größe hat er? Hat der Ort vielleicht eine besondere Struktur, eine Beschaffenheit, eine Textur? Ist es dort warm oder heiß? Ist es kühl oder kalt? Erkunde das für dich.

Beim Betrachten des Ortes kommt dir eventuell ein inneres Bild in den Sinn. Wenn der gute Ort zum Beispiel dein unterer Rücken ist, dann könnte ein Bild sein: Das fühlt sich an, als würde eine liebe Person mir eine Wärmflasche in den Lendenwirbelbereich legen und mich dadurch stärken. Was ist dein inneres Bild?

Löst der gute Ort ein Gefühl in dir aus?

Während du am guten Ort länger mit deiner Aufmerksamkeit verweilst, verändert sich dadurch etwas? Ändert das etwas für den guten Ort? Ändert das etwas für den Rest des Körpers?

Den nächsten Schritt erkläre ich dir zunächst. Ich bitte dich, währenddessen am guten Ort zu bleiben. Du wirst ihn gleich verlassen und mit deiner Aufmerksamkeit zum schlechten Ort wandern. Den guten Ort haben wir nun intensiv beobachtet – das machen wir mit dem schlechten Ort nicht. Ein Bild dazu: Wenn der schlechte Ort eine heiße Herdplatte ist, dann ist es nicht deine Aufgabe, deine Hand darauf zu legen. Das tut weh! Was wir machen, ist, an den äußersten Rand der Herdplatte zu gehen und die Wärme zu spüren. Von dort gehen wir wieder zurück zum guten Ort.

Okay, bereit? Dann geh nun achtsam an den schlechten Ort. Vorsichtig, behutsam. Achte darauf, dass du dir dabei nicht die Finger verbrennst.

Wie beim guten Ort holst du deine Lupe heraus und betrachtest für maximal 45 Sekunden, was den schlechten Ort ausmacht. Wie

groß ist er? Welche Form hat er? Welches Bild gibt es dazu? Löst der schlechte Ort ein Gefühl in dir aus?
Das machst du wunderbar. Lass uns nun wieder gemeinsam an den guten Ort zurückkehren. Das hast du wirklich toll gemacht!
Puh, das war vielleicht ein wenig aufregend für dich? Jetzt hast du es dir verdient, ein wenig Kraft am guten Ort zu tanken. Dreh erneut eine Runde an deinem guten Ort und betrachte ihn genau. Erforsche, ob sich etwas verändert hat in puncto Größe, Form, Farbe, Struktur oder ob ein anderes inneres Bild auftaucht. All das kann sein. Es kann aber auch sein, dass der gute Ort sich sehr ähnlich anfühlt wie vorher. Beides ist völlig okay.
An dieser Stelle ein kleiner Hinweis: Manchmal ist der eben noch gute Ort einfach verschwunden. Das passiert. Dann suchst du dir einfach einen neuen guten Ort. Auch den wirst du finden – keine Bange!
Nimm dir danach ordentlich Zeit, um dich zu wappnen, wenn du den schlechten Ort ein weiteres Mal aufsuchst. Lass dir wirklich Zeit. Sobald du ausreichend vorbereitet bist, besuchen wir erneut den schlechten Ort. Geh nun achtsam und in deinem Tempo an den schlechten Ort. Hol deine Lupe heraus und betrachte den Ort erneut. Hat sich etwas verändert? Was kannst du wahrnehmen? Verweile erneut für maximal 45 Sekunden dort, bis du wieder zum guten Ort zurückkehrst. Wunderbar, du machst das wirklich großartig! Genug an der heißen Herdplatte aufgehalten: Du darfst wieder zurück an den guten Ort und dich entspannen.
Schau dich am guten Ort um. Gibt es eine Veränderung? Wie ist es zu bemerken, dass du jederzeit an den guten Ort zurückgehen kannst? Wie ist es zu bemerken, dass du entscheiden kannst, wo deine Aufmerksamkeit, dein Fokus ist?

Du kannst gerne noch ein bis zwei Pendelrunden machen. Mit jeder Pendelrunde wirst du sehr wahrscheinlich feststellen, dass der schlechte Ort seine Vehemenz verliert und sich beruhigt. Genau das ist eines der Ziele der Übung.

Immer passiert mir das! Versinken im Drama-Dreieck

Innerer Frieden beginnt, wenn das Drama deiner eigenen Geschichte keine Kontrolle mehr über deine Gedanken und deine Gefühle hat.
Angela D. Kosa, Autorin

Frauen sind anders, Männer auch

»Und dann hat Robert wutschnaubend und türenknallend das Haus verlassen und mich mit dem ganzen Mist sitzen lassen!«, berichtet Nicole entrüstet vom gestrigen Streit mit ihrem Ehemann. Sie hat sich mit ihren zwei besten Freundinnen Andrea und Tina zum gemütlichen Frühstück getroffen.

Robert und sie hatten am Vortag einen riesigen Krach: Für den sechsten Kindergeburtstag von Hannah am Wochenende gab es jede Menge vorzubereiten. Nicole dachte, sie hätte klar und deutlich gegenüber Robert kommuniziert, an welchen Stellen sie seine Unterstützung brauchen würde. Den Großteil der Aufgaben hatte sie sich ohnehin schon auf ihre Schultern gepackt. Jetzt war er noch nicht einmal in der Lage, die wenigen Dinge zu erledigen, die sie ihm aufgetragen hatte!

»Ich komme mir vor, als würde ich unser gesamtes Leben organisieren. Nie sieht Robert, was ich alles für uns tue. Er schleicht sich immer aus der Verantwortung. Oft denke ich, dass er das, was ich ihn bitte zu erledigen, extra schlecht ausführt, damit ich es dann beim nächsten Mal lieber selbst mache. Wie kann er vergessen haben, dass es seine Aufgabe war, die Torte abzuholen?« Mitfühlend pflichten ihr die Freundinnen bei. Robert hat sich unmöglich benommen. So kann er doch nicht mit seiner Frau umgehen. Er könnte sich durchaus mehr einbringen.

Ein typischer Streit in deutschen Familien. Laut einer ElitePartner-Studie aus dem Jahr 2020 ist der typische Alltag Grund für ein Überforderungsgefühl für mehr als jede dritte Frau. Nur ein Viertel der Männer empfindet das ähnlich. Frauen fordern oft ein, dass der Mann mitdenkt und im Alltag selbstständig die Initiative ergreift. Er hingegen wartet auf konkrete Anweisungen der Frau; zumindest geht es jedem vierten Mann so. Robert befindet sich also in »bester« Gesellschaft.

Das Drama-Dreieck

Konflikte laufen meist nach einem bestimmten Schema mit markanten Rollenverteilungen ab. Auch die Themen, bei denen es in typischen Streitgesprächen geht, sind sich landauf, landab erstaunlich ähnlich. Aber ist es zum Beispiel wirklich so, dass Männer nicht in der Lage sind, sich ausreichend im Haushalt und in der Alltagsplanung einzubringen? Oder sind hier andere Faktoren im Spiel, die diese Streitigkeiten begünstigen? Und welche grundsätzlichen Rollen finden sich in diesen Konflikten?

Das Drama-Dreieck ist ein psychologisches und soziales Konzept aus der Transaktionsanalyse. Es zeigt auf, dass sich Menschen in den meisten Beziehungen auf drei verschiedene Rollen festlegen. Die Rollen sind:

1. **Das Opfer**
2. **Der Held**
3. **Der Bösewicht**

Der Vollständigkeit halber – in der Transaktionsanalyse werden die Rollen wie folgt bezeichnet: Opfer, Retter und Täter. Ich konnte mich nie so recht mit den drei Begriffen anfreunden und habe sie einfach umbenannt.

Die drei Rollen führen in der Regel zu unnötigen Konflikten, zu ganz schön viel Drama. Der nicht korrekte Umgang mit Verantwortung ist allen drei Rollen gemein. Auf der einen Seite wird zu viel Verantwortung übernommen, auf der anderen Seite zu wenig oder gar keine. Gern schlüpft man dabei auch in unterschiedliche Rollen. Es kann sein, dass du dich gegenüber deinen Kindern in der Heldenrolle wiederfindest; gegenüber deinem Mann spielst du gern den Bösewicht. Die Rollen können bei zu viel Druck kippen: So wechselt ein Opfer gerne in die Bösewicht-Rolle.

Um Konflikten vorzubeugen, ist es hilfreich, sich erst gar nicht einer der drei Rollen zu bedienen, sprich: nicht ins Drama-Karussell einzusteigen. Andere Möglichkeit: So achtsam mit sich zu sein, dass man möglichst schnell seine Rolle im Drama-Dreieck verlässt. Wie genau das geht, erfährst du hier. Schauen wir uns die einzelnen Rollen genauer an.

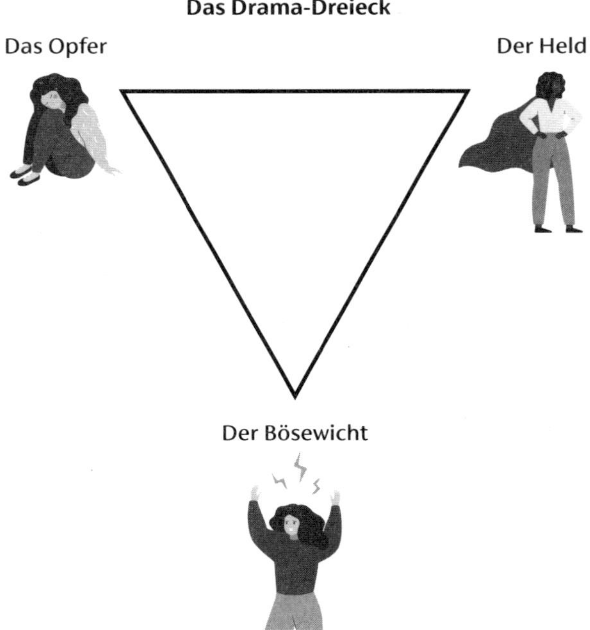

Das Opfer

Das arme Opfer. Es sitzt wie ein schmollendes Kind in der Ecke und wartet darauf, dass jemand kommt und den Grund für das Schmollen eliminiert. Ich fand das Wort »Opfer« sehr schwierig. Opfer – ich bin doch kein Opfer! Ich kann an dieser Stelle spoilern: Ich befinde mich nach wie vor am liebsten im Opfer-Modus.

Das Selbstbild des Opfers:

- Ich bin hilflos.
- Ich muss gerettet werden; ich kann mich nicht retten.
- Ich bin benachteiligt.
- Ich bin so arm dran.
- Es gibt einen äußeren Umstand – für den ich nichts kann –, der verhindert, dass ich an mein Ziel komme und mir meinen Wunsch erfüllen kann.
- Ich bin nicht richtig; die anderen schon.
- Ich bin weniger wertvoll/schlau/richtig/ ... als die anderen.
- Passive Grundhaltung: Das Leben geschieht mir.

Typische Sätze des Opfers:

- *Erst wenn* ich schlanker bin, *dann* finde ich den Mann meiner Träume.
- *Erst wenn* meine Mutter sich mir gegenüber anders verhält, *dann* können wir eine gute Beziehung miteinander haben.
- *Erst wenn* ich genau weiß, wo mein Problem herrührt, *dann* werde ich glücklich sein können.
- *Erst wenn* ich mein Studium beendet habe, *dann* kann ich mich entspannen.

Du siehst: Ein Umstand wird zum Bösewicht gemacht, dass man nicht da ist, wo man sein möchte. Du bist jetzt schon bereit für den Mann deiner Träume; allerdings stimmt dein Gewicht nicht. Deine Körperfülle ist der Bösewicht, der verhindert, dass der Traummann jetzt schon da sein kann. Es liegt auch nicht an dir, dass in der Beziehung zu deiner Mutter Sand im Getriebe ist. Würde sich deine Mutter ändern, wäre alles in Ordnung.

Weitere typische Sätze:

- Das kann ich nicht.
- Es ist nicht meine Schuld.
- Das habe ich nicht gelernt.

Das Opfer verhält sich extrem passiv. Es hat die Erwartung an die Umwelt, dass irgendjemand vorbeikommen und es retten sollte. Durch wen möchte das Opfer gerettet werden? Na klar, durch den Helden. Das Opfer ist stets auf der Suche nach Hilfe durch andere.

Der Held

Was macht der Held? Retten, selbstverständlich. Vorzugsweise ohne dass der oder die zu Rettende wirklich um Hilfe gebeten hat.

In meinen Ohren klingt »Held« schon netter. Held möchte man gerne sein, nicht wahr? Nein, denn wenn du das Konzept des Drama-Dreiecks verstanden hast, zieht es dir auch bei diesem Wort den Magen zusammen und eines willst du dann ganz sicherlich nicht mehr: den Helden spielen!

Das Selbstbild des Helden:

- Ich bin besser, schlauer, schneller und so weiter als die anderen.
- Oh mein Gott: Sind die anderen doof, dass sie das nicht kapieren!
- Wie gut, dass die anderen mich haben; allein würden sie das nicht hinbekommen.
- Andere Menschen haben weniger Intelligenz, Mut, Stärke, Kompetenz und so weiter als ich.
- Du bist schwach – ich bin stark. Und deswegen kann ich dein Problem lösen.
- Du bist unfähig – ich bin fähig.
- Ich bin richtig; die anderen nicht.
- Aktive Grundhaltung: Ich erschaffe mir mein Leben.

Typische Sätze des Helden:

- Also, ich an deiner Stelle würde das so machen. (Die andere Person hat allerdings gar nicht um einen Ratschlag gebeten.)
- Komm, das mache ich schon für dich. Für mich ist es eine Kleinigkeit. (Die andere Person hat gar nicht darum gebeten, eine Sache abgenommen zu bekommen.)

- Natürlich ist es für mich kein Problem, diese Aufgabe zu übernehmen. (In Wahrheit ist es doch ein Problem.)
- Ich helfe dir gern. (Die andere Person hat keinen Wunsch nach Hilfe geäußert.)

Du siehst: Der Held hat die Tendenz dazu, sehr übergriffig zu sein und die Grenzen anderer Menschen nicht zu respektieren. Er erhebt sich über sie, wertet sie ab. Er hat ein aufgeplustertes Ego.

Weitere typische Sätze:
- Versuch's doch mal so.
- Lass dir helfen.
- Ich bin im Recht.

Der Held verhält sich aktiv; er denkt gern für andere mit und schießt dabei über das Ziel hinaus. Sein Blick in die Welt orientiert sich an der Suche danach, wo er sein nächstes Opfer aufgabeln kann. Er ist stets auf der Suche nach Applaus, Bewunderung und Anerkennung. Wehe dem, der das nicht liefert: Dann kann der Held schnell zum Bösewicht mutieren.

Der Bösewicht

Der Bösewicht ist dadurch gekennzeichnet, dass er es als seine Hauptaufgabe ansieht, Fehler bei anderen zu entdecken und sie darauf hinzuweisen. Kein netter Zeitgenosse.

Das Selbstbild des Bösewichts:
- Er ähnelt dem Helden, ist allerdings nicht so nett wie der Held, sondern überkritisch, dogmatisch und pedantisch.
- Ich bin nicht schuld, schuld sind die anderen.
- Die anderen kriegen es einfach nicht gebacken.
- Ich habe das Recht auf meiner Seite – darum kann ich dich anklagen, kritisieren, bewerten, dich herabsetzen.

- Meine Sicht auf die Dinge ist die einzig wahre.
- Andere Menschen haben weniger Intelligenz, Mut, Stärke, Kompetenz und so weiter als ich.
- Du bist unfähig – ich bin fähig.
- Ich bin richtig; die anderen nicht.
- Er liebt es, andere auf ihr Fehlverhalten hinzuweisen.
- Aktive Grundhaltung: Ich erschaffe mir mein Leben, indem ich gegen die anderen kämpfe.

Typische Sätze des Bösewichts:

- Kein Wunder, dass ich so beziehungsgestört bin. Bei meiner Mutter!
- Mein Chef ist eine richtige Lusche. Wenn ich in seiner Position wäre, ich würde alles ganz anders machen.
- Die Wutanfälle meiner Tochter Marie sind nicht zum Aushalten. Kein Wunder, dass ich da sofort ausflippe!
- Mein Ex hat große Bindungsangst. Deswegen ging es auseinander.
- Wie soll ich erfolgreich sein? Mit diesen Kunden, die einem den letzten Nerv rauben?

Ähnlich wie der Held überhebt sich der Bösewicht über andere. Er sucht die Gesellschaft von Opfern, um so seinen eigenen Wert heraufsetzen zu können.

Weitere typische Sätze:

- *So* ist das richtig.
- Das macht man *so*.
- Das gehört sich nicht.
- Das ist alles nur deine Schuld.

Der Bösewicht ist wie der strenge und pedantische Hausmeister einer geschniegelten und gestriegelten Wohnanlage, dessen größtes Ziel am Tag es ist, auf Fehler von anderen zu hoffen. Um sie dann endlich anklagen zu können. Der Bösewicht ist stets auf der Suche nach der Möglichkeit, andere zu beschuldigen. So wertet er sich selbst auf.

Uff, das sitzt, das Konzept. Als ich zum ersten Mal davon hörte, habe ich mich in Grund und Boden geschämt: Das mache ich die ganze Zeit? Ja, tat ich. Wahrscheinlich fühlst du dich ähnlich ertappt. Ich komme ja immer mit zwei Nachrichten daher; die schlechte habe ich dir gerade überliefert. Die gute ist: Du kannst das Drama-Dreieck verlassen!

Nicole aus Sicht des Drama-Dreiecks

Nehmen wir uns den Konflikt zwischen Robert und Nicole vor. Lies dir noch mal den Text auf Seite 176 durch und versuche zu bestimmen, zwischen welchen Rollen sich Nicole hin- und herbewegt und welche Rollen sie dadurch automatisch Robert zuweist.

»Und dann hat Robert wutschnaubend und türenknallend das Haus verlassen und mich mit dem ganzen Mist sitzen lassen!« – Das ist ein wenig tricky. Zunächst hat sich Nicole in der Opferposition befunden: Sie erwartete Hilfe von ihrem Mann. Dann hat Robert die Aufgabe nicht erwartungsgemäß gelöst … und Nicole wechselt in die Rolle des Bösewichts: Robert hat Schuld; sie trifft keine Schuld.

Nicole dachte, sie hätte klar und deutlich gegenüber Robert kommuniziert, an welchen Stellen sie seine Unterstützung brauchen würde. – Das ist eindeutig: Hier macht sie sich zum Opfer. Ich *brauche* deine Unterstützung.

Den Großteil der Aufgaben hatte sie sich ohnehin schon auf ihre Schultern gepackt. – Hier schlüpft sie in die Rolle des Helden. *Alles* lastet auf ihren Schultern.

»Ich komme mir vor, als würde ich unser gesamtes Leben organisieren. Nie sieht Robert, was ich alles für uns tue.« – Eindeutig Opfer. Nicole ist darauf *angewiesen*, dass Robert ihren Wert erkennt. Sie selbst kann sich den Wert nicht geben.

»Er schleicht sich immer aus der Verantwortung. Oft denke ich, dass er das, was ich ihn bitte zu erledigen, extra schlecht ausführt, damit ich es dann beim nächsten Mal lieber selbst mache.« – Hier wechselt sie erneut in die Bösewicht-

Rolle: Robert trifft die alleinige Schuld. Deswegen ist es ihr gutes Recht, ihn zu kritisieren.

Mitfühlend pflichten ihr die Freundinnen bei. Robert hat sich unmöglich benommen. – Spannend, denn das ist eine sehr übliche Dynamik. Als Opfer suchen wir uns Unterstützung und Bestätigung für die missliche Lage im Außen. Nicole suhlt sich im Selbstmitleid als Opfer, während die Freundinnen zu Bösewichten mutieren.

Nun bin ich gespannt: Wie oft hast du richtiggelegen? Es ist gar nicht so einfach, das auseinanderzuklamüsern, oder?

Innere Freiheit durch Drama-Detox

Nichts hat mich so sehr befreit wie die Erkenntnis, dass ich den halben Tag im Drama-Dreieck abhing. Die Erkenntnisse über Trauma und wie das Nervensystem funktioniert, kamen dazu. Der Effekt: Goodbye, Drama! Nicht umsonst heißt dieses Buch auch so.

Spielen wir ein weiteres Mal anhand von Nicole durch, wie sie ihr eigenes Drama-Karussell verlassen könnte:

»Und dann hat Robert wutschnaubend und türenknallend das Haus verlassen und hat mich mit dem ganzen Mist sitzen lassen!« – Welche Gefühle hat Roberts Reaktion wohl in Nicole ausgelöst? Da können wir nur mutmaßen. Denkbar sind Verärgerung und Wut, weil sich Robert aus der Affäre zieht. Wahrscheinlich fühlte sie auch eine gewisse Überforderung, weil er durch seinen Weggang Nicole dazu zwang, allein eine praktikable Lösung zu finden.

Verärgerung und Wut

Erinnere dich an die Handlungsaufforderung von Wut: »Ich darf meine Grenze verteidigen. Ich darf meinen Raum klar definieren.«

Nun ist es wichtig zu verstehen, welche Grenze von wem missachtet wurde.

Später sagt Nicole zu ihren Freundinnen: *Den Großteil der Aufgaben hatte sie sich ohnehin schon auf ihre Schultern gepackt.* Hat Nicole also wirklich ihre eigene Grenze im Blick? Nein. Sie latscht selbst dauernd darüber. Als Robert das nun auch tut, mutiert er zum schlechtesten Mann der Welt. Was wäre also hier die Lösung?

Nicole darf empathisch mit sich selbst sein und genauer hinschauen, warum sie sich so viel aufhalst. Warum ist es wichtig, dass die Geburtstagstorte aus der Starbäckerei vom anderen Ende Berlins kommt? Hätte es nicht auch ein gewöhnlicher Kuchen aus der Bäckerei von nebenan getan? Hier möchte Nicole anscheinend durch perfekte und außergewöhnliche Leistungen brillieren, auf Kosten ihrer eigenen Grenzen. Mutet sie sich nicht zu viel zu in ihrem Streben, alles perfekt gewuppt zu bekommen?

Überforderung

Das zweite Gefühl ist Überforderung. Sie sagt nichts anderes als: »Das ist mir zu viel.« Hier darf Nicole ehrlich mit sich sein und sich ihre Überforderung eingestehen. Es ist nicht schlimm, überfordert zu sein. Im Gegenteil: Sie zeigt sofort den Bereich an, in dem auch die Lösung steckt. Schlimm ist es, die Überforderung auf andere Schultern abwälzen zu wollen und die Eigenverantwortung über Bord zu schmeißen.

Hier kann sich Nicole fragen: »Was ist mir warum wie zu viel? Wie ginge das alles einfacher?«

Schwups, wäre sie in ihrer Eigenverantwortung und hätte sich bereits aus dem Drama-Dreieck befreit.

Perfektionsmus

Nicole dachte, sie hätte klar und deutlich gegenüber Robert kommuniziert, an welchen Stellen sie seine Unterstützung brauchen würde. – Du kennst Nicole nun auch ein wenig. Sie neigt anscheinend dazu, leistungsgetrieben und perfektionistisch zu sein. An anderer Stelle erwähnte sie schon, dass »Robert die Dinge nicht so macht, wie sie sich das wünscht. Da macht sie es lieber gleich richtig«. Es klingt so, als würde sie Robert den Eindruck vermitteln, dass er es nicht richtig machen kann. Versteh mich nicht falsch: Es geht nicht darum, für den armen, unverstandenen Robert Partei zu ergreifen. Zahlreiche Studien zum Thema Mental Load bei Frauen – insbesondere bei Müttern – belegen jedoch, dass der Mental Load hausgemacht ist. Als Mental Load bezeichnet man die unsichtbaren Aufgaben, die sich im Alltag auftürmen und die aufgrund hoher innerer Ansprüche für das Nervensystem belastend werden können. Ein paar Beispiele dazu: »Was essen wir diese Woche?«, »Wann muss Anna zum Kinderturnen?«, »Wann hat mein Mann den Darmkrebsvorsorgetermin?«, »Wo bekomme ich die Sammel-Weihnachtskugeln her, die sich meine Mutter zum Geburtstag wünscht?«. Einzeln betrachtet sind die Aufgaben nicht der Rede wert; in der Summe ergeben sie dennoch eine große Last. Besonders Frauen haben oft eine klare Vorstellung davon, wie etwas zu laufen hat. Es gibt nur ihr »richtig«, ein anderes »richtig« zählt nicht.

Könnte es also sein, dass es bereits eine lange Historie von Sätzen à la »Robert, so ist das nicht richtig; ich zeige dir, wie das geht« gegeben hat, sodass er innerlich resigniert hat? Nie war das, was er machte, gut genug. Seine Lust und sein ehemaliges Bestreben, sich einzubringen, sind verkümmert.

Die Lösung hier: Alle fünfe mal gerade sein lassen. Akzeptieren, dass es viele Wege nach Rom gibt. Sich dafür öffnen, dass es für ein Problem mehrere Lösungen gibt. Die Perfectionista in die Wüste schicken.

Selbstwertdefizit

»Ich komme mir vor, als würde ich unser gesamtes Leben organisieren. Nie sieht Robert, was ich alles für uns tue.« – Hui, das Beste kommt zum Schluss. Nicole klagt Robert an, dass er nicht sieht, was sie alles tut. Frage: Sieht Nicole selbst, was sie alles tut? Nein. Genau deswegen projiziert sie ihren eigenen Wunsch – »Ich möchte gesehen werden« – nach außen. Nicole wird in ihrer Kindheit mit ihren Eltern viele Erfahrungen gesammelt haben: Nur wenn ich leiste, dann bin ich wertvoll. Dazu folgt später ein ausführliches Kapitel. Was ich an der Stelle aber bereits verraten kann: Nicole schreibt sich selbst keinen Wert für ihr Sein an sich zu. Sie fühlt sich minderwertig und wertet sich durch (perfekte) Leis-

tung auf. Sie braucht die Anerkennung aus dem Außen, weil sie in sich verunsichert ist. Da darf Robert den Helden für sie spielen, der sie, das arme Opfer, rettet.

Siehst du, in welcher Abhängigkeit sich Nicole befindet? Schlimmer noch: Sie schafft sich diese Abhängigkeit selbst! Sie ist auf Gedeih und Verderb von Roberts Wohlwollen abhängig. Puh, das würde ich nicht wollen.

Die Lösung hier ist etwas komplexer, da sich eine tief verwurzelte und verletzte Identität von »Ich bin nicht wertvoll« unter der sichtbaren Handlung verbirgt. Hier hilft die Inner-Parents-Arbeit, die ich an anderer Stelle erwähnt habe (siehe Seite 99). Ein starkes Inneres-Eltern-Team darf sich die verletzte, kleine Nicole auf den Schoß setzen und sie sukzessive davon überzeugen, dass sie gut ist. Auch ohne etwas leisten zu müssen.

Drama Dreieck: Die Exit-Strategie

Der Zaubersatz, um das Drama-Dreieck zu verlassen, lautet: *Warum habe ich diese Situation kreiert?*

Diese Frage impliziert, dass du Anteil an der derzeitigen Situation hast. Du holst dir deine Eigenverantwortung zurück. Sie schließt weiter ein, dass es – unbewusst, und das ist das wichtigste Wort – einen Vorteil für dich gibt, dass die Situation genau so ist und nicht anders.

Die Vorteile auf einen Blick:

Als Opfer:

- Aufmerksamkeit
- Zuspruch
- Mitgefühl
- Kein Herausbewegen aus der Komfortzone nötig

Als Held:

- Bestätigung
- Anerkennung

- Erhöhung der eigenen Wertigkeit
- Ich kann mich als Held wunderbar von meinem Schmerz und von mir selbst ablenken.

Als Bösewicht:

- Keine Notwendigkeit, sein eigenes Denken und Tun zu hinterfragen
- Aufmerksamkeit
- Erhöhung der eigenen Wertigkeit
- Ebenfalls eine wunderbare Ablenkungsmöglichkeit von sich selbst

Letzten Endes lassen sich alle drei Rollen auf ein Ziel herunterbrechen: Sicherheit.

Jede Rolle bietet dir unbewusst ein großes Potenzial für Sicherheit. Fred – dein Reptiliengehirn – lässt grüßen! Nichts ist für dein System so wichtig, wie sich sicher zu fühlen.

Innere verletzte Kinder werden getriggert und machen Drama-Party

Das Fallbeispiel hat sehr schön gezeigt, wer hier eigentlich am Werk ist: Es sind deine verletzten inneren Kinder. In deiner Kindheit hast du reale physische oder psychische Verletzungen aller Art erlebt. Je nachdem, wie schlimm diese waren, hast du mindestens ein verletztes inneres Kind abgespalten. Es bleibt in der damaligen Situation und im Schmerz stecken. Für das Hier und Heute hat es Laseraugen entwickelt, um dir Situationen, die auch nur ansatzweise ähnlich sind, zu melden. Der Schmerz von früher soll dir nicht noch einmal widerfahren! So kommt das Drama ins Spiel.

Denn wäre Nicole wahrhaftig in ihrem Erwachsenen-Ich verhaftet, würde sie einiges anders machen:

- Sich keine Zustimmung bei ihren Freundinnen holen – die würde sie sich selbst geben
- Ihre Grenzen wahren und sich selbst nicht zu viel zumuten

- Nicht die Heldin spielen und das gesamte Familienleben allein organisieren; sie würde Roberts Hilfe einfordern und annehmen
- Sich selbst wertschätzen

Hast du nun Lust bekommen, den Drama-Pegel in deinem Leben herunterzuschrauben? Für bessere Beziehungen? Dann wird dir die folgende Übung sehr gefallen.

Das Drama-Dreieck verlassen

Wann die Übung hilft:

- Wenn du die geborene Drama-Queen bist

Was du lernst:

- Wie ich erkenne, dass ich immer wieder Dramen in meinem Leben kreiere, um es ein wenig aufzupeppen
- Wie ich das korrekte Maß an Verantwortung in meinem Leben übernehme und mir dadurch Freiheit erarbeite
- Wie ich die meisten Konflikte schon im Keim ersticke
- Wie ich Beziehungen auf Augenhöhe führe

Zeitdauer der Übung: 45 bis 60 Minuten
Schwierigkeitsgrad der Übung: mittelschwer
Benötigte Utensilien: Ruhe, Platz zum Schreiben, Zettel und Stift, deine absolute Ehrlichkeit
Diese Übung lässt sich nicht unterwegs durchführen.

Beschreibung:
Du gehst in der Übung in folgenden sieben Schritten vor:

Brain-Dumping von Drama-Situationen
Nimm ein großes Blatt Papier und schreibe wild drauflos, welche Drama-Situationen es in deinem Leben gibt. Versuch nicht zu denken, sondern es aus dir herausfließen zu lassen.

Das kann so aussehen:

- Immer gerate ich an Chefs, die herrisch sind.
- In Beziehungen werde ich oft ausgenutzt.
- Ich setze mir ständig zu hohe Ziele und überfordere mich dadurch.

Ordne die Situationen in Kategorien

Nimm ein weiteres Blatt und verpacke die Situationen in Kategorien beziehungsweise Lebensbereiche.
Ein Beispiel dazu:

- Beziehungen
- Arbeitswelt
- Freizeit
- Arbeitsweise
- Time-Management
- Et cetera

Erkunde deine Rolle im Drama-Dreieck

Pick dir nun aus einem Lebensbereich eine Situation heraus. Als Beispiel nehme ich Freizeit. Dort steht: »Ich habe immer viele Pläne und nehme mir etwas Tolles vor, dann mache ich es doch nicht und ärgere mich anschließend über mich selbst, dass mein Leben so langweilig ist.« – »Ich mache mich selbst zum Opfer meiner Freizeitplanung.« – »Die tollen Aktivitäten sollen mich vor meinem langweiligen Leben retten, dessen Opfer ich bin.« Geh in diesem Stil durch alle Situationen durch, entdecke die Rollen, die du wählst. Noch einmal zur Erinnerung: Die drei Rollen sind das Opfer, der Held und der Bösewicht.

Die Zauberfrage »Warum habe ich diese Situation kreiert?«

Jetzt gräbst du noch einen Schritt tiefer. Warum komme ich nicht in die Umsetzung meiner Freizeitaktivitäten? Wovor schützt mich das, was macht es sicher, was ist der Nutzen? Die Antworten könnten sein: »Was, wenn die Dinge in meiner Vorstellung schöner sind als in der Realität? Da ist es doch netter und sicherer, davon zu träumen, wie schön es sein könnte, als festzustellen, dass es gar nicht so schön ist. Diese Enttäuschung möchte ich nicht riskieren.«

Entdecke den unbewussten Nutzen der kreierten Situation

Noch einen Schritt weiter: Benenne nun sehr genau den Nutzen, den die Situation für dich bereithält. Im obigen Fall ist es das Nicht-Spüren einer Enttäuschung. Was ist es bei dir? Es kann sein, dass du hier tüchtig um die Ecke denken musst. Aber sei dir sicher: Es gibt IMMER einen Vorteil. Da du im Drama-Dreieck meist aus einem kindlichen Anteil heraus handelst, kannst du dich fragen: »Welchen Vorteil gäbe es aus kindlicher Sicht?« Vielleicht gab es für dich als Kind von einem Elternteil viele leere Versprechungen: Etwas Aufregendes wurde bombastisch angekündigt, fand aber dann doch nicht statt. Als Kind hast du gelernt: Versprechen werden nicht eingehalten. Man darf sich nie zu früh freuen. Noch heute möchte ein kindlicher Anteil dich vor der Enttäuschung schützen, weil es glaubt, du seist nicht in der Lage, sie auszuhalten.

Entwickle einen Drama-freien Masterplan

Wie kannst du als Erwachsene mit der Situation umgehen, in voller Eigenverantwortung?

Im Beispiel gab es zwei Probleme:

1. Das langweilige Leben
2. Die tollen Pläne, die nur leere Versprechungen sind

Wir konzentrieren uns auf Punkt

2. Wie kommst du in die Umsetzung von Freizeitplänen? Finde heraus, wie das sabotierende Verhalten aussieht: Zum Beispiel wirst du sehr müde, sobald du etwas unternehmen möchtest. Frage dich: »Bin ich wirklich müde oder ist das nur eine geschickte Ablenkung?« Du wirst die Antwort wissen. Oder du verdaddelst vorher sehr viel

Zeit mit unnützen Dingen, dass »es sich jetzt doch echt nicht mehr lohnt, was zu machen«. Dein Sabotageverhalten sind überflüssige Zeitfresser. Oder du kannst dich nicht entscheiden, was besser wäre: Lieber in den Freizeitpark oder doch ins Kino? Dein Sabotageverhalten ist die fehlende Entscheidung für eine Sache. Das andere könnte besser sein …
Wie dein Drama-freier Masterplan aussieht: Du entdeckst alle Arten, wie du dich geschickt sabotierst, und machst genau das Gegenteil. So einfach ist das!
Diese Punkte wiederholst du für die übrigen Situationen.

Erkenne, ob es für bestimmte Lebensbereiche favorisierte Rollen gibt
Lass deinen Blick über das Blatt schweifen. Gibt es eine Häufung von einzelnen Rollen? Gibt es eine Häufung von Rollen in einem Lebensbereich? Wahrscheinlich ist das so. Diese wichtige Erkenntnis kannst du in Zukunft als Kompass benutzen. Wenn du feststellst: »Im Bereich Gesundheit spiele ich gerne das Opfer«, dann erinnere dich daran, wenn das nächste Gesundheitsproblem auftritt. Indem du dir das bewusst machst, erstickst du aufkommendes Drama bereits im Keim.

Als ich diese Übung für mich gemacht habe, war ich erschrocken darüber, wie oft dort »Opfer« stand. Igitt, das war nicht schön zu sehen. Ein Teil der Arbeit und der Transformation ist jedoch schon dadurch geschehen, dass du das Spotlight auf etwas richtest, was dir nicht gefällt. Also, ruhig Blut bewahren! Wenn du die Übung sechs Monate später erneut machst – und in der Zwischenzeit fleißig daran gearbeitet hast –, wird das ganz anders aussehen.

Der italienische Esstisch

Das ist meine Signature-Übung, die ich selbst entwickelt habe und auf die ich sehr stolz bin.

Wichtiger Hinweis: Solltest du an einer DIS (dissoziative Identitätsstörung) leiden oder den Verdacht haben, an einer DIS zu leiden, ist diese Übung für dich kontraindiziert.

Wann die Übung hilft:

- Wenn du dich selbst schachmatt setzt, weil du gleichzeitig A und das entgegengesetzte B willst
- Wenn du feststeckst
- Wenn es scheinbar keine Lösung gibt

Was du lernst:

- Ich bin mehr als eine Person.
- Nicht alle Anteile in mir wollen das Gleiche, und das führt zu internen Konflikten und Blockaden.
- Mir selbst eine gute Mutter, ein guter Vater zu sein
- Wie ich Lösungen in mir entdecke
- Wie ich mein Selbstmitgefühl und meine Selbstakzeptanz fördere

Zeitdauer der Übung: 5 bis 30 Minuten; schwierig vorherzusagen
Schwierigkeitsgrad der Übung: mittelschwer
Benötigte Utensilien: Platz zum Sitzen, etwas zum Schreiben, extra Zettel, einen Tisch mit Stühlen als Platzhalter für die inneren Anteile
Die Übung kann nicht unterwegs durchgeführt werden.

Beschreibung:
Diese Übung besteht aus neun Schritten:

In einem Satz skizzierst du innerlich dein Problem
Drücke in einem Satz dein Problem konkret aus. Beispiel: »Ich weiß nicht, ob ich mit meinem Partner zusammenbleiben möchte.« Anti-Beispiel: »Ich weiß nicht, was ich mit meinem Leben anstellen möchte.«

Dieser Satz ist zu schwammig, zu wenig konkret. Besser sind Sätze, in denen du zwischen zwei Möglichkeiten wählen kannst (mit dem Partner zusammenbleiben oder mich von ihm trennen).

Formuliere einen Satz, in dem das Problem optimal gelöst ist

Nun suchst du den Gegenbeispiel-Satz. Er könnte sein: »Ich bleibe mit meinem Partner zusammen, weil ich ihn so sehr liebe.« Oder aber: »Ich trenne mich, weil ich keine Zukunft mehr in unserer Beziehung sehe.« Welcher Satz nun der richtige ist, musst du für dich entscheiden. Du suchst den Satz, der mehr in dir auslöst. Mehr im Sinne von: Es macht dir ein unangenehmes Bauchgefühl, du hörst auf zu atmen et cetera. Der Satz triggert dich.

Dreh das innere Bild »lauter«: Male das Ziel in den knalligsten Farben aus

Du hast deinen triggernden Satz gefunden. Super! Jetzt male dir die Situation in allen Einzelheiten aus: Wie wird es sich anfühlen? Was tust du? Was hörst du? Wie verhältst du dich? In dem Beispiel: Sehe dich mit deinem Partner beim Abendessen sitzen, er hat ein romantisches Menü für dich gezaubert. Aus der Stereoanlage ertönt deine Lieblingsmusik, auch an deinen favorisierten Wein hat er gedacht. Verliebt schaut er dir in die Augen und hält zärtlich deine Hand.

Entdecke innere Anteile, die mit dem eigentlichen Wunsch ein Problem haben

Jetzt wird es spannend. Du darfst wieder Meisterdetektivin spielen. Horche in dich hinein und entdecke mögliche Gegenstimmen. Vielleicht gibt es einen Anteil, der dir ins Ohr säuselt: »Boah, hat der eigentlich schon immer so während des Essens geschmatzt? Und schau doch mal das Hemd, das er anhat – geht ja gar nicht!« Anfangs fällt es dir wahrscheinlich eher schwer, Gegenstimmen wahrzunehmen. Wenn du die Übung häufiger machst, wird es dir zunehmend leichter fallen. Versprochen.

Benenne die unterschiedlichen Anteile und setze sie mithilfe der Platzhalter-Zettel an den Tisch

Das ist mein Lieblingspart bei der Übung. Du darfst kreativ werden. Wer spricht da? Welchen Namen kannst du dem Wesen geben? Ist es eine Frau, ein Mann, ein Kind, ein Tier, ein Fabelwesen oder besucht dich ein Promi?

In dem Beispiel: Dir fällt ein blasser, farbloser Buchhalter-Typ auf, der durch seine Spießigkeit glänzt. Er meldet sofort Bedenken an, dass dein Partner sich nicht als zuverlässig und beständig gezeigt hat. Dass auf ihn kein Verlass ist. Ihm, dem Buchhalter, kannst du dann natürlich passend den Namen »Der Erbsenzähler« verpassen. Schreib auf einen Zettel »Der Erbsenzähler« und setze ihn an einen für dich passenden Platz am Tisch. Überprüfe sorgfältig, ob der Platz für ihn passt. Gegebenenfalls änderst du den Platz.

Es kann sein, dass es nur einen anderen inneren Anteil gibt; es können aber auch mehrere vorhanden sein. Vielleicht meldet sich eine Abenteurerin, die endlich mal etwas erleben möchte. Schließlich hast du früh geheiratet und dein Mann ist dein erster richtiger Partner. Oder es kommt eine Prinzessin zu Wort, die den Partner mit dem eigenen Vater vergleicht. Im Vergleich kann der Partner nicht an den Vater heranreichen und ist somit nicht die gebührende Person an der Seite der Prinzessin.

Sprich mit den inneren Anteilen

Als Oberhaupt des italienischen Esstisches bedankst du dich zunächst dafür, dass sich die inneren Anteile zeigen, dass sie so gesprächsbereit und mutig sind.

Sieh dich als die Mediatorin des Gesprächs. Du achtest darauf, dass die grundlegenden Regeln für ein Konfliktgespräch eingehalten werden: Es spricht nur einer nach dem anderen; die Meinungen der anderen dürfen stehen gelassen werden. Fasse als Mediatorin die Sätze zusammen: »Wenn ich dich richtig verstanden habe, ist es so, dass du XYZ. Ist das richtig?« In dem Beispiel: »Wenn ich dich richtig verstanden habe, ist es so, dass du dir sehr viele Gedanken um unsere Sicherheit machst. Ist das richtig so?«

Realisiere, dass die inneren Anteile meist jünger sind als du jetzt
Der wichtigste Punkt in der Übung: Der Erbsenzähler kommt zwar im erwachsenen Gewand daher; wenn du aber genauer hinschaust, entdeckst du mit sehr großer Sicherheit ein verletztes inneres Kind oder einen verletzten Teenager. Der Anteil weiß noch nicht so viel wie du jetzt. Er hat noch nicht die Erfahrungen gemacht, die du gemacht hast. Er ist in der Zeit – zu der die Verletzung stattgefunden hat – stecken geblieben. Er hat nicht nur weniger Wissen, sondern auch weniger Fertigkeiten und Möglichkeiten. Bedenke all das und lass es dich milde gegenüber dem Anteil stimmen.

Entdecke die gute Absicht der einzelnen Anteile
Ich kann dir zu 100 Prozent versichern: *Jeder,* wirklich jeder innere Anteil hat im Kern immer eine gute Absicht. Manchmal musst du ein wenig um die Ecke denken; da kann es helfen, den Anteil aus Sicht eines Kindes zu sehen.
Du fasst also nicht nur zusammen, sondern bist gleichzeitig auf der Suche nach der guten Absicht. Wenn die gute Absicht klar wird, schafft das sehr viel Verbindung. Das innere Kämpfen hört auf. Vielleicht will der Erbsenzähler etwas komplett anderes als du. Aber die Tatsache, dass du dich schützen möchtest und er dich auch – das schafft Akzeptanz und lässt Mauern bröckeln.

Entwickle als Oberhaupt des italienischen Esstisches eine Lösung
Werde kreativ und kommuniziere mit deinen Tischgenossen: Was könnt ihr gemeinsam – mit dir als Oberhaupt, die den Kurs vorgibt – als gute Lösung für alle entwickeln? Ich vergleiche diesen Teil immer mit etwas zähen Gehaltsverhandlungen: Ich kann dir X anbieten, wenn du mir im Gegenzug Y anbietest. In dem Beispiel: »Erbsenzähler, ich schätze deinen Sinn für Sicherheit. Vielleicht könntest

du diesen im Straßenverkehr ausleben? Du passt auf, dass ich sicher durch den Straßenverkehr komme. Im Gegenzug passe ich auf, dass die Beziehung sicher ist. Wie wäre das?« Wahrscheinlich wird der Erbsenzähler erst ein wenig rummosern. Ändere dein Angebot so ab, dass der Anteil loslassen kann und zufrieden ist. Das wirst du im Körper spüren.

Wichtig: Bügle nicht über die Anteile drüber. Achte sie und sei wirklich an ihren Lösungen interessiert.

Beende die Übung, indem du allen Anteilen für ihre Kooperation dankst. Unterschätze diesen Punkt nicht. Danke wirklich jedem Anteil für sein Erscheinen und seine Kooperationsbereitschaft.

Beim nächsten Mann wird bestimmt alles anders!

Mein Herz tanzt
Und jedes Molekül bewegt sich
Glaubst du wie ich daran, dass alles gut sein kann?
Solange wir zusammen sind?
Brich das Eis, mit dem Schritt
Der jedes Atmen zum Wagnis macht
Halt mich fest, mit Gefühl
Es ist so schön, wenn du lachst
Mein Herz tanzt
Und jedes Molekül bewegt sich.

aus dem Song »Tanz der Moleküle« von Mia

Wow, verliebt zu sein, das ist doch der Himmel. Träume und Wünsche ploppen auf, Hoffnungen keimen. Doch die Phase mit Herzklopfen und rundum Rosarottönen ist allzu bald vorüber. Und – shocking news: bei neun von zehn Frauen sucht in Wahrheit das verletzte innere Kind den Partner aus.

Der Neue

Obwohl Nicole nach der katastrophalen Trennung von Ingo zunächst die Nase gestrichen voll hatte von Beziehungen, bemerkte sie zunehmend ein Unwohlsein: Sie wollte nicht das Single-Leben genießen und mit anderen Frauen nachts durch die Bars ziehen. Sie wollte zu jemandem gehören. Ohne Mann an ihrer Seite fühlte sie sich nackt, nicht vollständig. So tritt nicht einmal ein Jahr nach dem Aus ein neuer Mann in Nicoles Leben: Alexander. Nicole ist sich sicher: Das ist er, das ist ihr Traumprinz, mit dem sie gemeinsam in den Hafen der Ehe einlaufen kann. Es passt einfach perfekt zwischen ihnen; sie verstehen sich ohne Worte – sie sind einfach Seelenverwandte. Schon nach drei Monaten Beziehung beschließen die beiden zusammenzuziehen. Nach weiteren fünf Monaten hat Alexander ihr einen Ring an den Finger gesteckt und ihr die Frage aller Fragen gestellt und Nicole hat überglücklich der Ehe zugestimmt. Doch in die Hochzeitsvorbereitungen schleicht sich Missstimmung ein. Nicole registriert panisch, was sie mehr und mehr an Alexander stört: Er schäkert im Restaurant immer mit den Kellnerinnen herum – geht gar nicht! Auf der anderen Seite seine Besitzansprüche: Ständig möchte Alexander wissen, mit wem sie unterwegs ist. Ihren besten Kumpel Michael musste sie bereits »aussortieren«, weil Alexander rasend vor Eifersucht ist. Und dass er sich immer so schwer entscheiden kann und für alles einen Plan machen muss – auch das geht ihr tierisch auf den Keks.

Die Anatomie von Verliebtheit und Liebe

Die unreife Liebe sagt: Ich liebe dich, weil ich dich brauche.
Die reife Liebe sagt: Ich brauche dich, weil ich dich liebe.
Erich Fromm

Grundsätzlich unterteilt sich eine Liebesbeziehung in fünf verschiedene Phasen:

1. Die Phase der Verliebtheit
2. Das Schwinden der Verliebtheit

3. Wer ist die/der Stärkere?
4. Die Balance zwischen Ich und Wir
5. Du bist die Süßkirsche auf meiner perfekten Torte aka mein Leben

Im Folgenden beschreibe ich die Phasen, von denen dir einige oder sogar alle fünf vermutlich mehr als bekannt vorkommen könnten.

Die Phase der Verliebtheit

Damit wir uns überhaupt verlieben, müssen wir sowohl die Persönlichkeit unseres Gegenübers als auch ihn oder sie sexuell attraktiv finden. Was wir als attraktiv betiteln, das hängt sowohl von persönlichen Erfahrungen als auch vom Kulturkreis ab, in dem wir aufgewachsen sind. Treffen potenzielle Partner aufeinander, schüttet das Gehirn unterschiedliche Hormone und Neurotransmitter aus: Da gibt es Oxytocin, das auch »Kuschelhormon« genannt wird. Es wirkt sich positiv auf soziale Bindungen aus, es hemmt Angst und Stress, es dämpft mögliche Aggressionen und macht insgesamt empathischer. Zudem fördert es das Vertrauen. Durch Dopamin, einen Neurotransmitter, werden Glücksgefühle angeregt. Man hat »Schmetterlinge im Bauch« und fühlt sich euphorisiert. Gleichzeitig wird die Amygdala – du erinnerst dich an den teilweise überaktiven Rauchmelder im limbischen System, der überall Gefahren wittert – ausgeschaltet. Du verspürst keine Angst mehr. Stattdessen schwebst du auf Wolke sieben und siehst die Welt durch deine rosarote Brille!

Dopamin tritt nicht nur in Verbindung mit Verliebtheit auf. Es ist unser »Belohnungshormon«, das bei allen Arten von Süchten aus dem Ruder läuft. So verwundert es auch nicht, dass viele Beziehungen nach der Verliebtheitsphase enden, denn man ist süchtig nach dem Verliebtsein. Hört die Phase der Verliebtheit auf, wird nicht länger Dopamin ausgeschüttet. Dann doch lieber zur nächsten Blume weiterziehen und sich den nächsten Neurotransmitter-Kick holen.

Verliebtheit und Sucht liegen zumindest im Gehirn nah beieinander. Zudem schaltet der rauschartige Zustand das analytische und rationale

Denken des Nerds, des Neokortex, aus. Denken findet nicht mehr statt! Das erklärt, warum Verliebte so immun gegenüber warnenden Meinungen von guten Freunden bezüglich des neuen Partners sind: Alles Negative wird zuverlässig ausgeblendet.

Das Schwinden der Verliebtheit

Etwa fünf bis 18 Monate nach dem Kennenlernen fällt der Cocktail an Hormonen und Botenstoffen ab und verliert seine Kraft. In dieser Phase wird die rosarote Brille, die den Partner vorher in den magischsten Farben zeichnete, durch die krasse Realität ersetzt: Plötzlich entdeckst du Dinge, die schon die ganze Zeit da waren, als störend. Die Dinge, die dich jetzt nerven, fandest du zu Beginn sogar attraktiv: Aus »Oh mein Gott, er muss mich wirklich lieben, wenn er mich nicht aus den Augen lassen mag. Ich bin sein Goldschatz« wird nun ein unangemessener Besitzanspruch. Seine jetzige Entscheidungsschwierigkeit war früher ein: »Wahnsinn! Er macht sich wirklich über alles solche Gedanken – er ist wahrhaftig tiefsinnig.«

Das Schwinden der Verliebtheit gleicht einem Sprung aus einem Flugzeug ohne rettenden Fallschirm: Der Aufprall ist alles andere als weich.

Wer ist hier die/der Stärkere?

Sofern keiner der beiden schon in Phase zwei das Handtuch geworfen hat, beginnt nun die Zeit der Revierkämpfe. Du versuchst, den Partner oder die Partnerin zu ändern. Er oder sie wäre der oder die Richtige für dich, wenn er oder sie sich bloß ändern würde. Das Drama-Dreieck lässt grüßen!

In deinem Kopf gibt es ein Bild davon, wie der andere Mensch sein *muss*, damit er für dich passt. Damit du dich gut fühlst. Es gibt eine richtige Verhaltensweise (deine) und eine falsche (seine). Natürlich finden diese Machtkämpfe auf beiden Seiten statt. Die Partnerschaft wird geprüft. »Ist der Traumprinz nicht schon wieder ein gut getarnter Frosch? Vielleicht wartet an der nächsten Ecke mein echter Traumprinz«, fragst du dich.

Die Balance zwischen Ich und Wir

Wenn du es bis in diese Phase geschafft hast – herzlichen Glückwunsch. Ihr habt angefangen, euch gegenseitig zu akzeptieren. Mit den Stärken und auch den Schwächen. Es besteht nicht mehr der zwanghafte Wunsch, den Partner zu ändern, um ihn passend zu machen. Innerhalb der Partnerschaft beginnt sich eine mögliche anfängliche Symbiose aufzulösen. Jeder der Partner ist daran interessiert, neben dem Wir seinen eigenen Raum zu entdecken. »Wer bin ich als Mensch sowohl in der Beziehung als auch nur für mich?« ist die Frage, die ihr euch stellt.

Du bist die Süßkirsche auf meiner perfekten Torte aka mein Leben

Aus meiner Sicht ist man erst hier in der wahren Liebe angekommen. Der Partner ist nicht mehr »die bessere Hälfte«, sondern er ist ein absoluter Superbonus, den du *gewählt* hast. Für den du dich entschieden hast. Aus freien Stücken. Nicht aus einer Notwendigkeit heraus. Ja, du liebst deinen Partner. Dennoch ist ein Leben ohne deinen Partner denkbar. Es besteht keine Notwendigkeit mehr, mit dem Partner zusammen zu sein. Du brauchst deinen Partner nicht, du liebst ihn. Das ist freie und wahre Liebe.

Gewohnheit und Abhängigkeiten als Kleber für Beziehungen

Wenn ich mich umschaue, dann sehe ich leider nicht wirklich viele Beziehungen, die über das dritte Beziehungsstadium hinweg gelangen. Ich sehe Paare, die aus purer Bequemlichkeit zusammen sind. »In meinem Alter noch einmal Single sein? Nee, darauf habe ich keinen Bock!« Ich kann Partnerschaften entdecken, die sich in finanzielle Abhängigkeiten verstrickt haben. Wie soll man als Alleinerziehende mit zwei Kindern den Kredit für das Haus abbezahlen? Ich beobachte Ehen, die nur für die gemeinsamen Kinder notdürftig zusammengehalten werden. Ich registriere Verbindungen, die des Wortes nicht würdig sind: Die Partner haben sich emotional so weit voneinander entfernt, dass sie auch gut und gern als mehr schlecht als recht funktionierende Wohngemeinschaft durchgehen würden.

Auch ich darf über mich verraten, dass ich im Jahr 2022 bereits im 17. Jahr mit meinem Ehemann liiert bin – wirklich lieben tue ich ihn erst seit zwei (!) Jahren. Ihn mit (fast) allem zu nehmen, wie er ist – das gelingt mir erst seit kürzester Zeit.

Warum fällt es uns so schwer, den Partner mit all seinen Stärken und Schwächen zu akzeptieren? Warum wünschen wir uns lieber eine Backmischung, in der wir uns den perfekten Partner nach eigenen Vorstellungen backen können? Du kannst es dir denken: Die Ursachen dafür sind tief in deiner Kindheit vergraben. Dazu begeben wir uns im nächsten Kapitel mitten hinein in deine erste Beziehung: die zu deinen Eltern.

Zeig mir deine Eltern und ich sage dir, wie deine Beziehungen aussehen

Als ich mich 2004 erstmalig mit Entwicklungspsychologie beschäftigte – also mit dem Thema, welche Prozesse innerhalb eines Kindes stattfinden müssen, damit es zum gesunden Erwachsenen reifen kann –, habe ich ernsthaft an der Evolution gezweifelt. Welcher Teufel hatte die Evolution geritten, ein solch störanfälliges Konzept über die Heranreifung der menschlichen Spezies zu entwickeln? Ich wusste noch nichts über das Nervensystem; das hätte mich wahrscheinlich völlig in die Verzweiflung gestürzt.

Es gab so viele Fallstricke beim Erwachsenwerden – wie war es überhaupt möglich, als Mensch gesund heranzuwachsen und ein erfüllendes Leben zu führen? Eigentlich fast unmöglich. Theoretisch. Praktisch zeigt sich ein weiteres Mal, dass wir Menschen über eine außerordentliche Resilienz verfügen, trotz widrigster Umstände ein glückliches Leben kreieren zu können.

Doch zunächst zu den Fallstricken. Es handelt sich um fünf Faktoren:

1. Deine Mutter
2. Dein Vater
3. Die Beziehung zwischen deinen Eltern
4. Die Vermittlung von weiblicher und männlicher Energie über die Eltern
5. Deinen Bindungsstil

Die Faktoren prägen dich und bestimmen, wie es um deine Beziehungsfähigkeit bestellt ist. Ich spreche nicht nur von partnerschaftlichen Beziehungen, sondern auch von Freundschafts- und Arbeitsbeziehungen, sogar von deiner Beziehung zur Welt. Zum Glück sind diese Prägungen veränderbar. Du musst nicht die Geschichte deiner Eltern wiederholen, aber mit großer Wahrscheinlichkeit wirst du es zunächst tun.

Wenn du als Neugeborenes auf die Welt kommst, bist du wie ein trockener Schwamm, der die Eindrücke der Welt ungefiltert aufnimmt. Die Eindrücke werden nicht auf ihren Wahrheitsgehalt überprüft oder hinterfragt; sie werden einfach zu deiner Wahrheit, zu deiner Brille, mit der du die Welt fortan siehst. Schauen wir uns die einzelnen Prägungsfaktoren näher an.

Die Mutter

Selbst wenn deine Mutter nicht deine erste Bezugsperson war, das heißt, wenn du nicht bei ihr groß geworden bist, ist es doch die erste Beziehung, die du auf der Welt erfährst. Im Kapitel über die Stresssucht (Seite 120 ff.) habe ich erklärt, wie du über die Nabelschnur mit deiner Mutter verbunden bist und welche Auswirkungen es auf dich als Fötus hat, wenn deine Mutter während der Schwangerschaft arg gestresst war. Schon hier kann ein erstes Gefühl dafür entstehen, wie sehr du gewollt oder eben leider nicht gewollt bist. Als primäre Bezugsperson ist deine Mutter dafür zuständig, wie viel Urvertrauen du entwickeln kannst, wie du die folgenden Fragen innerlich beantwortest:

- Wie sicher oder wie unsicher ist die Welt für dich?
- Wie sicher ist es für dich, deine Bedürfnisse und Gefühle auszudrücken?
- Wie sicher werden deine Bedürfnisse erkannt und befriedigt?
- Wie sicher gelingt es deiner Mutter, eine adäquate Co-Regulatorin deiner Aufregung zu sein?
- Wie sicher ist es für dich, dich völlig »egoistisch« selbst zu erfahren?
- Wie sicher ist es, völlig abhängig von deiner Mutter zu sein?

Das Baby erfährt sich zunächst als symbiotisch mit der Mutter vereint, aus dessen Sicht gibt es keine Trennung. Erst im Alter von circa einem Jahr entwickelt es erste Tendenzen, sich als eigenständige Person zu erfahren.

Der Vater

Dein Vater hat zu Beginn die Aufgabe, die symbiotische Beziehung zu deiner Mutter aufzubrechen und sich als weitere Bezugsperson anzubieten. Die ursprüngliche Zweierbeziehung weicht auf und wechselt in das Stadium einer Dreiecksbeziehung zwischen Mama, Kind und Papa. Durch die Abnabelung von der Mutter wird ein Autonomieprozess angeschoben: Das kleine Kind entwickelt Neugierde und Lust, die Welt zu entdecken. Ist die Bindung zur Mutter jedoch nicht ausreichend sicher gewesen, so ist es natürlich auch nicht sicher, die Welt zu entdecken. Wenn der Vater (oder eine andere männliche Person) als weitere Bezugsperson nicht zur Verfügung steht, ist die Abnabelung von der Mutter für das Kind schwieriger. Es bleibt unter Umständen symbiotisch verbunden. Für Töchter ist der Prozess der Abnabelung grundsätzlich schwieriger, weil sie gleichgeschlechtlich zur Mutter sind. Ein Sohn hingegen erfährt sich schon durch sein Geschlecht als anders, was die Abnabelung in der Regel erleichtert.

Die Beziehung zwischen deinen Eltern

Am Beispiel deiner Eltern lernst du, wie man als Paar miteinander umgeht. Folgende Fragen stellen sich dabei:

- Begegnen sich deine Eltern auf Augenhöhe?
- Wie wertschätzend gehen sie miteinander um?
- Wie viel Körperlichkeit gibt es in ihrer Beziehung?
- Welches Rollenvorbild wird in der Partnerschaft gelebt?

All das nimmst du unbewusst auf und machst es zum Standard, wie partnerschaftliche und alle anderen Beziehungen funktionieren.

Die Vermittlung von weiblicher und männlicher Energie über die Eltern

Als menschliche Wesen verfügen wir – sowohl als Frau als auch als Mann – im besten Fall über ein ausgewogenes Verhältnis an gesunder weiblicher und männlicher Energie.

In Anlehnung an das chinesische Yin-und-Yang-Prinzip und auch in den meisten Kulturen der Welt, ebenso wie der unseren, christlich und antik griechisch-römisch geprägten Kultur steht die weibliche Energie in ihrer gesunden Ausprägung für:

- Urvertrauen
- Wildheit, Chaos
- Dunkelheit
- Empfangen
- Intuition
- Gefühle
- Hingabe und Loslassen
- Gemeinschaft
- Kreativität und Inspiration
- Nähren
- Genießen und Entspannen
- Heilen

Die männliche Energie steht in ihrer gesunden Ausprägung für:

- Umsetzen
- Entscheiden
- Struktur
- Licht
- Schützen
- Handeln
- Verstand
- Kontrollieren
- Fokussieren
- Kraft und Macht

Gesunde Weiblichkeit und gesunde Männlichkeit

Zwei Fragen an dich: Hat dir deine Mutter eine gesunde Weiblichkeit vorgelebt? War dir dein Vater ein Vorbild für gesunde Männlichkeit?

In meiner Familie galten Frauen beispielsweise als »schmückendes Beiwerk« für einen tollen Mann. Mein Großvater vermittelte mir als kleines Mädchen, dass meine einzige Aufgabe sei, hübsch zu sein. Dann wäre mir ein gutes Leben vorherbestimmt. Ohne Worte, oder? Als junges Mädchen war es mein größter Wunsch, Businessfrau zu werden: Ich wollte mit einer Aktentasche bewaffnet durch die Welt jetten und erfolgreich sein. Männliche Attribute wie Erfolg, Status und Wissen waren mir extrem wichtig. Meine Mutter habe ich als schwach empfunden. Auf keinen Fall wollte ich auch nur annähernd so sein wie meine Mutter! Du siehst: Ich habe weibliche Energie abgewertet und mich auf männliche Energie fokussiert. Langfristig brachte mir das einen Haufen Probleme ein.

Der Bindungsstil

Der englische Kinderpsychiater John Bowlby entwickelte in den 1940er- bis 1960er-Jahren die sogenannte Bindungstheorie. Er entdeckte, dass es vier unterschiedliche Stile gibt, wie Kinder an ihre Bezugspersonen gebunden sein können:

- Die sichere Bindung
- Die unsicher-vermeidende Bindung
- Die unsicher-ambivalente Bindung
- Die desorientierte Bindung

Bowlbys Kollegin, die amerikanische Entwicklungspsychologin Marie Ainsworth entwickelte dazu den »Fremde-Situation-Test«, um den Bindungsstil von Kindern zu entdecken. In dem Experiment wurde untersucht, wie kleine Kinder sowohl auf eine kurzfristige Trennung als auch auf die Wiedervereinigung mit der Mutter reagierten. Zur Verdeutlichung: Der Bindungsstil ist keine Diagnose oder auch kein Charaktermerkmal. Auch können wir gegenüber unterschiedlichen Bezugspersonen variabel gebunden sein, das heißt gegenüber der Mutter unsicher-vermeidend, gegenüber dem Vater unsicher-ambivalent. Der Bindungsstil zeigt lediglich, welches Verhalten wir aufgrund früher Erfahrungen in Beziehungen noch heute – sofern du das nicht für dich aufgearbeitet hast – favorisiert abrufst. Im Folgenden die Beschreibung der vier Bindungsstile anhand des Fremde-Situation-Tests:

Der sichere Bindungsstil

Im Test zeigt sich, dass sicher gebundene Kinder mit Protest auf die Trennung reagieren. Jedoch lassen sie sich durch eine weitere weibliche Testperson beruhigen und setzen ihr Spiel fort. Kehrt die Mutter zurück, reagiert es mit Freude auf die Mutter. Als Erwachsenen fällt es den so geprägten Kindern leicht, ihre Gefühle auszudrücken und sich mit ihnen zu zeigen. Die Welt wird als sicherer Ort empfunden. Es herrscht eine positive Grundhaltung dem Leben gegenüber. Erwachsene mit einem sicher-gebundenen Bindungsstil sind lösungsorientiert, anpassungs- und teamfähig. Es ist sicher für sie, sowohl Intimität als auch Abstand innerhalb einer Beziehung zuzulassen. Es gibt keine Angst vor dem Verlust der Partnerschaft. Menschen mit sicher-gebundenem Bindungsstil zeichnen sich durch Selbstvertrauen und Feinfühligkeit aus. Beziehungen, in denen mindestens ein Partner sicher gebunden ist, werden als die am zufriedenstellendsten empfunden.

Die unsicher-vermeidende Bindung

Im Test zeigen sich diese Kinder unbeeindruckt von der Trennung der Mutter. Sie setzen ihr Spiel scheinbar fort. Kehrt die Mutter zurück, erfolgt wenig Reaktion. Im Gegenteil: Die fremde Testperson wird der Mutter vorgezogen. Messungen des Stresshormons Cortisol bei diesen Kindern ergaben über mehrere Stunden erhöhte Spiegel. Auch wenn das Kind äußerlich ruhig erscheint, tobt im Innern der Kampf mit dem Säbelzahntiger. Eine unsicher-vermeidende Bindung entsteht, wenn wiederholt nicht oder abwertend auf die Gefühls- und Bedürfnisbekundungen des Kindes reagiert wurde.

Erwachsene mit unsicher-vermeidendem Bindungsstil legen großen Wert auf ihre Autonomie. Es ist ihnen wichtig, unabhängig und stark zu sein. Diese Stärke und Autonomie sind aber nicht real; sie sind lediglich Mittel, um den Schmerz einer neuen erwarteten Ablehnung zu verhindern. Echte Nähe wird vermieden und die Betroffenen tragen ihr Herz nicht unbedingt auf der Zunge. Insgeheim haben sie die Überzeugung, eines Tages vom Partner verlassen zu werden. Da ist es doch besser, sich nicht zu sehr auf ihn einzulassen!

Ist einer der Partner unsicher-vermeidend gebunden, wird die Beziehung als sehr quälend und wenig glücklich empfunden.

Die unsicher-ambivalente Bindung

Im Test zeigen sich diese Kinder extrem verunsichert: Lautstark äußern sie ihren Protest über die Trennung von der Mutter und lassen sich durch die fremde Person gar nicht beruhigen. Kehrt die Mutter zurück, reagieren sie mit heftigen Anklammerungsversuchen, lassen sich jedoch auch von ihr nicht beruhigen. Ebenso wie beim unsicher-vermeidenden Bindungsstil ergaben Cortisolmessungen einen über Stunden erhöhten Spiegel.

Eine unsicher-ambivalente Bindung entsteht, wenn auf die Bedürfnisse und Gefühle des Kindes sehr unterschiedlich reagiert wurde. Für das Kind gibt es kein erkennbares Muster, wie die Bezugspersonen auf es reagieren. Das schafft große Verwirrung, Verunsicherung und dadurch extrem viel Stress.

Erwachsene mit unsicher-ambivalentem Bindungsstil sind die Drama-Queens und -Kings: Ihre Beziehungen sind durch viel Theatralik und On-Offs gekennzeichnet. Die eigenen Gefühle sind überbordend und ohne Grenzen. Man klammert sich an den Partner und eine mögliche Trennung ist der absolute Super-GAU. Man verharrt in der Beziehung, obwohl sie definitiv nicht guttut. Co-Abhängigkeit ist ebenfalls häufig ein Thema. Gegenüber dem Partner empfindet man sich als minderwertig und der Partner stellt den rettenden Helden dar.

Eine Beziehung, in der einer der Partner unsicher-ambivalent gebunden ist, könnte man im besten Fall als wenig langweilig bezeichnen, im Allgemeinen ist sie allerdings extrem dramalastig und unruhig.

Die desorientierte Bindung

In der fremden Situation verhalten sich diese Kinder sehr widersprüchlich, teilweise bizarr: Sie reagieren völlig emotionslos auf die Trennung, erstarren oder zeigen beruhigende stereotype Bewegungsmuster wie Hin-und-her-Schaukeln. Betritt die Mutter wieder den Raum, verhalten sie sich erneut sehr widersprüchlich, sie klammern sich zum Beispiel in einem Augenblick an die Mutter und sind im nächsten Augenblick wütend auf sie. Eine Beruhigung durch die Mutter ist nicht möglich. Cortisolmessungen ergaben einen grundsätzlich erhöhten Spiegel; das heißt: Das Kind befindet sich im Daueralarmzustand.

Eine desorganisierte Bindung entsteht, wenn die Bezugsperson auf der einen Seite ein kleiner Quell von Bindung ist, gleichzeitig aber auch eine große Bedrohung darstellt. Verbale oder körperliche Gewalt und/oder sexuelle Übergriffe seitens des Erwachsenen gegenüber dem Kind sind mögliche Ursachen der Bedrohung. Um ein wenig Bindung und dadurch Sicherheit zu erhaschen, muss es sich der Gefahr durch die Bezugsperson aussetzen. Denn entweder verliert das Kind die Bezugsperson oder die eigene mentale oder körperliche Unversehrtheit – ein Dilemma!

Erwachsene mit desorientiertem Bindungsstil zeichnen sich ebenso durch Inkonsistenz im Verhalten aus: Es gibt den Wunsch nach einer intensiven Beziehung, gleichzeitig wird diese mit allen Mitteln sabotiert. Die erlebte Gewalt in der Kindheit wird mit großer Wahrscheinlichkeit in der Beziehung fortgeführt. Neben der Beziehungsproblematik ist davon auszugehen, dass die Erwachsene unter psychischen Problemen wie Depression, Angststörungen, Burn-out oder Süchten leidet. Eine Begleitung durch eine erfahrene Fachperson ist also dringend anzuraten.

Beziehungen aus Sicht der Nervensystem-Brille

Du hast erfahren, dass es in Beziehungen vor Säbelzahntigern wimmeln kann. Erinnerst du dich noch an unseren Ausflug in den brasilianischen Dschungel und nach Dubai? Anhand dieser Ausflüge habe ich dir erklärt, wie dein Gehirn grundsätzlich funktioniert: Eine der generellen Funktionsweisen des Gehirns ist es, dass es Neues verabscheut und sich stattdessen lieber mit Altbekanntem umgibt. Dabei spielt es keine Rolle, ob das Altbekannte gut oder förderlich für dein Leben ist.

Und was ist dir in Hinblick auf Beziehungen am besten bekannt und wohlvertraut? Na klar, das, was du mit und an deinen Eltern beobachtet und gelernt hast. Tadümm!

Das heißt im Umkehrschluss, dass du mit größter Wahrscheinlichkeit zunächst die Beziehungsmuster, Rollenvorbilder und -klischees deiner Eltern eins zu eins in deinen ersten Beziehungen wiederholst.

Im Zuge des Schreibens für dieses Buch habe ich den Blick über meine eigenen partnerschaftlichen Beziehungen schweifen lassen: Mir ist kotzübel geworden! Bereits zu Beginn habe ich dir von meiner missglückten ersten Ehe berichtet. Ich entdeckte beim Schreiben so viele unangenehme Parallelen zwischen mir und meiner Mutter, dass es mir fast den Atem verschlagen hat.

Okay, die gute Nachricht ist ja: Die Bindungsstile und generell das, was du von Mama und Papa mitbekommen hast, sind nicht in Stein gemeißelt. Alles lässt sich mit intensiver Arbeit revidieren und transformieren. Einen ersten Schritt hast du bereits getan, indem dir bewusst geworden ist, wie sehr du deine Eltern – obwohl du es gar nicht willst – kopierst.

Hier noch eine Übung, um über die unbewussten Beziehungsgeschenke deiner Eltern mehr Klarheit zu gewinnen:

Journaling: Klarheit in Beziehungen bringen

Wann die Übung hilft:

- Wenn du deine unbewussten Beziehungsmuster aufdecken möchtest

Was du lernst:

- Ich kann klar die Muster in meinen Beziehungen erkennen – diese Klarheit ist der erste Schritt, sie zu ändern

Dauer: circa 45 Minuten
Schwierigkeitsgrad: mittel
Benötigte Utensilien: Stift und Papier
Die Übung kann nicht unterwegs durchgeführt werden.

Beschreibung:
Beantworte für dich handschriftlich folgende Fragen:

- Wie war grundsätzlich der Umgang deiner Eltern miteinander?
- Welche Gefühle konntest du zwischen deinen Eltern wahrnehmen?
- War das Verhältnis zwischen ihnen auf Augenhöhe? Oder gab es eine Person, die den Ton angab, während die andere brav gehorchte?
- Gab es ungeschriebene Gesetze, wer wofür zuständig war? Zum Beispiel kochte die Mama, der Papa mähte den Rasen?
- Wie viel Körperlichkeit gab es zwischen deinen Eltern?
- Gab es ein konventionelles Rollenverhalten à la »Papa bringt das Geld nach Hause, Mama passt auf die Kinder auf«?
- Hat einer oder haben beide Elternteile in Abwesenheit des anderen Elternteils schlecht über ihn geredet?
- Gab es pauschale Aussagen über die Geschlechter im Sinne von »Frauen können nicht rechnen« oder »Männer können keine Gefühle«? Wenn ja, was waren die vermittelten Botschaften?
- Wie gefühlvoll war die Beziehung deiner Eltern?
- Hast du Gewalt zwischen deinen Eltern beobachtet?
- Wie wertschätzend sind deine Eltern miteinander umgegangen?
- Wie würdest du die Beziehung zwischen dir und deiner Mutter beschreiben?

- Wie würdest du die Beziehung zwischen dir und deinem Vater skizzieren?

Und damit nicht nur dein Kopf beansprucht wird, sondern auch dein Körper mitkommt, habe ich hier eine weitere Körperübung für dich.

Der Armin

Ja, »mein« Armin (van Buuren, siehe Seite 116) war die Inspiration für diese Übung. Auf seinen Konzerten steht er in der unten beschriebenen Pose und fordert die Besucher auf: »Feel again!«

Wann die Übung hilft:

- Wenn du mehr Selbstvertrauen brauchst
- Wenn du die Heldin in dir entdecken und herauskitzeln möchtest

Was du lernst:

- Wie meine Körperhaltung und meine Stimmung zusammenhängen
- Wie mächtig ich in Wahrheit bin

Zeitdauer der Übung: etwa 2 Minuten
Schwierigkeitsgrad der Übung: simpel
Benötigte Utensilien: keine
Die Übung kann auch unterwegs durchgeführt werden.

Beschreibung:
Stelle dich breitbeinig hin, sodass es für dich angenehm ist. Gern auch ohne Schuhe, damit du den Untergrund gut spüren kannst. Konzentriere dich auf deine Füße. Stell dir vor, dass aus beiden Füßen Wurzeln in den Boden wachsen. Zunächst sind es ganz feine Wurzeln, die sich automatisch durch deine Aufmerksamkeit in unkaputtbare, dicke Wurzeln transformieren. Du stehst – und nichts kann dich umhauen.

Heb nun deine Arme an, dass du wie ein X aussiehst.
Richte deinen Kopf geradeaus, sodass du nach vorn in die Ferne schaust.
Stell dir vor, du bist die Königin deines Landes und blickst selbstbewusst auf das, was du erschaffen hast.
Wenn du magst, schließe die Augen.
Spüre, wie kraftvoll und mächtig du bist! Du bist eine starke Frau.

Lass uns lieb und nett miteinander sein: Die People-Pleaserin

Du kannst niemals alle mit deinem Tun begeistern.
Selbst wenn du übers Wasser laufen kannst, kommt einer daher und fragt, ob du zu blöd zum Schwimmen bist.
Unbekannt

Erster Weihnachtstag 2019

Nicole sitzt mit ihrem Mann und den zwei Kindern im Auto. Zäh schiebt sich der Verkehr auf der Autobahn der A 2 in Richtung Duisburg. So eisig wie der Schnee auf der Fahrbahn ist auch die Stimmung im Inneren des Autos. Nach einem Streit vor den Kindern hat Robert es nun vorgezogen, den Eisprinzen zu spielen und schweigend vor sich hin zu schmollen. Alle Versuche von Nicole, die Stimmung herumzureißen, laufen ins Leere.

Am Mittag erreichen sie das Haus ihrer Eltern in Duisburg. Ihr Bruder Florian samt Familie ist bereits eingetroffen, auf die Schwester Carolin wird man wie immer warten müssen.

»Du hast aber ganz schön zugelegt!«, sind die begrüßenden Worte ihres Vaters. Puh, das sitzt; ein Jahr nach der Geburt von Ben sind noch nicht alle Schwangerschaftskilos verschwunden. Nicole hadert stark mit ihrem Aussehen – schon in der Kindheit hat der Vater stichelnde Bemerkungen über ihr Gewicht gemacht. »Typisch Papa, immer schön den Finger in die Wunde legen«, denkt sich Nicole. Dennoch schluckt sie die Aussage ihres Vaters unkommentiert und sagt stattdessen – mit einem breiten Grinsen auf dem Gesicht: »Wie schön, dich endlich zu sehen, Papa. Ich habe mich so sehr auf dich gefreut!«

Stunden später sitzt die gesamte Familie am festlich gedeckten Tisch. Die Bescherung der Kinder ist vorbei und die fünf wetteifern, wem der Weihnachtsmann wohl die besten Geschenke gebracht hat.

»Wann wollt ihr denn jetzt endlich heiraten? Oder wie lange muss ich mir von den Nachbarn noch das abwertende Geschwätz über eure Beziehung anhören? Ist euch eigentlich bewusst, was das mit mir macht?« Die Mutter schaut Nicole und Robert herausfordernd an. Nicole verschluckt sich an der Portion Rotkohl, Robert schaut konzentriert in den Rotwein, als ob dort die nächsten Lottozahlen zu entdecken wären. Man könnte eine Stecknadel fallen hören. »Mama, wir haben doch schon einige Male darüber gesprochen. Das möchte ich nicht diskutieren. Lasst uns doch nett hier beisammen sein – es ist schließlich Weihnachten.«
»Es ist der perfekte Zeitpunkt, um darüber zu sprechen, nun, wo ihr alle da seid. Robert, was sagst du dazu? Willst du Nicole nun endlich den Ring anstecken oder muss ich es selbst tun? Rainer, du als Familienoberhaupt, sag doch auch mal was!«
»Also Mama, dein Gänsebraten ist dieses Jahr aber wirklich vorzüglich gelungen. Hast du ein neues Rezept verwendet?«, säuselt Nicole ihrer Mutter zu. Doch die Mutter starrt Robert weiter demonstrativ an. Stille. Zögerlich schaut Nicole ihren Partner an. Sie weiß, fällt noch ein ätzender Satz der Mutter, dann rastet er aus. Sein Gesicht ist schon bedenklich rot. Er wird die Mutter, den Vater, ihre ganze Familie wüst beschimpfen. Nicole auffordern, noch heute Nacht wieder zurück nach Berlin zu fahren. Das muss sie auf jeden Fall verhindern! Nicht auszudenken, wenn ihre Mutter und Robert wegen ihr schlechte Laune hätten. Doch zu spät. Roberts Kopf läuft rot an. Versöhnlich legt Nicole ihre Hand auf Roberts Oberschenkel. Energisch schiebt er ihre Hand fort. »Warum sollte ich Nicole heiraten? Um dann auch so eine beschissene Ehe wie ihr beiden zu führen?«, faucht Robert Nicoles Eltern an und verlässt wutschnaubend den Raum. Natürlich rennt Nicole hinterher. Sie ist eine Meisterin darin, die Wogen zu glätten. Ihr Motto: Warum streiten, wenn man auch lieb und nett miteinander umgehen kann? Dass sie dabei so manches Mal ihre eigenen Grenzen über Bord wirft, ihren Schmerz und ihre Wut herunterschluckt – das nimmt sie billigend in Kauf. Es ist doch so viel netter, wenn alle nett sind!

Warum fällt es Nicole so schwer, klare Grenzen in Beziehungen zu ziehen? Sich selbst an erste Stelle zu setzen? Die Meinung von anderen das sein zu lassen, was sie sind: halt »nur« Meinungen von anderen. Nicole kann das alles nicht, weil sie eine People-Pleaserin ist. Übersetzen würde man das mit »Einschleimerin«. Eine solche People-Pleaserin ist eine Person, die es allen um sich herum gerne recht machen möchte. Man ist die Person, die immer lacht, die äußerst nett und hilfsbereit ist. Man liebt es, gebraucht zu werden, und erschafft Situationen, die einen unersetzlich machen. Dabei übersieht man häufig die eigenen Grenzen und Bedürfnisse – dem anderen zu gefallen, ist so viel wichtiger als das eigene Wohl.

Bist auch du eine People-Pleaserin?

An diesen Anzeichen erkennst du, ob du eine People-Pleaserin bist:

- Streit und Konflikte sind dein absoluter Super-GAU; sie tun dir fast schon körperlich weh.
- Du entschuldigst dich ständig bei anderen – auch wenn es gar keinen Grund gibt.
- Nein zu anderen zu sagen, ist äußerst schwer bis unmöglich für dich.
- Du scheust dich davor, deine eigene Meinung zu äußern; du willst es dir schließlich mit niemandem verscherzen.
- Du hast den starken Drang, dich hilfsbereit und aufopfernd zu präsentieren.
- Du fühlst dich für die Gefühle anderer verantwortlich; »schlechte« Gefühle bei anderen auszuhalten, ist für dich ein Ding der Unmöglichkeit.
- Fehler suchst du grundsätzlich erst bei dir und erst dann bei anderen.
- Dein größtes Ziel: von allen gemocht und geliebt zu werden.
- Deine schlimmsten Feinde: Ablehnung und verlassen werden.
- Du bürdest dir Aufgaben auf, die nicht deine sind, und kämpfst dann mit deinen 1037 To-dos.

- Du liebst es, wenn andere dir Anerkennung oder Bestätigung geben.
- Deine Resilienz gegenüber Kritik ist nicht ausgeprägt: Du bist am Boden zerstört, wenn dich jemand kritisiert.
- Du bist ein Chamäleon, ein Fähnchen im Wind: In unterschiedlichen gesellschaftlichen Kontexten nimmst du komplett unterschiedliche Rollen ein.
- Zugunsten anderer verschiebst du deine Grenzen; by the way: Hast du eigentlich Grenzen?

Der unerträglich stressige Alltag einer People-Pleaserin

Als People-Pleaserin bist du im Dauerstress. Ständig musst du dich verbiegen, dich verstellen, deine Wut und deine Bedürfnisse herunterschlucken, die Wünsche von anderen hingegen erahnen – und das alles neben den unzähligen To-dos, die du meist für dein Umfeld erledigst, um unersetzbar zu sein. Kein Wunder, wenn dir mal irgendwann die Puste ausgeht oder du ausrastest, weil du einfach konstant überfordert bist.

Du machst deinen Wert – ja dein ganzes Sein – davon abhängig, dass ein anderer Mensch ihn dir zuschreibt, und bist ihm auf Gedeih und Verderb ausgeliefert. Siehst du, welch perfides Spiel du mit dir treibst? Ein Spiel, aus dem du nur als Verliererin hervorgehen kannst. Anstatt dich über dein Leben zu freuen, denkst du den ganzen Tag über andere nach. Du gehst Gespräche durch, suchst nach Ablehnung, »bereitest dich auf nächste Gespräche vor«, bist nie wirklich im Hier und Jetzt. Eigentlich kannst du nichts richtig genießen. Du willst alles perfekt machen und redest dir ein, die Geburtstagsparty sei nur besonders schön, wenn du fünf verschiedene Gerichte für jeden Geschmack gekocht, zwei Kuchen gebacken und die komplette Wohnungsdeko ausgetauscht hast.

Du musst dich verbiegen, kannst nie dein wahres Gesicht zeigen. Als wärst du ein Roboter, der zu funktionieren hat. Du musst über deine Grenzen gehen. Selbst wenn dir längst die Puste ausgegangen ist, kannst du es nicht zugeben. Du lächelst – und weinst innerlich. Ein Teil in dir mag glauben, die anderen erwarteten das von dir, doch der andere Teil in dir weiß: *Du* erwartest all das von dir.

Im Taumel zwischen Opferdasein und Heldentum

Als People-Pleaserin machst du dich im Rahmen des Drama-Dreiecks abwechselnd zum Opfer oder zur Heldin. Als Opfer wartest du auf die Zauberelixiere: Bestätigung, Anerkennung, Wertschätzung und vor allen Dingen Liebe. Du bist dauernd auf der Suche nach dem einen Helden, der dir diese Zauberelixiere verabreicht. Doch dann entpuppt sich der Held als ekliger Frosch, er ist nicht der rettende Traumprinz (und es ist egal, ob der Traumprinz männlich oder weiblich ist). Als Frosch verweigert er dir das rettende Elixier. Oder noch schlimmer: Er verabreicht dir das Gift: Ablehnung! Am Boden zerstört machst du dich erneut auf die Suche. Vielleicht ist der Nächste ein wahrer Held?

Wenn du nicht gerade Opfer spielst, dann bist du als Heldin unterwegs. Wen kann ich retten? Wem kann ich zu Diensten sein? Gerne auch ungefragt. Kein leichtes Leben.

Doch schauen wir zunächst, warum man überhaupt zur People-Pleaserin mutiert.

Die Ursache: Bedürfnis nach Bindungssicherheit als Kind

Der verstorbene Psychiater Dr. Aaron T. Beck entwickelte im Jahr 1972 ein Modell, um die Vulnerabilität (Anfälligkeit) für eine Depression vorherzusagen. Er entdeckte zwei entgegengesetzte Persönlichkeitstypen:

- die **soziotrope Persönlichkeit**, deren höchstes Ziel ist, in Verbindung mit anderen Menschen zu sein, und die dadurch ihren Selbstwert bezieht,
- die **autonome Persönlichkeit**, deren größter Wert persönliche Freiheit ist und die ihr Selbstwertgefühl durch Leistung und Erfolg bezieht.

Wie so vieles in der Psychologie ist das Konzept sehr umstritten, weil es andere Studien gibt, die den Aussagen von Beck entgegenstehen. Wenn wir von der Vorhersehbarkeit durch die zwei unterschiedlichen Persönlichkeitstypen absehen, ist sein Modell dennoch sehr aufschlussreich, denn es erklärt anschaulich, wie und warum ein People-Pleaser entsteht.

Ein allgemeingültiges Muster sozialer Struktur

Schauen wir noch einmal ins Tierreich und auf das Muster der Unterwerfung: Kapuzineraffen leben in Gruppen von circa 20 Tieren im Amazonas-Regenwald. Die Gruppe besteht aus einem dominanten Männchen, die restlichen Gruppenmitglieder sind erwachsene, weibliche Tiere und heranwachsende weibliche wie auch männliche Tiere. Den Ton gibt das einzige erwachsene männliche Tier an; doch auch bei den Weibchen gibt es ein dominantes Tier, die den Takt vorgibt. Kommen männliche Tiere in die Pubertät – und könnten sie die vorherrschende Stellung des Alphatieres gefährden –, werden sie aus der Gruppe ausgeschlossen. Die Hierarchie innerhalb der Gruppe ist streng geregelt und reglementiert. Verstößt jemand gegen diese Regeln, drohen Sanktionen. Um es sich mit ranghöheren Tieren nicht zu verscherzen, unterwerfen sich rangniedere Tiere. So wird ein Großteil der Konflikte vermieden beziehungsweise die Gefahr, dass Konflikte eskalieren, ist geringer. Die Stabilität der Gruppe – und somit das Wohl aller – ist gewährleistet.

Das Konzept funktioniert allerdings nur so lange gut, wie »kluge« Tiere an der Macht sind. Wäre das Alphamännchen oder das dominante Weibchen ein wenig meschugge oder dumm, stünde das Wohl der ganzen Gruppe auf der Kippe. Wenn du an das Weihnachtsdebakel von Nicole denkst, dann fällt dir auf, dass das Alphaweibchen – also die Mutter – tatsächlich ein wenig meschugge ist. Hier macht Unterwerfung also nur auf den ersten Blick Sinn. In Wahrheit ist sie brandgefährlich, weil du dich untergräbst.

Die Analogien im menschlichen Verhalten

Im Kapitel über Entwicklungstraumata (Seite 76ff.) habe ich dir eindrücklich geschildert, wie wichtig Bindung für uns als junge Wesen ist. Ohne liebevolle Bindung, die gewährleistet, dass wir versorgt, genährt und gepflegt werden, ist ein Überleben für uns nicht möglich.

Meinen Klienten erzähle ich gern folgende Geschichte: Papa Steinzeit, Mama Steinzeit und das frischgebackene Baby Steinzeit sitzen um das wärmende Feuer in ihrer Höhle. Die Bindung zum Kind lässt Mama Steinzeit ertragen, dass sie schon seit mehreren Wochen nicht mehr ausreichend geschlafen hat. Mama Steinzeit hat jetzt aber genug von ihrem Schlafdefizit und legt das Baby draußen vor der Höhle ab. Was wird wohl mit dem Baby passieren? Sofern Papa Steinzeit es nicht rettet und seiner Frau den Vogel zeigt, wird ein Säbelzahntiger oder ein Höhlenlöwe kommen und sich über diesen Leckerbissen freuen.

In uns Menschen ist sehr tief ein Überlebensmechanismus eingepflanzt. Es muss schon richtig dicke kommen, wenn wir beschließen, nicht weiterleben zu wollen. Über diesen instinktiven Überlebensmechanismus verfügen schon Babys. Die Natur hat sich darüber hinaus einige clevere Tricks erdacht, damit die Kleinen bei den Eltern »für gut Wetter« sorgen können. Wusstest du zum Beispiel, dass das Lächeln von Babys in den ersten Lebenswochen gar nicht echt ist, sondern nur Fake? Es ist ein reflexartiges Lächeln, das nicht wirklich den Ausdruck von Freude widerspiegelt. Erst ab dem Alter von sechs bis acht Wochen fangen Babys bewusst an zu lächeln – als Zeichen von Wohlgefühl. Ein schlauer Trick der Natur: Nun bin ich keine Mutter, aber wenn ich ein lächelndes Baby sehe, dann schmilzt auch mein Herz. Warum? Weil in meinem Gehirn ein Hormoncocktail ausgeschüttet wird, der dem Rausch der Verliebtheit ähnelt: Oxytocin schafft Nähe und ein tiefes Gefühl der Verbundenheit und Geborgenheit, Dopamin erzeugt intensive Glücksgefühle.

Du siehst, die Natur lässt sich viel einfallen, um das Konzept der Bindung aufrechtzuerhalten.

Bindungserfolg um jeden Preis

Du hast verstanden, wie wichtig Bindung ist. Aber was passiert, wenn deine Zielperson gegenüber all deinen Bemühungen, eine Bindung zu erhaschen, immun zu sein scheint? Wenn keiner der vielfältigen Tricks wirkt? Dann darfst du noch ein wenig tiefer in deine Trickkiste greifen, um die so notwendige Bindung zu sichern. Du entwickelst einen ausgeklügelten, inneren Detektor dafür, was bei wem ankommt und was nicht. Denn wenn du beim Gegenüber gut ankommst, dann kannst du ein wenig Bindung erhaschen. So bildest du unbewusst verschiedene Rollen für unterschiedliche Rollen. Deine Mutter mag dich ruhig? Dann bist du ruhig. Dein Vater mag dich quirlig und vorlaut? Na gut, dann bist du in seiner Gegenwart halt eben das.

Siehst du, welcher Druck auf einem Kind lastet, das in einer solchen Familie aufwächst? Mit Argusaugen beobachtet das Kind die Eltern, um keine Chance zu verpassen, irgendwie an Bindung zu kommen. Es *muss* lieb sein, es *muss* zu Diensten sein, es *muss* Stimmungen vorausahnen, es *muss* für gutes Wetter innerhalb der Familie sorgen – ansonsten ist gefühlt sein eigenes Leben in Gefahr.

Der Boden, auf dem eine People-Pleaserin gut gedeiht

Du kannst es dir wahrscheinlich schon denken: Wer hat »Schuld«? Na klar, hauptsächlich die Eltern. Wie müssen Eltern also sein, sich verhalten, um eine People-Pleaserin heranzuzüchten?

Begünstigende Faktoren für die Entwicklung zur People-Pleaserin

- Narzisstische Elternteile
- Rollentausch zwischen Eltern und Kind (Parentifizierung, siehe Seite 223)
- Die Eltern-Kind-Beziehung als Tauschgeschäft: Gibst du mir, dann gebe ich dir
- Sehr rigide, strenge Erziehung, die durch harte – oftmals auch körperliche – Strafen gekennzeichnet ist

- Mindestens ein Elternteil wird als körperlich oder psychisch labil wahrgenommen
- Emotional abwesende Mutter, Vater oder Eltern
- Gewalttätiges Familienklima
- Ich-backe-mir-mein-Kind-Mentalität: Das Kind dient dazu, dem Anspruch der Eltern zu entsprechen
- Kontakt- und Bindungsabbruch in Konflikten durch die Eltern oder ein Elternteil

Im Folgenden beschreibe ich dir einige der oben genannten Faktoren und ihre Auswirkung auf die kindliche Seele.

Narzisstische Elternteile

Der Narzisst weist eine Persönlichkeitsstruktur auf, in der der Selbstwert arg beschädigt ist. Das versucht er durch eine Aufplusterung des Ego zu vertuschen. Die Bedürfnisse des Narzissten stehen an erster Stelle. Werden sie missachtet, greift er notfalls zu perfider emotionaler und psychischer Gewalt; er manipuliert, um seine Bedürfnisse gewahrt zu wissen. Die Außenwirkung hat eine große Bedeutung für Narzissten – Leistung, Prestige und Erfolg sind seine Währungen. Es besteht eine seltsame Bindung zwischen dem Narzissten und dem Kind: Auf der einen Seite gibt es eine übertriebene Nähe; Ablösungstendenzen werden mit großem Missfallen betrachtet. Auf der anderen Seite gibt es Eifersucht und Neid gegenüber dem Kind.

Eine »klassische« narzisstische Familie ist meist so aufgebaut: Im Zentrum der Familie steht der Narzisst, also entweder die Mutter oder der Vater. Gehen wir in diesem Beispiel davon aus, dass es der Vater ist. In der Familie hat sich alles um ihn zu drehen – nichts ist wichtiger, als seine Bedürfnisse zu erfüllen. Der Vater wird durch die »schwache« co-abhängige Mutter unterstützt, die jegliches unangemessenes Verhalten ignoriert oder vor den anderen Familienmitgliedern verteidigt. Gibt es mehrere Kinder, so ist eines meist das »Goldkind«, das andere oder ein anderes das »schwarze Schaf«. Das Goldkind ist das gute Kind, das vom Vater dazu benutzt wird, den eigenen Wert hochzuschrauben: »Seht nur her, meine Tochter, die Verlegerin. Das liegt halt an meinen guten Genen, dass Johanna so schlau ist.« Dementsprechend ist das schwarze Schaf das Kind, das es dem Vater nie recht machen kann. Es ist die Schande für die Familie. Die Kinder haben sowohl den »Job«, den Vater zu befriedigen, als auch die schwache Mutter zu unterstützen. Kinder in solchen Familienkonstellationen müssen sehr früh lernen, erwachsen zu wirken.

In seltenen Fällen sind beide Elternteile narzisstisch.

Parentifizierung: Rollentausch zwischen Eltern und Kind

Als Parentifizierung bezeichnet man den Prozess, bei dem Eltern nicht in die Elternrolle schlüpfen. Gut getarnt schubsen sie die Kinder in die Rolle der Verantwortung: »Ach Ella, du siehst doch, wie schwer Mama es hat. Dann könntest du mich ruhig ein wenig unterstützen.« Oder: »Jetzt hast du Mama aber ganz schön böse gemacht. Das ist deine Schuld, dass ich nun Migräne habe.« Die Verantwortung für die eigenen Gefühle wird auf das Kind übertragen.

Eine weitere Variante: Ein komplizenhaftes Bündnis zwischen Elternteil und Kind; die Mutter geht zusammen mit der 18-jährigen Tochter in den Klub und ist Teil der Clique ihrer Tochter.

Die Eltern-Kind-Beziehung als Tauschgeschäft

Hier läuft es nach dem Prinzip »Gibst du mir, dann gebe ich dir«. Ein Beispiel: Der Vater ist viel beschäftigt. Wenn überhaupt, dann steht er nur am Wochenende für die Familie zur Verfügung. Finn hat früh gemerkt, dass er nur die Aufmerksamkeit des Vaters gewinnen kann, indem er gute Schulnoten nach Hause bringt. Wenn er freudig mit einer Eins im Diktat aus der Schule kommt und dem Vater davon berichtet, nimmt dieser ihn sogar auf den Schoß und kuschelt mit ihm.

Mindestens ein Elternteil wird als körperlich oder psychisch labil wahrgenommen

Wächst ein Kind mit einem oder zwei psychisch oder stark physisch kranken Eltern auf, erkennt das Kind unbewusst: Auf Mama/Papa ist kein Verlass. Ich als Kind muss alles dafür tun, dass es Mama/Papa gut geht. Deswegen bin ich besonders lieb, artig, zurückhaltend, forsch – eben das, was die Eltern wollen.

Ist das Kind zum Zeitpunkt der Erkrankung noch besonders klein, tritt ein sogenanntes »magisches Denken« auf: Das Kind ist zu 100 Prozent davon überzeugt, dass es a) schuld an der Erkrankung der Eltern ist und b) die magischen Qualitäten hat, sie durch besondere Anstrengungen wieder gesund machen zu können.

Gewalttätiges Familienklima

Wenn die Kernfamilie kein Ort der Sicherheit und Geborgenheit darstellt, ist es nur natürlich, dass man ein außerordentliches Gespür dafür entwickelt, was den nächsten Gewaltausbruch verursachen könnte. Man liegt ständig auf der Lauer und wird vieles von sich herunterdimmen, um nicht negativ aufzufallen. Das Motto ist hier: Ich mache mich unsichtbar.

Ich-backe-mir-mein-Kind-Mentalität

Hier dient das Kind dazu, dem Anspruch der Eltern zu entsprechen. Wer kennt sie nicht, die Geschichten der übertrieben ehrgeizigen Mütter/Väter von Tennis-Prinzen oder Eiskunstlauf-Göttinnen? Stellvertretend für die Eltern soll das Kind den Traum der glorreichen Tenniskarriere, der heldenhaften medizinischen Laufbahn oder die sichere Bankanstellung übernehmen. Wie gut es dem Kind doch geht; was hätten die Eltern dafür gegeben, ihren Traum wahr machen zu können?

Die Dynamiken innerhalb der Familie

Hast du Lust, ein weiteres Mal Detektivin zu spielen und das Verhalten und die unterschiedlichen Dynamiken mit mir zu untersuchen?

Schauen wir uns noch einmal den ersten Weihnachtsfeiertag bei Nicoles Eltern an (siehe Seite 214 f.): *»Du hast aber ganz schön zugelegt!« sind die begrüßenden Worte ihres Vaters.* – Obwohl der Vater weiß, wie sehr er Nicole mit seiner Aussage verletzt, wählt er diese Worte zur Begrüßung. Wenn Menschen zu bewusst verletzendem Verhalten neigen, ist das oft eine Machtdemonstration. Auch wenn er nichts davon wüsste, wäre es übergriffiges und unangemessenes Verhalten (Ich-backe-mir-mein-Kind-Mentalität oder Narzissmus).

Dennoch schluckt sie die Aussage ihres Vaters unkommentiert und sagt (…): »Wie schön, dich endlich zu sehen, Papa. Ich habe mich so sehr auf dich gefreut!« – Nicole fehlt der Mut, eine klare Grenze zu ziehen und den Vater in die Schranken zu weisen. Eine klare Grenze hätte möglicherweise eine Ablehnung zur Folge. Das kann sie auf keinen Fall riskieren! Stattdessen schlüpft sie in die Rolle, sich für die Gefühle ihres Vaters verantwortlich zu fühlen. Sie traut ihm nicht zu, mit einem »schlechten« Gefühl umgehen zu können (Parentifzierung).

»Wann wollt ihr denn jetzt endlich heiraten? Oder wie lange muss ich mir von den Nachbarn noch das abwertende Geschwätz über eure Beziehung anhören?« – Die Mutter hat ein klares Bild davon, welchem äußeren Rahmen die Beziehung entsprechen soll (Außenwirkung ist extrem wichtig; Narzissmus ist also denkbar). Sie macht Nicole und Robert für ihr unbehagliches Gefühl verantwortlich (im Drama-Dreieck ist die Mutter das Opfer; Nicole und Robert sind die Bösewichte, weil sie nicht heiraten wollen). Die Mutter erwägt zu keinem Zeitpunkt, dass sie für ihr eigenes Gefühl verantwortlich ist. Dass sie den heiklen Punkt einer möglichen Trauung vor versammelter Mannschaft anspricht und nicht im 6-Augen-Gespräch mit Robert und Nicole eine Klärung sucht, ist eine pure Machtdemonstration (Narzissmus denkbar). Zudem geht sie davon aus, ein Recht zu besitzen, über die Lebensform der beiden zu urteilen und zu werten (Ich-backe-mir-mein-Kind-Mentalität).

»Ist euch eigentlich bewusst, was das mit mir macht?« – Wieder schiebt die Mutter die Verantwortung für ihr Gefühl den beiden zu (Parentifizierung, Narzissmus denkbar, das Opfer im Drama-Dreieck).

»Also Mama, dein Gänsebraten ist dieses Jahr aber wirklich vorzüglich gelungen. Hast du ein neues Rezept verwendet?« – Parentifizierung aufseiten von Nicole. Sie versucht, die Wogen zu glätten, indem sie die Mutter lobt und so milde zu stimmen trachtet.

»Rainer, du als Familienoberhaupt, sag doch auch mal was!« – Der co-abhängige, schwache Narzisst wird um Unterstützung gebeten.

Zögerlich schaut Nicole ihren Partner an. Sein Gesicht ist schon bedenklich rot. Er wird die Mutter, den Vater, ihre ganze Familie wüst beschimpfen. – Wenn wir in narzisstischen Familienstrukturen groß geworden sind, ist es nicht selten der Fall, dass wir uns einen Partner suchen, der ebenfalls narzisstische Züge aufweist. Das ist hier nicht eindeutig, aber es ist schon sehr aussagekräftig, wie sehr Nicole Roberts Laune fürchtet.

Nicht auszudenken, wenn ihre Mutter und Robert wegen ihr schlechte Laune hätten. – Nicole sucht den Fehler bei sich, anstatt das Verhalten ihrer Mutter oder von Robert zu hinterfragen. Neben einer Parentifizierung – auch gegenüber Robert – ist hier ein weiteres Mal das Drama-Dreieck aktiv: Nicole spielt die Heldin, die die Opfer Mama und Robert retten muss.

Nicole, betrachtet durch die Nervensystem-Brille

Sie ist zur People-Pleaserin mutiert, weil sie schon ihre ersten Beziehungen nie als sicher erfahren hat. Dadurch konnte sie kein Urvertrauen aufbauen. Es war ihr auch nicht möglich, einen stabilen Selbstwert zu entwickeln. Ihren Selbstwert definiert sie immer wieder durch die Interaktion mit anderen. Sie selbst schreibt sich keinen Wert zu.

Schauen wir uns Nicoles Verhalten durch die Nervensystem-Brille noch genauer an, entdecken wir die Ähnlichkeiten zur Stressreaktion Fawn Response. Nicole greift nicht nur gelegentlich auf die Stressreaktion zurück – nein, die Reaktion hat sich fest in ihrem Leben verwoben, ist Teil ihrer Identität geworden. Das ist sehr einfach erklärt: Der drohende Verlust der Bindung triggerte damals die Stressreaktion. Auch noch heute in der erwachsenen Nicole versetzt der sich am Horizont abzeichnende Verlust von Bindung das verletzte innere Kind. Für das innere Kind ist dieser Verlust der Säbelzahntiger, der es in absolute

Panik und Schrecken – ja in Todesangst – versetzt. Heute verwechselt das innere Kind die Zeit; es realisiert nicht, dass es nun eine erwachsene Nicole gibt. Eine erwachsene Nicole, für die es unerheblich ist, ob die Menschen um sie herum sie mögen oder nicht. Denn heute als Erwachsene hängt nicht mehr ihr Überleben von dem Wohlwollen des Umfelds ab. Im Zweifel kann sich Nicole selbst versorgen.

Ich bin ehrlich mit dir: Das Muster der People-Pleaserin zu verlassen, wird dich bis in deine Grundfeste erschüttern. Es stellt dein bisheriges Lebenskonzept auf den Kopf. Alles, was bisher richtig war, soll es nun auf einmal nicht mehr sein? Da werden dein Nervensystem und deine inneren Kinder nicht unbedingt in Jubelstürme ausbrechen. Nein, sie werden rebellieren und versuchen, dich zu sabotieren. Jedes Mittel wird ihnen recht sein. Sie werden dich ablenken, Drama kreieren, dich müde machen, in die Verwirrung stürzen, dich, deine Kinder oder sogar deine Tiere krank machen. Dennoch – und da möchte ich dir ausdrücklich Mut und Hoffnung zusprechen: Es geht. Ich wie auch viele meiner Klientinnen haben dem People-Pleaser Goodbye gesagt. Wir sind der lebendige Beweis, dass es geht.

Noch vor knapp drei Jahren war auch ich die absolute People-Pleaserin, wie sie im psychologischen Lexikon steht. Ich habe nie Grenzen gezogen (besonders hilfreich, wenn man Therapeutin ist, nicht wahr?), ich habe meine Gefühle zugunsten des Wohles anderer heruntergeschluckt und mein automatisches Lächeln war auf meinem Gesicht festgetackert. Ich habe so viele komplett unterschiedliche Rollen gespielt, dass ich so manches Mal selbst verwirrt war, wann ich wie agieren musste. Mein innerer Leidensdruck – den kaum jemand wahrnahm – war gigantisch. Ich konnte es mir einfach nicht erlauben, dass jemand schlecht über mich dachte, mich nicht mochte – das war ein Ding der Unmöglichkeit für mich. Innerlich hat mich die Vorstellung, dass jemand sagen könnte: »Boah, die Sasja ist aber eine blöde Kuh! Die mag ich nicht« um den Verstand gebracht. So etwas durfte einfach nicht passieren.

Das ist heute zum Glück anders. Heute gebe ich mir das, was ich brauche, zum großen Teil selbst. Mir ist es egal geworden, wie andere mich finden. Nicht aus einer abwehrenden Haltung heraus, die im Grunde doch danach lechzt, gemocht zu werden. Nein, aus dem Selbstvertrauen heraus, dass ich weiß, wer ich bin und was ich mir wert bin. Nach wie vor bin ich anfällig für Anerkennung – das ist meine alte Lieblingsdroge. Doch insgesamt habe ich mich in Babyschritten von dem Muster gelöst. Wie habe ich das geschafft? Hier kommt mein Trainingsplan dazu:

Die People-Pleaserin auf Entzug setzen

Wann die Übung hilft:

- Wenn du die geborene People-Pleaserin bist

Was du lernst:

- Wie ich meine Grenzen erarbeite
- Wie ich es aushalte, dass andere »schlechte« Gefühle haben
- Wie ich mein Wohl an erste Stelle setze
- Wie ich in Beziehungen nicht mehr in mein kindliches Ich rutsche, sondern als Erwachsene fungiere
- Wie ich meine Angst vor Ablehnung und Einsamkeit transformiere
- Wie ich mir die Liebe und Anerkennung gebe, die ich bei anderen suche

Zeitdauer der Übung: mehrere Wochen
Schwierigkeitsgrad der Übung: mittelschwer
Benötigte Utensilien: Stifte und Papier, ein weiteres Mal deine absolute Ehrlichkeit und eine große Portion Mut
Diese Übung kann nicht unterwegs durchgeführt werden.

Beschreibung:

Das ist keine Ruck-zuck-Übung. Nein, diese Übung erfordert ein langfristiges Engagement von dir. Für jede Woche setzt du dir eine andere Challenge, um die People-Pleaserin auszuhungern.

Ich stelle dir nun verschiedene Dinge vor, mit denen du wahrscheinlich große Probleme hast:

- Du kannst nicht »Nein« sagen.
- Du traust dich nicht, offen und frei deine Meinung zu äußern.
- »Schlechte« Gefühle von anderen auszuhalten, ist eine Tortur für dich.
- Du kannst es nicht lassen, für die Gefühle von anderen die Verantwortung zu übernehmen.
- Immer suchst du den Fehler bei dir und entschuldigst dich für Dinge, die gar nicht in deinem Aufgabenbereich liegen.
- Du hast Probleme damit, anderen nicht deine Hilfe anzubieten.
- Du kannst deinen eigenen Grenzen nicht treu bleiben.
- Du bist extrem verunsichert, wenn andere dich kritisieren. Es gelingt dir nicht, Kritik an dir abperlen zu lassen.
- Du hast Probleme, deine eigene Identität zu finden. Stattdessen verhältst du dich genau wie die Menschen um dich herum.
- Ohne Bestätigung und Anerkennung vertrocknest du wie eine nicht gegossene Primel.
- Du kannst Streitigkeiten nicht aushalten.
- Du kannst sowieso nicht streiten.

Übungsplan:

1. Ordne die oben stehenden Punkte nach deiner internen Stressskala.
2. Beginne, jede Woche einen Punkt deiner Challenge anzugehen, indem du das gegenteilige Verhalten ausprobierst.
3. Wechsle zum nächsten Punkt der Challenge.
4. Arbeite so die gesamte Challenge ab.
5. Feiere dich für deinen Mut!

Ordne die oben stehenden Punkte nach deiner internen Stressskala

Schau dir intensiv die möglichen Probleme an. Vielleicht entsprechen meine vorgestellten Punkte nicht zu 100 Prozent deinen Problemen. In diesem Fall: Ändere die Punkte so ab, dass sie für dich passen. Nimm ein leeres Blatt und notiere darauf deine Problemfelder. Entwickle eine Stressskala von 1 bis 10: Dabei entspricht die 1 »kaum Stress«, die 10 »Stress, der mich fast zum Kollabieren bringt«. Ordne nun jedem Punkt deinen persönlichen Stresswert zu.

Beginne, jede Woche einen Punkt deiner Challenge anzugehen, indem du das gegenteilige Verhalten ausprobierst

Deine Challenge beginnt. Sehr wahrscheinlich gibt es Punkte, die akute Schnappatmung in dir auslösen, und andere Punkte, die dich in Wallung bringen, aber nicht ganz so grausig sind. Du beginnst deine Challenge mit einem Problem, das weniger Stress in dir hervorruft. Nehmen wir einmal an, das wäre der Punkt »Ich habe Probleme damit, anderen nicht meine Hilfe anzubieten«. Für mindestens eine Woche ist deine Aufgabe, sehr achtsam durch deinen Alltag zu gehen und zu entdecken, wann du wie oft wem deine Hilfe anbietest. Und genau das tust du dann nicht. Du gewährst dem fremden Autofahrer nicht die Vorfahrt, die dir zusteht. Du springst nicht für deine Kollegin beim Dienst ein. Du wimmelst deine Freundin ab, die sich telefonisch bei dir ausheulen möchte. Du fährst deine Schwiegermutter nicht zum Arzt. Und, und, und ... Du übst dich also darin, wie es Menschen geht, die egoistisch sind. Wahrscheinlich hast du ein gutes Beispiel in deinen Eltern oder sogar deinem Partner.
Was wird passieren? Dein inneres Kind wird dich lautstark anschreien, dein Nervensystem wird durchdrehen und vielleicht sogar mit plötzlichen Krankheiten versuchen, dich lahmzulegen. All das ist okay und völlig normal. Dein Nervensystem beruhigst du anhand der vielen Übungen, die du bereits gelernt hast. Dein inneres Kind beruhigst du, indem du dir klarmachst, dass es »nur« ein Anteil von

dir ist. Du bist so viel mehr als dein inneres Kind! Wenn du tiefer in die Heilung des inneren Kindes einsteigen möchtest, kann ich dir mein Konzept der Inner Parents nur wärmstens empfehlen. Schau einfach auf meiner Homepage vorbei (Link siehe Anhang).

Wechsle zum nächsten Punkt der Challenge

Wenn dir ein Punkt der Challenge gelingt – dir sogar Spaß macht –, dann wechsle zum nächsten Punkt. Es kann auch sein, dass ein Punkt von dir so viel Mut gefordert hat, dass du dir eine redliche Pause verdient hast. Du bist die Expertin für dich – nicht ich; also entscheide du das.

Versprich dir aber, dass du am Ball bleibst und die gesamte Challenge bearbeitest.

Feiere dich für deinen Mut!

Das habe ich dir vorher nicht verraten, aber diese Challenge ist mit Sicherheit die schwierigste Übung des gesamten Buches. Also: Feiere dich für deinen Mut! Lass die Sektkorken knallen, belohne dich mit einem leckeren Essen, mit einer Massage, einem Liebesbrief an dich selbst oder einem sündhaft teuren Paar Schuhe – wie auch immer: Feiere dich! Sei dir bewusst, welche Anstrengung es von dir erfordert, ein so tief liegendes Muster zu transformieren. Würdige deine Arbeit und deinen Erfolg.

Abgesehen von dieser Challenge, die direkt auf eine Verhaltensänderung abzielt, habe ich noch eine Übung für dich, die mehr mit Fühlen zu tun hat. Gerade als People-Pleaserin wird dir diese Übung sehr viele Aha-Erlebnisse bescheren.

Meinen Raum erkunden

Wann die Übung hilft:

- Wenn du sehr zurückhaltend bist, klare Grenzen in deinem Leben zu setzen

- Wenn du gern das graue Mäuschen in der zweiten Reihe spielst, insgeheim aber den Wunsch hast, mehr nach vorn zu kommen
- Wenn dir gesagt wurde: »Du bist zu viel«, und du gelernt hast, dich zurückzunehmen

Was du lernst:

- Wie ich meinen Raum vergrößere
- Was es zunächst mit meinem Körper macht, wenn ich (zu) viel Raum einnehme
- Dass es sicher ist, meinen Raum zu beanspruchen

Zeitdauer der Übung: 3 bis 5 Minuten
Schwierigkeitsgrad der Übung: simpel
Benötigte Utensilien: ein Seil oder etwas Ähnliches von circa drei Meter Länge (dafür kannst du auch einfach mehrere Gürtel miteinander verbinden), eventuell Stift und Zettel
Diese Übung kann nicht unterwegs durchgeführt werden.

Beschreibung:
Erinnere dich an eine zwischenmenschliche Konfliktsituation in der letzten Zeit. Nun geht es darum, dass du durch dein Seil bildlich darstellst, wie viel Raum du in dem Konflikt einnehmen konntest. Stell dich dafür – ohne nachzudenken – hin. Es soll dir zeigen, wie viel Raum du gefühlt in der Situation eingenommen hast. Vielleicht zeichnest du sehr genau deinen Umriss nach. Vielleicht ist dein Seilumriss viel größer als du. Steige aus dem Seil heraus und betrachte deinen Raum, den Umfang des Seils. Wie groß ist der Umriss? Gefällt dir der Umriss? Oder ist er etwas zu groß oder zu klein? Bist du erstaunt über das, was du siehst? Notiere deine Erkenntnisse.
Steig nun wieder in den Umriss. Moduliere nun deine Haltung: Verändere deine Fußposition, indem du dich breitbeiniger hinstellst. Verändere auch den Umriss, indem du ihn größer machst. Zwischen

dem Seil und dir darf gerne viel Platz sein. Spüre nach. Was macht es mit dir, wenn du so »unerlaubt« viel Raum einnimmst? Erfahre, wie viel Standfestigkeit es dir gibt, das Gewicht auf beiden Beinen breitbeinig zu verteilen. Frage dich auch, was gewesen wäre, wenn du in der Konfliktsituation so viel Raum eingenommen hättest. Was hätte das für den Konflikt bedeutet? Nun steige ein weiteres Mal aus dem Umriss heraus. Notiere deine Gedanken und Gefühle, die du durch die Veränderung des Umrisses gewonnen hast.
Steig ein letztes Mal in den Seilumriss. Strecke die Arme vor dir aus und beschreibe mit deinen Armen einen Halbkreis. Stelle dir vor, dass du die Luft vor dir farbig markieren kannst. Wie Urlauber es mit dem Handtuch auf der Sonnenliege ausdrücken: Der Armraum gehört dir. Das ist das Mindeste an Raum, den du mit gutem Recht beanspruchen darfst. Sag laut: »Das ist *mein* Raum.« Niemand darf diesen Raum ungefragt betreten.
Spüre nach. Stimme das am Boden liegende Seil mit dem gewonnenen Raum ab.
Vielleicht rebelliert dein Nervensystem ein wenig und schickt dir unangenehme Körperempfindungen. Nimm das wahr, erkenne, dass das mit deiner Geschichte zu tun hat. Früher durftest du nicht so viel Raum einnehmen. Jetzt bist du groß und darfst es. Spüre nach.
Das Gleiche machst du mit dem Raum hinter dir. Auch diesen Raum darfst du für dich beanspruchen. Sag wieder laut: »Das ist *mein* Raum.« Spüre auch hier wieder nach. Falls dein Nervensystem muckt: Begleite es liebevoll und erinnere dich daran, dass du nun groß, erwachsen und stark bist.
Fahre fort, indem du auch den Raum über dir und unter dir beanspruchst. Hülle dich wie in einen durchsichtigen Kokon, der demonstriert, wo du anfängst und wo du aufhörst. Dein Raum ist groß. Er darf groß sein. Wenn es nötig ist, positioniere das Seil erneut.
Steig aus deinem Umriss heraus und betrachte, wie viel Raum du dazugewonnen hast. Spüre nach, was das im Körper für dich verändert.

Im nächsten Kapitel wenden wir uns einem anderen, sehr wichtigen Thema zu, mit dem auf erstaunliche Weise ebenfalls deine Eltern zu tun haben: deine Beziehung zum Geld.

Ständig Ebbe im Portemonnaie – Schuld der Eltern und des Nervensystems?

Deine Beziehung zu Geld wird ähnlich wie deine Liebesbeziehungen und sonstigen Bindungen maßgeblich durch deine Eltern geprägt. An deinen Eltern beobachtest du, wie man mit Geld umgeht. Sie legen erst einmal den Maßstab für deine Geldbeziehung fest. Glücklicherweise ist der Maßstab nicht statisch, sondern du kannst ihn im Laufe deines Lebens noch verändern.

Money, Money, Money

Nicole und Geld – das ist ein Drama in mehreren Akten. Obwohl Nicole gut verdient – als Teilzeitkraft im Krankenhaus verdient sie knapp 60 000 Euro *– und auch Robert als Marketingdirektor ein sehr üppiges Gehalt nach Hause bringt. Geld ist nie in ausreichender Menge vorhanden. Es scheint ihnen zwischen den Fingern zu zerrinnen. Sobald einer von beiden die nächste Gehaltsklasse hinaufgeklettert ist, rafft ein unvorhergesehener Zwischenfall das Geld dahin. Es scheint wie verhext: Es ist immer der Betrag, der »zu viel« ist, den dann die kostspielige Reparatur des Autos, der Wechsel in den teuren, privaten Kindergarten oder der bereits seit Langem geplante Luxusurlaub wegschmilzt.*

Auch in ihrem Umfeld kann Nicole Ähnliches entdecken: Zum Beispiel hat sich vor gut zwei Jahren ihre gute Freundin Anne als Life Coach selbstständig gemacht. Die Einnahmen sind so wechselhaft wie die Fahrt in einer Achterbahn: Es geht rauf und runter. Von Beständigkeit oder gar stetig wachsendem Einkommen kann keine Rede sein. Das kann doch nicht mit rechten Dingen zugehen!

Geld – warum ist es oft ein großes Problem?

Ja, genau, es geht nicht mit rechten Dingen zu. Wieder einmal haben dein Nervensystem und die inneren Kinder die Finger mit im Spiel und hecheln anhand deiner finanziellen Situation den Überlebenskampf durch. Hä, mein Nervensystem hat mit meinen Geldproblemen zu tun? Ja, warte ab, gleich fällt es dir wie Schuppen von den Augen! Zunächst die Frage:

Welche Probleme können im Zusammenhang mit Geld auftreten?

Stufe 1: Kein Geld generieren können

Stufe 2: Geld nicht halten können

Stufe 3: Geld nicht klug investieren und arbeiten lassen

Ich habe es schon erwähnt: Deine Beziehung zum Geld wird von deinen Eltern geprägt. Doch nicht nur das, sie beeinflussen auch, ob dein Konto im Plus ist, du deinen Dispo bis an die Grenze ausreizt oder du und das Geld einen Tanz auf dem Vulkan aufführen. Deine Eltern in ihrer jeweiligen geschlechtlichen Rolle vermitteln dir unbewusst, sowohl wie leicht oder wie schwer es dir fällt, Geld anzunehmen, als auch dir einen guten und sicheren Rahmen für Geld zu erschaffen. Schauen wir uns das einmal genauer an.

Deine Mutter

Deine Mutter bringt dir durch ihre weibliche Rolle unbewusst bei, wie sicher es ist, Geld zu empfangen.

Lust auf ein kleines Gedankenexperiment? Stell dir einmal vor, ich würde dich, während du dieses Buch in einem Café liest, besuchen. Wir unterhalten uns nett und finden uns auf Anhieb sympathisch. Plötzlich zücke ich mein Portemonnaie und halte dir einen 100-Euro-Schein hin; den möchte ich dir schenken. Ich möchte dir gerne eine Freude machen. Was ist deine Reaktion? Kannst du das Geld vergnügt annehmen? Oder findest du mich auf einmal ziemlich schräg? Kannst du das Geld auf gar keinen Fall annehmen, weil du insgeheim erwartest, dass du mir dafür eine Gegenleistung gewähren musst?

Die Mutterwunde

Wenn dir so etwas Probleme bereiten würde, dann kannst du dir sicher sein, dass in deinem Inneren eine Mutterwunde gärt. Oh mein Gott, noch etwas in mir kaputt? Nein, ist es nicht. Im Grunde genommen habe ich dir bereits an anderen Stellen von der Mutterwunde erzählt, sie nur bisher nicht beim Namen genannt.

Die Mutter symbolisiert im Familiengefüge die weibliche Kraft, die dafür sorgt, wie sehr du dich fallen lassen kannst. Wie sehr du außerdem im Fallen darauf vertraust, dass du ohne blaues Auge sanft landest. Sie hat dir beigebracht, wie sicher es ist, mit dem Leben zu tanzen.

Anzeichen für eine mögliche Mutterwunde:

- Unbewusst wartest du noch immer auf die Erlaubnis oder Zustimmung deiner Mutter.
- Du fühlst dich unsicher, Raum einzunehmen und dich auszudrücken.
- Liebevolle Selbstfürsorge ist ein heikles Thema für dich.
- Immer wieder gerätst du in Beziehungen, in denen du ausgenutzt oder schlecht behandelt wirst, und nimmst das stillschweigend hin.
- Märtyrer-Syndrom: extrem destruktive Lebensweise, bei der man sich für andere aufopfert und dabei leidet
- Überzogene romantische Vorstellungen an eine partnerschaftliche Beziehung
- Groll und Bitterkeit gegenüber den eigenen Kindern
- Schwache Grenzen gegenüber anderen
- Angst davor, sich selbst aufzurichten und das volle Potenzial zu leben
- Rigide Vorstellungen darüber, wie du als Frau sein darfst und wie nicht
- Finanzprobleme: Du kannst nicht genügend Geld erwirtschaften.

Dein Vater

Dein Vater vermittelt dir durch seine männliche Haltung, wie sicher es ist, dass Geld bei dir ist und bei dir bleibt.

Ein weiteres Gedankenexperiment: Stell dir einmal vor, du würdest von einer entfernten Großtante unerwarteterweise 150 000 Euro erben. Nach den formalen Prozeduren befindet sich nach einiger Zeit der sechsstellige Betrag auf deinem Konto. Wie würde es dir damit gehen? Was passiert, wenn dein Girokonto so prall gefüllt ist? Gäbe es Bestrebungen, sich jetzt einmal richtig etwas zu gönnen? Musst du einen Termin mit einem Vermögensberater machen, damit die Inflation das Geld nicht auffrisst? Hättest du das Geld lieber bei dir zu Hause, weil es auf der Bank nicht sicher ist?

Die Vaterwunde

Ohne dich zu kennen, wette ich, dass auch dieses Gedankenexperiment nach dem ersten Wohlgefallen dir ein unangenehmes Bauchgefühl und nasse Achseln beschert. Warum? Im Familiengefüge steht der Vater als männliche Kraft, die für Stabilität und Sicherheit sorgt. In deiner Kindheit hast du deinen Vater nicht als verlässlich, stabil und sicher empfunden, daraus entwickelte sich die Vaterwunde.

Anzeichen für eine mögliche Vaterwunde:

- Du verhältst dich starr und rigide.
- Geringes Selbstwertgefühl
- Auch hier zeigt sich das Problem der schwachen Grenzen.
- Große Wut
- Du bist die geborene Perfectionista.
- Du hast auffällig oft ungesunde Beziehungen.
- In Beziehungen spielst du immer wieder die Unnahbare und ziehst dich zurück.
- Du hast ein Händchen dafür, an emotional abwesende Partner zu geraten.
- Du hast ein Problem damit, dass Geld beständig bei dir zu Hause ist.

Masterplan zur Lösung von Geldproblemen

Aus der Erfahrung mit meinen Kunden und auch aus meiner eigenen Erfahrung kann ich dir verraten, dass das Geldthema ein Thema ist, was sehr viel deiner Aufmerksamkeit und tiefe Arbeit erfordert. Ich kann dir den Zahn ziehen, dass es ausreicht, »mal eben« deine Glaubenssätze zum Thema Geld zu shiften und, schwups, sind die Millionen auf dem Konto. So funktioniert das nicht. Da muss etwas mehr passieren, aber ich habe einen Masterplan für dich. Dieser sieht wie folgt aus:

1. Aufdecken der unbewussten Regeln, die du für Geld aufgestellt hast
2. Nervensystem-Regulation, um Geld zu empfangen, zu halten und zu vermehren
3. Bearbeiten der Mutter- und Vater-Wunden

Für die Punkte 1 und 2 habe ich da etwas für dich vorbereitet:

Stufe 1: Kein Geld generieren können

Geld und ich – wie sieht unsere Beziehung aus?

Wann die Übung hilft:

- Wenn du zu wenig Geld hast
- Wenn Geld leicht reinkommt, aber es dir wie magisch zwischen den Fingern zerrinnt
- Wenn du für Geld hart arbeiten musst
- Wenn dir Geld übertrieben wichtig ist (»Ständig muss ich an Geld denken!«)
- Wenn du dich übertrieben wenig um Geld scherst (»Geld – das ist mir überhaupt nicht wichtig.«)

Was du lernst:

- Was meine inneren Überzeugungen zum Thema Geld sind

Zeitdauer der Übung: etwa 45 Minuten
Schwierigkeitsgrad der Übung: simpel bis mittelschwer
Benötigte Utensilien: Zettel und Stift
Diese Übung kann nicht unterwegs durchgeführt werden.

Beschreibung:

Nimm ein leeres Blatt und schreibe die Antworten auf die folgenden Fragen darauf nieder.

- Welche fünf Schlagworte fallen dir als Erstes zum Thema Geld ein?
- Welche Geschichten über Geld haben dir deine Eltern erzählt?
- Was bedeutet für dich »nicht genug Geld haben«?
- Was bedeutet für dich »genug Geld haben«?
- Kann man deiner Meinung nach »zu viel« Geld haben? Warum?
- Was ist für dich der Sinn und Nutzen von Geld?
- Kann ein Mensch deiner Meinung nach reich und ehrlich zugleich sein?
- Verdirbt Geld deiner Meinung nach den Charakter?
- Regiert Geld die Welt?
- Darfst du egoistisch sein, wenn es um Geld geht?
- Glaubst du, dass man für Geld hart arbeiten muss?
- Was ist deine größte Sorge in Bezug auf das Thema Geld?
- Wie kann dir Geld dabei helfen, glücklicher und erfüllter zu leben?
- Stimmst du der Redewendung »Über Geld spricht man nicht« zu? Warum oder warum nicht?
- Wie sprichst du mit deiner Familie und deinen Freunden über Geld?
- Auf einer Skala von 1 bis 10: Wie viel Kontrolle hast du über dein Geld (1 = wenig, 10 = volle Kontrolle)?
- Wofür gibst du gern Geld aus?
- Wofür gibst du ungern Geld aus?

- Welches Schlagwort trifft am ehesten auf dich zu und warum: sparsam, geizig, verschwenderisch, spendabel, vernünftig?
- Ist es dir wichtig, auf welche Art Geld zu dir kommt?
- Bist du bereit für mehr Reichtum und Wohlstand?
- Welches finanzielle Ziel möchtest du in fünf Jahren erreicht haben?

Die folgende Übung hilft dir, dich mit Geld anzufreunden.

Den Dämonen Nahrung geben

Wann die Übung hilft:

- Wenn du unbewusst Wohlstand in deinem Leben ablehnst
- Wenn Geld verdienen und halten mit Kampf für dich verbunden ist

Was du lernst:

- Wenn ich mein Nervensystem in puncto Geld beruhige, fällt es mir leicht, dass viel Geld mit Leichtigkeit zu mir kommt und auch gern bleibt.

Zeitdauer der Übung: 30 bis 45 Minuten
Schwierigkeitsgrad der Übung: simpel
Benötigte Utensilien: Platz zum Sitzen oder zum Liegen, Smartphone, etwas zum Schreiben
Die Übung kann nicht unterwegs durchgeführt werden.

Beschreibung:

»Den Dämonen Nahrung geben« ist ursprünglich eine buddhistische Technik, um Schattenanteile zu transformieren. Ich habe sie ein wenig abgewandelt.
Setze dich bequem hin. In der vorherigen Journalingübung hast du ja bereits einiges über dein Money Mindset aufgedeckt. Frage dich nun, welchem Problem du dich in dieser Übung widmen möchtest.

1. Es gelingt mir nicht, viel Geld mit Leichtigkeit zu verdienen.
2. Ich habe ein Problem damit, viel Geld in meinem Leben auszuhalten. Sobald ich Geld habe, gebe ich es fast panisch aus.
3. Es fällt mir schwer, mein Geld sinnvoll, aber mit einer spielerischen Grundhaltung zu vermehren.

Lege dich auf eine Variante fest. Nun wird es lustig. Schließe deine Augen und atme für einige Augenblicke bewusst ein und aus. Nehmen wir mal an, du nimmst Problem Nummer eins. In deiner Welt ist viel Geld ein monatlicher Nettoverdienst von 5000 Euro. Natürlich kann da bei dir eine ganz andere Zahl stehen. Nimm eine Zahl, die dir im ersten Moment ein wenig den Atem stocken lässt; die sich fast ein wenig unanständig anfühlt. Stell dir nun vor, dass der dir angstmachende Betrag ein Wesen ist. Das könnte ein Mensch sein, ein Tier, eine Comicfigur – ganz egal. Setz nun dein Wesen gedanklich in deine Nähe. Nicht zu nah, das macht dir wahrscheinlich Angst. Aber so nah, dass du es gut anschauen kannst und es dir gerade ein wenig Angst macht. Schaue das Wesen intensiv an. Versuche, alle Nuancen des Wesens zu erfassen. Welche Gefühle löst das Wesen in dir aus? Angst, Scham, Verzweiflung, Traurigkeit oder Wut? Beobachte auch, was in deinem Körper geschieht, wenn du das Wesen anschaust. Vielleicht schlägt dein Herz schneller, wird dein Mund trocken, ist deine Atmung flacher. All das ist okay. Beobachte dich dabei, ohne zu bewerten. Wenn deine Aufregung zu groß ist, öffne kurz deine Augen und schiebe zum Beispiel die Übung »Orientierung im Raum« ein. Entdecke, dass deine Aufregung weniger und weniger wird, bis sie irgendwann ganz verschwunden ist. Setze nun das Wesen gedanklich etwas näher zu dir hin. Wahrscheinlich geht das Spielchen von Neuem los: Dein Nervensystem reagiert mit Aufregung. Begleite dich erneut durch die Aufregung. Sobald sich die Erregung deines Nervensystems gelegt hat, setzt du das Wesen noch näher an dich heran, vielleicht so nah, dass ihr beide euch berührt. Sehr wahrscheinlich wird dein Nervensystem erneut Achterbahn fahren. Deine Aufgabe ist es, die Aufregung wertfrei zu beobachten und gegebenenfalls eine Übung zur Nervensystemregulation durchzuführen. Wenn du dich wieder beruhigt hast, kannst du noch eine weitere Runde drehen, indem du das Wesen auf deinen Schoß setzt und dich anschließend durch die Erregung liebevoll hindurchführst. Öffne dann deine Augen und recke und strecke dich. Notiere dir gerne deine Erkenntnisse.

Ich empfehle dir, die Übung an mehreren Tagen zu wiederholen. Sobald dir der anfängliche Betrag keine Angst mehr macht, nimmst du einen neuen höheren Wert, der dir doch Angst macht.

Wenn du mehrere Durchgänge machst, wird sich das Wesen mit der Zeit verändern: Anfangs ist es sehr wahrscheinlich ein Furcht einflößendes, abstoßendes Ding, ein Dämon halt. Später wird es sich in ein putziges Wesen transformieren, das dir ein Lächeln auf die Lippen zaubert.

Erst die (fehlerfreie) Arbeit – und das Vergnügen schenke ich mir

Wir bemessen unseren sozialen Wert daran, wie viel wir leisten, und eben nicht daran, wie gut es uns geht.
Prof. Dr. Hannes Zacher, Arbeitspsychologe an der Universität Leipzig

Bloß keine Fehler machen

»Nicole, wir müssen miteinander reden. Ich habe dir um 12 Uhr eine Besprechung mit mir eingetragen. Bis später.« Ohne weitere Erklärung dreht der Oberarzt – Nicoles Chef – sich um und geht. Das Blut weicht ihr aus dem Kopf. »Reden? Warum? Was ist passiert? Habe ich einen Fehler gemacht? Hat sich jemand über mich beschwert?«, rasen die Gedanken in Nicoles Kopf. Ein Blick auf die Uhr – noch drei quälend lange Stunden bis zur Besprechung. Die restliche Zeit verbringt Nicole in Anästhesie-Vorgesprächen. Doch sie ist nicht richtig bei der Sache.

Immer wieder wandern ihre Gedanken zur nahenden Besprechung mit dem Oberarzt. Um 10 Uhr hat sie sich in solche Horrorszenarien reingesteigert, dass sie sich sicher ist: Ich werde gekündigt. Mir ist ein unverzeihlicher Fehler passiert. Ich werde keinen anderen Job mehr finden. Wir können die Kreditraten für unser Haus nicht mehr stemmen und müssen mit den zwei Kindern und dem Hund in eine kleine Mietwohnung in Berlin-Wedding ziehen.

Nicole verliert nicht den Job, mit einer deftigen Rüge kommt sie davon. In einem Vorgespräch mit einer Patientin hatte sie nicht ausreichend auf ihren Bauch gehört und dem inneren Hinweis »Nimmt die Frau nicht doch irgendwelche Drogen zu sich?« kein Gehör geschenkt. Prompt ist die Frau während der OP aufgewacht und hat die Mannschaft gefragt, ob das der richtige Weg ins KaDeWe sei. Die Narkosedosis war einfach zu gering. Die Situation ging glimpflich aus, hatte den Oberarzt und das operierende Team aber natürlich maßlos verärgert.

Viele Jahre zuvor: Die Sonne scheint, die Vögel zwitschern. Schon seit Stunden sitzt die sechsjährige Nicole an ihrem Schreibtisch und übt das perfekte A. Zwei Seiten As zu schreiben war ihre heutige Hausaufgabe gewesen. Nur noch ein A, und dann könnte Nicole endlich nach draußen, um mit den anderen Fangen zu spielen. Verbissen hält sie den Stift und versucht sich am letzten A. Oh nein! Der Stift rutscht ab und das A beansprucht nun den Platz von zwei Zeilen! Fassungslos schaut Nicole auf das Blatt. Versaut! Alles versaut! Wütend krakelt sie mit dem Stift über das gesamte Blatt. Tränen der Scham und Wut rinnen über ihr Gesicht. »Wie kann man nur so dumm sein und ein A nicht richtig schreiben können! Opa wäre nicht stolz auf mich, wenn er das sehen würde«, denkt sie sich. Sie reißt die Seiten empört heraus und zerfetzt das Blatt in viele kleine Stücke. Sie nimmt ein neues Heft und beginnt von vorn. Als sie mit der Schönschreibübung fertig ist, sind die Kinder auf der Straße nicht mehr zu hören; längst sind sie zum Abendbrot nach Hause gegangen.

Wieder ein Sprung nach vorn in der Zeit – Nicole studiert. Erschöpft fällt Nicole ins Bett. Das war ein hartes Wochenende gewesen. Ein

Blick auf die Uhr: Es ist tatsächlich schon 6:30 Uhr, sie hat eine lange 15-Stunden-Schicht als Kellnerin hinter sich gebracht. Andere Leute halten sie für verrückt, so viel neben dem Studium zu arbeiten. Nach außen pflichtet sie den Leuten bei – innerlich findet sie sich selbst klasse, wie sie so etwas durchziehen kann. Ihr macht es Spaß, so viel in Action zu sein; das Geld ist eher ein nettes Nebenprodukt. Aber dieser Druck in der Gastro, den liebt sie. Sie liebt es, wenn die Hochzeitsgäste wie gestern im Pulk eintreffen und tausend Dinge gleichzeitig passieren müssen: die Garderobe abnehmen, den Aperitif reichen, das Brot in der Küche schneiden, die Plätze zuweisen, die aufgeregte Braut beruhigen und Fingerfood reichen. Es ist wie ein Spiel, das man nicht gewinnen kann. Wie geil und belebend es ist, das Spiel dann doch zu gewinnen, alles richtig zu machen und hart zu arbeiten – Nicole würde diesen Job auch ohne das Geld machen!

Ich leiste perfekt – also bin ich liebenswert

Die drei unterschiedlichen Episoden aus dem Leben von Nicole zeigen sehr deutlich, dass sie ein regelrechter Workaholic ist. Zudem ist sie eine Perfektionistin. Sie liebt es zu arbeiten. Sie liebt es, hervorragende Arbeit abzuliefern. Nichts jagt ihr eine solche Angst ein, wie Fehler zu machen. Im Leben von Nicole kommen keine Fehler vor, weil sie einfach keine macht. Nicht, weil sie so überzeugt von sich ist, sondern weil sie ihr Selbstbild so demontieren würden, dass sie sich keine Fehler erlauben *kann*. Du merkst, wie viel Druck Nicole in diesem Lebensbereich aufgebaut hat. Wie sehr sie sich über ihre Leistung definiert. Warum kann sie das Leben nicht einfach genießen? Welcher normale Mensch freut sich über eine 15-Stunden-Schicht in der Gastro? Welches normale Kind schreibt bei strahlendem Sonnenschein über Stunden das perfekte A?

Du hast einen kleinen Einblick bekommen, wie Nicoles Eltern ticken: Die Mutter scheint narzisstische Züge aufzuweisen; in ihrer Welt dreht sich alles um sie. Der Vater spielt nur eine Nebenrolle. Zumindest kann sie von ihm ein wenig Nähe und Zuwendung erfahren. Bei der Mutter gleicht das Geben von Zuneigung einem Roulettespiel, mal erhascht Nicole etwas Bindung oder Liebe, mal nicht. Ihre Mutter ist sozusagen »verantwortlich« dafür, dass sich Nicole zur People-Pleaserin entwickelt hat.

Doch ihr Vater tickt anders. Schon als junges Mädchen hat Nicole herausgefunden, dass ihr Vater gerne stolz auf sie ist. Vor seinen Freunden damit prahlt, wie schlau sie ist. Wie gut sie in der Schule ist. Wenn sie sonntags zum Skatspielen kommen, steht Nicole stramm und sagt auswendig das Einmaleins auf. Dem Vater platzt vor Stolz die Brust. Nicole liebt es, wenn ihr Vater sie so bewundernd anschaut und vor Glück über ihre Leistung strahlt. Nur im Sport, da ist Nicole eine Niete. Die Sportnote versaut ihr das sonst so glänzende Zeugnis. Den Blick des Vaters zu sehen, wie enttäuscht er über ihre miese sportliche Leistung ist – das zerbricht Nicole fast das Herz. Wo sie doch alles dafür geben würde, ihren Vater glücklich und stolz zu machen! Nicole lechzt nach den Liebesbekundungen des Vaters, doch oft wimmelt er Nicole ab. Er möchte nicht wissen, dass sie sich in der Schule mit ihrer besten Freundin Sarah gestritten hat. Wie traurig es sie macht, dass Sarah nun mit Manuela spielt. Doch wenn sie ihn bei den Hausaufgaben um seine Hilfe bittet, dann ist der Papa gesprächig. Oft erfindet Nicole, dass sie Hilfe bei den Hausaufgaben bräuchte, und an sich mag sie die ellenlangen erklärenden Monologe des Vaters auch nicht – aber seine Gesellschaft tut so gut!

Hier ein weiteres Mal die Zauberfrage aus dem Somatic Experiencing: Was musste Nicole früher lernen, um jetzt vom Perfektionismus geplagt zu sein?

Perfektionismus – wenn Anerkennung mit Liebe verwechselt wird

Bei ihrer Mutter kann Nicole keinen Blumentopf gewinnen. Also konzentrieren sich ihre Liebesbemühungen auf den Vater; seine Liebe ist die, die es zu gewinnen gilt. Vaters Liebe ist jedoch an Bedingungen geknüpft. Vereinfacht gesagt ist die Botschaft, die der Vater unterschwellig aussendet: Wenn du mich mit perfekter Leistung stolz machst (und dadurch meinen eigenen Wert aufpolierst), dann schenke ich dir meine Aufmerksamkeit und meine »Liebe«. Liebe in Anführungszeichen, denn wahre Liebe sollte bedingungslos sein. Nicole erkennt, dass ihr Vater Wissen sehr schätzt. Nicole lernt, dass es für gute Noten die wertvolle Aufmerksamkeit des Vaters gibt. Ist es da nicht logisch, dass Nicole zum einen großen Ehrgeiz entwickelt und zum anderen ihr nichts so sehr Angst macht, wie nicht mit ihrer Leistung zu brillieren? Nicole ist clever. Liebe und Bindung sind in der Familie ein rares Gut – da nimmt sie, was sie bekommen kann, und jedes Mittel ist ihr recht, um es zu bekommen.

Wenn der Ehrgeiz überhandnimmt

Ehrgeiz ist ein wichtiger Antreiber und es gibt viele, die ein perfektes Ergebnis anstreben. Warum also sollen Perfektionismus und Ehrgeiz schlecht sein?

Weil wie bei allem gilt: Die Dosis macht das Gift. Man unterscheidet zwischen gesundem Ehrgeiz und Perfektionismus und einer dysfunktionalen Ausprägung. Erst wenn der Ehrgeiz und das Streben nach Perfektion zu groß werden, ergeben sich für den Einzelnen langfristig negative Konsequenzen. Wenn du unter ungesundem Perfektionismus leidest und/oder ein Workaholic bist, ist dein Stresslevel dauerhaft erhöht. Dein Risiko für depressive Erkrankungen und andere psychische Beschwerden steigt. Vielleicht hast du sogar eine Schlafstörung entwickelt: Wie sollst du entspannt schlafen können, wenn dein Nervensystem sich in Dauererregung befindet? Auch deine Lebenserwartung sinkt. Du siehst – das solltest du nicht auf die leichte Schulter nehmen!

Heute leben wir in einer Gesellschaft, die das unbeschwerte Kirschkernweitspucken ausgetauscht hat gegen »Wer von uns ist am meisten gestresst und kann am krassesten leisten?«. Definitiv eine sehr ungünstige Entwicklung.

Wann kippt gesunder Ehrgeiz in krankhaften Perfektionismus?

Du erinnerst dich an das schräge Wiederholen des perfekten As von Nicole. Nicole hat keine Freude an der Schreibübung. Es ist stattdessen die Vermeidung des unangenehmen Gefühls von Ablehnung, dass sie weiterüben lässt. An vielen Stellen im Buch hast du gesehen, wie fragil und wenig tragfähig die Bindung zwischen Nicole und ihren Eltern ist. Perfektionismus ist ein weiterer cleverer Bewältigungsmechanismus, den Nicole als Kind für sich entwickelt hat, um dennoch ein wenig Bindung zu erfahren. Als Erwachsene hinterfragt sie diesen Mechanismus nicht. Ihr Selbstbild der perfekten Nicole ist Teil ihrer Identität geworden. Das Selbstbild einer Nicole, die womöglich Fehler macht, ist für ein inneres Kind und für das Nervensystem unerträglich. Nicht aushaltbar. Und muss deshalb um jeden Preis vermieden werden.

Was wäre die Lösung für Nicole – und auch für dich? Zu erkennen, dass du jetzt erwachsen bist. Wenn deine Eltern dich nicht mögen – schade, Marmelade. Aber heute kein Weltuntergang mehr, nicht wie damals für das Kind.

Nicole, durch die Nervensystem-Brille betrachtet

Mittlerweile bist du ja schon ein Profi beim Blick durch die Nervensystem-Brille. Was ist der Säbelzahntiger, der Nicoles Nervensystem so in Aufruhr versetzt? Na klar, es sind die potenziellen Fehler oder Kritik von anderen. In ihrer Kindheit waren Fehler ein Garant dafür, dass das bisschen Bindung, die es zu ihrem Vater gab, abbrach. Keine Bindung bedeutet: »Mein Überleben ist nicht gesichert.« Mit diesem Hintergrund ist es völlig logisch, dass Nicole die absolute Perfectionista ist.

Das ist die Magie der Nervensystem-Brille: Wenn man die Welt dadurch betrachtet, wird aus scheinbar verrücktem Verhalten ein zutiefst nachvollziehbares. Ist die Perfectionista in Stein gemeißelt? Nein, auch sie darf sich transformieren. Wie das geht, zeige ich dir im Folgenden.

Schick die Perfectionista in die Wüste

Wann die Übung hilft:

- Wenn du zu Perfektion neigst
- Wenn du unter deinem zu hohen Anspruch an dich selbst leidest

- Wenn du Dinge erst gar nicht beginnst, weil du die Vermutung hast, du könntest nicht gut darin sein

Was du lernst:

- Dass ich Perfektion nicht brauche
- Wie befreiend es ist, ohne Perfektion auszukommen

Zeitdauer der Übung: 45 bis 60 Minuten
Schwierigkeitsgrad der Übung: mittelschwer
Benötigte Utensilien: Ruhe, Platz zum Schreiben, Zettel und Stift, deine absolute Ehrlichkeit
Diese Übung kann nicht unterwegs durchgeführt werden.

Das sage ich vorweg: Für diese Übung wirst du mich einen kurzen Augenblick hassen. Aber ich habe das Beste für dich im Sinn und mit der Übung wirst du deine nervige Perfectionista wirklich los.

Beschreibung:
Die Übung ist in fünf Schritte aufgeteilt:

Brain-Dumping der Perfektionismussituationen
Auf ein großes Blatt Papier schreibst du alle Situationen auf, in denen du perfekte Leistung abliefern musst. Skizziere das stichwortartig. Nicht so viel denken, einfach schreiben. Komm auf mindestens 31 unterschiedliche Situationen. Ein paar Beispiele, was da stehen könnte:

- Ich muss ordentlich und sauber gekleidet sein.
- In jeder Lebenslage muss ich nett, freundlich und höflich sein. Ich darf mich nicht im Ton vergreifen.
- Ich achte darauf, mich gewählt zu artikulieren. Schimpf- und Fäkalwörter – das gibt es bei mir nicht!
- Es ziemt sich nicht, eine Bitte meiner Eltern abzuschlagen.
- Ich muss stets pünktlich bei der Arbeit erscheinen.

Vergib zu jeder Situation deinen Stresswert

Nachdem dir keine Situationen mehr einfallen, versiehst du jede Begebenheit mit deinem persönlichen Stresswert. 10 steht für »Es wäre nicht auszuhalten, wenn ich genau das Gegenteil machen würde«, 1 für »Das juckt mich nicht die Bohne, wenn ich nicht perfekt bin«.

Erstelle deine Challenge

Alle Situationen sind nun mit Stresswerten versehen. Nun schnappst du dir deinen Kalender und trägst dir dort ein, welche Situation du ab heute noch umsetzt – und in den folgenden nächsten 30 Tagen alle anderen. Na, wie sehr magst du mich gerade noch?
Wenn du die Übung am Sonntag beginnst: Was kannst du dir heute in deinen Kalender eintragen, um es umzusetzen? Du fängst mit den Dingen an, die dir am wenigsten Stress bereiten. Wenn es für dich äußerst schwierig ist, einer Bitte deiner Eltern zu widersprechen, ist das nicht die Übung, mit der du beginnen solltest. Pick dir erst mal die einfachen Sachen raus. Vom weniger Schwierigen zum Schwierigsten: an Tag 31 steht dein bisheriger persönlicher Super-GAU in Sachen Perfektion. Nehmen wir an, »Ich achte darauf, mich gewählt zu artikulieren. Schimpf- und Fäkalwörter – das gibt es bei mir nicht!« macht dir einen Stress von 2. Für den heutigen Tag benutzt du also so viele Schimpf- und Fäkalwörter, wie es nur geht. Ein Tag darf im Zeichen von »›Scheiße‹ sagen« stehen.

Begleite täglich dein Nervensystem und deine inneren Kinder durch den Prozess

Natürlich werden dein Nervensystem und deine inneren Kinder Radau machen. Das heißt, sie wollen dir weismachen, dass etwas furchtbar Schreckliches passieren wird, wenn du den ganzen Tag »Scheiße« rufend herumläufst. Was das Schreckliche genau ist – das weißt du selbst nicht.
Stell dir die Frage: »Was könnte schlimmstenfalls passieren?« Was dann meistens passiert, ist, dass keine echte Antwort kommt. Be-

harre auf einer Antwort und frage dich immer wieder, was denn tatsächlich passieren könnte. Etwas provokant kannst du auch fragen: »Gibt es auf der ganzen Welt mit acht Milliarden Menschen mindestens einen Menschen, der gestorben ist, weil er ›Scheiße‹ gesagt hat?« Du kennst die Antwort – natürlich nicht. Mach dir also klar, dass sowohl dein Nervensystem als auch deine inneren Kinder viel Lärm um nichts machen.
Gleichzeitig ist es wichtig, die Ängste des Nervensystems und der inneren Kinder ernst zu nehmen. Aber du überlässt ihnen nicht das Steuer und lässt dich nicht durch sie zu irrationalen Handlungen hinreißen.

Lotse dich kompetent durch deine Gefühle mittels des Verkörperte-Gefühle-Prozesses
Sehr wahrscheinlich wird ein Haufen alter Gefühle auftreten. Im Kapitel »Oh nein, Gefühle – schnell weg!« (ab Seite 156) habe ich dir den Gefühlsprozess genauestens erklärt. Sei nett mit dir und nimm die Gefühle wahr. Vielleicht magst du an dieser Stelle auch noch eine Verkörperungssession für Gefühle einlegen? Dann weißt du, was deine Aufgaben für die nächsten 30 Tage sind. Ich verspreche dir: Die Perfectionista ist danach verstorben.

Das war eine ordentliche Herausforderung für den Kopf; jetzt braucht es natürlich noch etwas für den Körper. Hier ist die nächste Übung:

Die potente Statur

Du probierst achtsam verschiedene Stehhaltungen aus und beobachtest dabei, welche Veränderungen diese im Körper hervorrufen. Das ist eine meiner absoluten Lieblingsübungen!
Wann die Übung hilft:

- Wenn du mehr Sicherheit in deinem Körper installieren möchtest
- Wenn du dir mehr Selbstbewusstsein wünschst

- Wenn du dir mehr Verbindung zu deinem Körper wünschst und dein Körper dir oftmals wie ein »Objekt« vorkommt
- Wenn du Traumaenergie aus dem Körper entlassen möchtest

Was du lernst:

- Wie deine Körperhaltung und die subjektiv wahrgenommene Sicherheit beziehungsweise Unsicherheit miteinander verknüpft sind
- Erhöhung der Achtsamkeit
- Erhöhung der Körperwahrnehmung; bessere Verbindung mit dem Körper

Zeitdauer der Übung: 5 bis 7 Minuten
Schwierigkeitsgrad der Übung: simpel bis mittelschwer
Benötigte Utensilien: keine
Die Übung kann nicht unterwegs durchgeführt werden.

Beschreibung:
Stell dich, ohne groß nachzudenken, hin. Schau von außen auf dich, ohne deine Position zu verändern. Wie breitbeinig oder eben nicht breitbeinig stehst du? In welche Richtung wenden sich dein Blick und dein Kopf? Geradeaus, nach oben oder eher nach unten? Was machen deine Schultern? Sind sie hochgezogen, hängen sie herunter, sind sie nach vorne gekrümmt? Was macht dein Becken? Kippst du es nach hinten und erzeugst so ein Hohlkreuz oder befindet sich dein Becken in einer anderen Position? All das nimmst du beobachtend und nicht wertend wahr.
Verändere nun sehr achtsam deine Körperhaltung: Beginne zunächst bei deinen Füßen. Vielleicht magst du sie etwas weiter nach außen positionieren. Oder du möchtest sie enger zusammen platzieren. Probier das gern aus.
Nachdem du die Position verändert hast, spürst du nach. Du bist auf der Suche nach einer Fußstellung, die sich kraftvoll und stark

für dich anfühlt. Spüre nach, was sich durch die veränderte Körperhaltung für dich ändert.
Als Nächstes widmest du dich deiner Kopfhaltung. Experimentiere ein wenig mit der Kopfhaltung und der Blickrichtung herum. Mach das so lange, bis du auch hier eine Position gefunden hast, die sich anfühlt, als seist du eine stolze Löwin, die über ihr Territorium herrscht. Erneut: nachspüren.
Ein Hinweis an dieser Stelle: Die Übung ist äußerst kraftvoll. Auch wenn du augenscheinlich »nichts machst«, unterschätze sie nicht. Es kann sein, dass dein System die Übung liebt, aber gleichzeitig Gefahr wittert. Sollte das so sein, nimm eine Körperhaltung ein, die sich entspannter für dich anfühlt. Dein Körper darf sich in seinem Tempo daran gewöhnen, wie machtvoll du bist!
Wandere mit der Aufmerksamkeit nun zu den Schultern. Experimentiere damit, wie es für dich ist, wenn deine Schultern nicht hochgezogen oder nach vorn gekrümmt sind. Finde die Position, die dir signalisiert: Ich bin eine starke Löwin, die voller Selbstbewusstsein durch die Savanne schreitet. Ein weiteres Mal nachspüren.
Zur Information: Die Veränderung der Schulterposition kann eine sehr delikate und heikle Sache sein. Wenn du als Frau deine Schultern nach hinten führst, sind automatisch deine Brüste mehr im Fokus. Das kann viel auslösen! Sei liebevoll mit dir und finde eine Position, die dich gleichzeitig etwas herausfordert – weil sie so ungewohnt ist – und dich dennoch nicht überfordert.
Zu guter Letzt entdeckst du deine machtvolle Beckenposition. Es ist keine Raketenwissenschaft, dass das Becken im Zusammenhang mit allen traumatischen Erfahrungen steht, die einen sexuellen Hintergrund haben. Taste dich also sehr empathisch an diesen Bereich heran. Bei den meisten Frauen ist das Becken ein wenig nach hinten gekippt. Kippe daher dein Becken nach vorne und oben. Ziehe dafür deinen Bauchnabel nach oben und nach innen. Wahrscheinlich wird das eine ungewöhnliche Haltung für dich sein. Umso wichtiger ist es, dich an deinen Atem zu erinnern.

Nacheinander hast du die Füße, den Kopf, die Schultern und das Becken in eine kraftvolle Position gebracht. Spüre ein letztes Mal nach, wie kraftvoll es ist, dass du ein Mensch und insbesondere eine Frau bist.

Mein Körper, mein Feind – und das Entwicklungstrauma

Man kann nicht alles im Leben haben. Außer man ist Hypochonder.
Unbekannt

Ich muss sterben

»Aber wie kann es sein, dass sich eine Zyste in der Dopplersonografie als stark durchblutet gezeigt hat?«, fragt Nicole den Oberarzt des Brustzentrums. Dem Oberarzt weicht das Blut aus dem Gesicht. Vor einer Woche hatte Nicole einen schmerzhaften Knoten in ihrer Brust entdeckt. Ihr Frauenarzt vor Ort hatte zu einer schnellen weiteren Abklärung im Brustzentrum geraten. Nun ist sie also hier und ein wenig erstaunt über die Diagnose des Arztes. Als Ärztin weiß sie, dass Zysten kapselige Hohlräume im Körper sind, die mit Flüssigkeit gefüllt sind. Eine Zyste ist aber im Innern nicht durchblutet. Da muss irgendetwas falsch sein ... Der Oberarzt führt die Untersuchung fort. Stille. Einige Minuten später, seine Stimme ist kratzig und belegt, sagt er: »Wir sollten sofort eine Stanzbiopsie durchführen.«

Nur wenige Tage später ist Nicole mit ihrem Mann erneut im Brustzentrum. Alleine hätte sie das nicht gepackt. Die letzten Tage waren die reinste Tortur. Sie war sich sicher, dass der Arzt einen bösartigen Tumor in ihrer Brust entdeckt hatte. Alles gute Zureden von Robert, der zunächst das Ergebnis abwarten wollte, half nichts. Für sie war sicher: Ich habe Krebs! Ich werde sterben!

Der Tumor stellt sich als Phylloid-Tumor heraus. Ein gutartiger, allerdings ein besonders schnell wachsender Tumor, der dazu neigt, nach der Entfernung erneut wiederzukommen, und dann in der Regel tödliche Metastasen im Körper bildet. Die Chancen, dass er nicht wiederkommt, liegen bei 50 zu 50. Da der Tumor bereits eine Größe von zehn mal fünf Zentimetern angenommen hat, wird eine Operation für nächste Woche vereinbart.

Die folgenden Tage ist Nicole wie in Trance. Wie eine Irre putzt sie das Haus. Kauft Unmengen an Lebensmitteln ein, um die Vorratskammer zu bestücken. Schaut ihren Kindern fest in die Augen und sagt ihnen, wie sehr sie sie liebt. Sie spricht mit ihrer besten Freundin Anne, ob sie im Fall der Fälle den Hund Lassie übernehmen würde. Sie schreibt ellenlange DIN-A4-Seiten mit detaillierten Anweisungen für Robert, was er wie mit den Kindern machen soll. Sie schreibt einen Abschiedsbrief für ihren Mann. Sie ordnet alle Papiere.

Was im Himmel macht Nicole? Sie bereitet sich auf ihren Tod vor. Im Innern spielt ihre Todesangst Pingpong: Sterbe ich am Tumor oder daran, dass ich den OP-Schlauch verschlucke, die Narkose überdosiert wird? Nicole fallen unzählige Möglichkeiten ein, aber eines ist für Nicole sicher: Sie wird sterben! Zu 100 Prozent – kein Weg wird daran vorbeiführen. Ihr Umfeld empfindet Nicoles Verhalten ein wenig schräg. Dennoch bemerkt keiner ihre Angst, bei der OP zu sterben. Wie auch, wenn Nicole nicht darüber spricht und alles in sich hineinfrisst. Nach außen vermittelt sie, dass sie davon ausgeht, dass der Tumor zurückkommt und sich dadurch in einen bösartigen verwandelt. Robert ist sauer auf sie, weil sie so schwarzsieht. Obwohl er sonst der Schwarzmaler ist, mimt er den Positiven »Das wird schon gut gehen. Du schaffst das.«

Am Tag der OP sagt Nicole: *»Soll das hier der Himmel sein? Puh, das hatte ich mir besser vorgestellt!« Nicole ist im Aufwachraum des Brustzentrums, eine Krankenschwester lächelt sie milde an. »Nein, Frau Adams, sie sind nicht im Himmel. Sie wurden gerade operiert. Die OP ist super verlaufen. Sie sind gesund!« Halleluja – Nicole ist doch nicht gestorben. Dicke Tränen kullern über ihre Wangen: »Und ich dachte, ich wäre tot.«*

Welcher Teufel hatte Nicole da geritten, davon auszugehen, dass sie – bei an sich bester Gesundheit und in einem für eine OP unkritischem Alter – versterben würde? Lass uns schauen, welche Faktoren dazu führten, dass Nicole sich so in ihren abstrusen Gedanken verrannte.

Nicole aus Sicht des Nervensystems

Du denkst vielleicht: »Boah, diese Nicole-Geschichte ist aber auch wirklich an den Haaren herbeigezogen. Ich kann gar nicht glauben, dass so etwas passieren kann!« Aber: Die Geschichte ist wahr – es ist meine eigene Geschichte, die sich 2017 mit ein paar Abwandlungen so zugetragen hat. Der Tumor war real, mein lustiger Spruch im Aufwachraum sowieso und auch die Vorbereitungen liefen bei mir ähnlich ab. Das Happy End von der Geschichte: Wie du siehst, bis jetzt bin ich nicht tot und tumorfrei. Und: Mein kleiner »Phylli«, wie ich den Tumor nenne, war der Grund, warum ich überhaupt auf Somatic Experiencing stieß.

Warum erzähle ich dir diese Geschichte? Im Laufe der Jahre habe ich wirklich mit vielen Frauen zusammengearbeitet. Ich dachte, ich sei mit meiner Hypochondrie allein auf weiter Flur. Weit gefehlt! Ich schätze, dass 60 bis 70 Prozent »meiner« Frauen in dieser Hinsicht ähnlich wie ich ticken. Meine Feldstudie lässt sich auch wissenschaftlich belegen: Mehrere Studien legen nahe, dass frühe Belastungen zu einem zwei- bis vierfach erhöhten Risiko führen, im fortgeschrittenen Erwachsenenalter an schwerwiegenden Erkrankungen wie Diabetes mellitus Typ 2, Schlaganfall, koronarer Herzerkrankung oder chronisch obstruktiver Lungenerkrankung (COPD) zu leiden. Besonders eindrücklich: Je mehr Traumata einem Menschen in der Kindheit widerfahren, desto geringer ist die allgemeine Lebenserwartung. Sie kann – je nach Summierung der Traumata – von durchschnittlich 79,1 auf 60,6 Jahre sinken. Wenn das kein Grund ist, sich intensiv um seine frühesten Traumata zu kümmern!

Der Tornado im Nervensystem

Ein Entwicklungstrauma torpediert das Gefühl des Angenommenseins und des Sich-sicher-Fühlens eines Kleinkinds. Das Trauma gleicht einem Tornado, der über eine Stadt hinwegfegt. Was bleibt, ist Zerstörung und Chaos. Je früher in deinem Leben dieser Tornado über dein Nervensystem rauscht, desto eher hinterlässt er ein Areal aus Schutt und Asche.

Um dieser Zerstörung und dem daraus resultierenden Gefühlschaos Herr zu werden, greifst du als Kind zu einer cleveren Waffe: Du versuchst, im Außen besonders viel Sicherheit zu erzeugen. Es darf keine Unwägbarkeiten geben, denn das würde dich noch mehr verunsichern. Du wirst zum kleinen Kontrolletti. Alles, was sich nicht kontrollieren lässt, macht dich schier wahnsinnig. Stundenlang durchforstest du amerikanische Forschungsunterlagen, weil du ein »merkwürdiges Kratzen im Hals« entdeckt hast. »Wahrscheinlich ist es eine eitrige Angina, die zu einer schweren Herzerkrankung führt«, sind deine Gedanken. Du bist kein Oberfreak wegen solcher Gedanken. Nein, deine Hypochondrie ist der Wunsch deines Systems, dich auf den schlimmstmöglichen Ausgang vorzubereiten und so Kontrolle zu erhalten. So wird das Entwicklungstrauma der Nährboden für chronische Erkrankungen und hypochondrische Tendenzen.

So zeigt sich Kontrollsucht

Wie sich deine Kontrollsucht im Erwachsenenalter zeigt – sofern du dein Entwicklungstrauma nicht behandelt hast:

- Du hasst es, dich auf deine Mitmenschen verlassen zu müssen.
- Du bist eine exzellente Denkerin, die für alle Situationen einen A-bis-Z-Plan entwickelt und noch einen Reserveplan in der Schublade liegen hat.
- Du häufst extrem viel Wissen an. Denn Wissen ist Macht und Macht gibt dir Sicherheit.
- Du musst immer alles ganz genau verstehen. Über etwas im Unklaren zu sein – oh, mein Gott, das geht gar nicht!

- Du verlässt dich lieber auf deinen Kopf als auf deine Gefühle (die kennst du sowieso nicht) oder gar auf deinen Körper. In deinem Kopf, da herrscht eine klar strukturierte Ordnung, in deinen Gefühlen und in deinem Körper nicht.
- Du bist gern vorbereitet und planst sehr genau. Überraschungen – nein, danke! Nur für andere, wenn du sie geplant hast.
- Du liebst Listen, Kalender und Excel-Tabellen. Da hat alles eine klare Struktur.
- Wenn es ginge, dann würdest du deinen Körper am liebsten abschaffen. Ständig muckt er rum. Wofür brauchst du ihn eigentlich?!
- Du bist sehr ungeduldig.
- Du bist anderen Menschen gegenüber misstrauisch. Was, wenn sie die Dinge falsch machen?

Du kannst dir das Entwicklungstrauma wie einen schlafenden, gefährlichen Drachen in dir vorstellen. Solange du ihn mit seiner Lieblingsspeise Sicherheit fütterst, ist er brav und schläft weiter. Unterlässt du die Fütterung und/oder tritt so ein massives Ereignis von außen auf, das dich bis in deine Grundfesten erschüttert, dann wacht der Drache auf. Er versprüht seinen Feueratem und verbrennt alles, was ihm in den Weg kommt. Manchmal auch einfach dein Hirn. Ganz nach dem Motto »Angst frisst Hirn«.

Das kenne ich: Auch wenn es für mich eine 50-prozentige Chance gab, dass der Tumor nicht wiederkommen würde – diese Information hatte gar keine Kraft und Macht, an mich heranzukommen. Wie auch, wenn mein Drache mich fortwährend anfauchte? Wie sehr hatte ich mein Leben im Griff, wenn ich noch nicht mal über Leben und Tod entscheiden konnte? Genau, gar nicht. Und das hat mich an den Rand des Wahnsinns gebracht. Es war tatsächlich wahnsinnig, welche »Todesvorbereitungen« ich vor der OP getroffen hatte. Doch das war die einzige Möglichkeit, mich von meinem schreienden Drachen im Inneren ablenken zu können. Es war das Mittel, um mir ein wenig Sicherheit zu erarbeiten.

Dein Körper – die größte Quelle für Unsicherheit

Dein Körper ist keine Maschine. Leider. An anderer Stelle habe ich geschrieben: Nicht behandeltes Entwicklungstrauma ist wie das Leben in einem Kriegsgebiet. Das Kriegsgebiet befindet sich in deinem Körper. Dein Körper ist der Angreifer und Quell der Bedrohung.

Wie sollst du dich mit etwas sicher fühlen, worüber du keine Kontrolle hast? Wo Kontrolle doch so wichtig für dich ist. Wie sollst du dich sicher mit deinem Körper fühlen, wenn du ihn gar nicht kennst, weil du dich schon vor Jahrzehnten von ihm getrennt hast? Um weniger zu fühlen und zu spüren. Wie sollst du dich sicher mit deinem Körper fühlen, wenn du von ihm abhängig bist? Denn abhängig zu sein, ist dein persönlicher Super-GAU. Das stresst dich. Ständig. Du hast Dauerstress im Körper.

Alles gerät aus dem Lot

Der Dauerstress ist wie ein Dominostein, der weitere Dominosteine umschmeißt. Er ist der perfekte Nährboden für Entzündungen. Diese Entzündungen können zu Zellmutationen oder zu gestörten Regelkreisläufen führen. Die gestörten Regelkreisläufe lassen ein Hormonchaos und ein geschwächtes Immunsystem entstehen. Das geschwächte Immunsystem macht dich anfälliger für Viren und Bakterien. Oder es hat zum Ergebnis, dass der Körper sich selbst als Feind betrachtet. Es kommt zu Autoimmunerkrankungen wie Rheuma oder Asthma. Das Hormonchaos stellt eine Disbalance im Körper her. Diese Disbalance kann in einer Vielzahl weiterer körperlicher Beschwerden münden, wie zum Beispiel:

- Migräne,
- Zyklusprobleme,
- Herzerkrankungen,
- chronisch entzündliche Darmerkrankung,
- Fibromyalgie,
- chronisches Fatigue-Syndrom,
- Epilepsie,

- Gewichtsprobleme,
- häufige Müdigkeit; nicht richtig wach werden,
- Antriebslosigkeit; der Schwung fehlt im Alltag,
- fehlende Leistungsfähigkeit,
- Verdauungsbeschwerden – Verstopfungen, Blähungen oder Durchfall,
- Allergieneigung.

Du siehst, die Wahrscheinlichkeit, dass du kerngesund bist, ist niedrig, wenn im Inneren ein Entwicklungstrauma wütet. Du kannst deinem Körper nicht vertrauen, weil er dich dauernd im Stich lässt und mit tausend Krankheiten einfach nur nervt.

Wie du hypochondrische Tendenzen hinter dir lässt

Wenn dich dein Körper »nur« mit körperlichen chronischen Erkrankungen nervt, ist es etwas einfacher, das zu lösen. Befreunde dich mit deinem Körper. In der Regel ist das unkomplizierter, als dich von deinen hypochondrischen Tendenzen zu verabschieden. Ich wiederhole mich: Beginne, dein Nervensystem zu regulieren, und auf wundersame Art werden sich deine körperlichen Beschwerden in Luft auflösen. Natürlich ist es wichtig, mögliche Stressoren aus deinem Leben zu entfernen und auch physisch deinen Körper mit allem zu unterstützen, was er braucht. Das ist gesunde Ernährung, ausreichender, erholsamer Schlaf, wertschätzende Beziehungen, Sex, Bewegung und eventuell abgestimmte Nahrungsergänzungsmittel. Auf diese Art habe ich mich zum Beispiel von meiner über 35-jährigen »Freundschaft« mit meiner Migräne verabschiedet.

Tja, und die hypochondrischen Tendenzen … wirklich schwierig. Meist liegt eine Stresssucht vor, wie ich sie am Anfang des Buches geschildert habe. Du kannst dich erinnern, dass die Stresssucht auf einer GHIA – einer global hohen Erregung in der ersten Lebenszeit – beruht. Aus meiner Sicht lässt sich das effektiv nur mit einem dafür ausgebildeten Therapeuten (SE- und/oder NARM-Therapeut; NARM ist eine

Therapieform, die sich auf die Behandlung von Entwicklungstraumata spezialisiert hat) behandeln. Es braucht einen co-regulierenden Therapeuten, mit dem du vielleicht erstmalig die Erfahrung machen kannst: Ich bin sicher. Über die Co-Regulation kannst du lernen, dich zukünftig selbst zu regulieren. Durch diese Regulation und die Bearbeitung von möglichen traumatischen Ereignissen (OP-Traumata, Krankheitstraumata oder Traumata, die durch den Verlust von nahestehenden Personen ausgelöst wurden) kann sich schließlich auch die Hypochondrie verabschieden.

Puh, ein krasses Kapitel, nicht wahr? Zeit für eine weitere Körperübung, die dich erheitern wird.

Wuuu-Tönen

Das ist *die* Lieblingsübung von Peter Levine, des Begründers von Somatic Experiencing.

Wann die Übung hilft:

- Im Zustand der Dysregulierung in der Untererregung
- Im Hypoarousal
- Wenn du wütend bist und einfach ein wenig Ärger aus dem Körper entlassen möchtest

Was du lernst:

- Mein gesamtes Lungenvolumen zu nutzen
- Wie ich festsitzende Energie im Körper einfach lösen kann
- Sichtbar zu sein mit meiner Stimme
- Raum einzunehmen

Zeitdauer der Übung: etwa 3 Minuten
Schwierigkeitsgrad der Übung: simpel
Benötigte Utensilien: Platz zum Sitzen
Für einige kann diese Übung mental herausfordernd sein, sie ist auch deswegen kaum dafür geeignet, unterwegs durchgeführt zu werden.

Beschreibung:

Eines vorweg: Ich habe diese Übung zu Beginn gehasst; ich fand sie extrem peinlich und ich kam mir so dämlich vor. Mittlerweile hat sie sich zu einer meiner Favoritenübungen gemausert.

Setze dich bequem hin. Atme durch die Nase bis zu deinem Bauchnabel ein. Lass so viel Luft wie möglich in deine Lungen fließen. Verkrampfe dabei nicht. Atme dann extrem lange durch den Mund aus und verbinde das Ausatmen mit dem Ton »Wuuu«. Versuche, mindestens fünf Sekunden – gern auch noch länger – auszuatmen. Probiere, den Ton nicht aus dem Rachen kommen zu lassen, sondern ihn wie eine gute Sängerin aus den Lippen nach vorn zu schicken (wenn sie vibrieren und kitzeln, dann machst du es richtig!). Spüre anschließend nach.

Vielleicht nimmst du einen normalen Atemzug, indem du in deinem gewohnten Rhythmus und auch in der gewohnten Tiefe ein- und ausatmest. Durchlaufe mindestens drei Runden des Wuuu-Tönens. Und ja, du hast richtig geraten: Spüre nach.

So schaffst du es mit Leichtigkeit ins Ziel

Du bist

Du bist nicht das Opfer
deiner selbst
und auch nicht das Opfer
deiner Umwelt
du bist bewegt
und frei
und hast stets die Wahl.

Du bist nicht stumm
und auch nicht weniger wert
wenn du selbst bewusst wirst
frei denkst
frei fühlst
und akzeptierst
und dir die gesamte Auswahl
gibst.

Du bist nicht Opfer deiner
Gedanken
und auch nicht Opfer deiner
Gefühle
wenn du siehst
und hörst
und lebst.

Du bist nicht Opfer
deines Chefs
und auch nicht das Opfer
deiner Vergangenheit.
Du bist bestrebt
und einzigartig
und wählst für dich
deinen ganz eigenen Weg.

Du bist nicht dumm
und nicht unbegabt.
Du musst nur hören
was du dir selbst zu sagen hast
und dem folgen
was du liebst.

Du bist nicht
was andere dir sagen
und nicht das
was andere dir nicht zutrauen
wenn du glaubst
und gehst
und entscheidest
endlich
du selbst zu sein.

Carola Elisabeth in
#Mindsetpoesie

Was, wenn sich keine Veränderungen zeigen?

Wie kann es sein, dass einige Menschen mit Leichtigkeit, scheinbar mühelos ans Ziel kommen? Während andere sich abrackern und sich doch nur im Kreise drehen? Für den nächsten Satz wirst du mich mindestens einen Moment echt doof finden. Ein wenig tough love:

Wenn du nicht da bist, wo du sein willst, dann bietet dir das Verharren an der jetzigen Position einen (unbewussten) Vorteil.

Man sagt, dass bis zu 95 Prozent unserer Handlungen unbewusst ablaufen. Heißt im Umkehrschluss: In nur 5 Prozent der Fälle steuerst du *aktiv* dein Leben. Wenn es keine Veränderung im Außen gibt, dann heißt das schlicht und ergreifend: Du lenkst dich mit Abrackern an Alltags-To-dos oder dem 37. Onlinekurs zum Thema ab. Du bleibst dadurch an der Oberfläche. Es kann nicht sein, dass du angeblich hinderliche Glaubenssätze verändert hast, tiefe Mindset-Arbeit hinter dir liegt, dein Nervensystem regulierter ist, du dein inneres Kind liebevoll an die Hand genommen hast, und du kein Ergebnis, keine Veränderung im Außen siehst. Geht nicht. Wie innen, so außen, wie außen, so innen.

Stattdessen bist du beschäftigt um des Beschäftigt-sein-Willens. Das gibt dir ein gutes Gefühl. Nur ans Ziel kommst du nicht, weil die innere Arbeit nie die Möglichkeit hat, tiefer zu sinken. Sich zu setzen. Dein Nervensystem und dein inneres Kind lachen sich schlapp über deine Bemühungen.

Erst diese Woche hatte ich eine sehr bewegende Stunde mit einer Klientin. Die Frau ist äußerst klug, hat Unmengen an Therapievorerfahrungen. Ihr Bücherregal quillt vor psychologischer Fachliteratur über. Sie kennt jeden gängigen Podcast zum Thema, die wertvollen Posts auf Instagram kann sie auswendig aufsagen. Sie weiß sehr viel. Vielleicht sogar mehr als ich. Aber ihr Problem –sie fühlt nicht und erfährt sich von ihrem Körper abgetrennt –, das bleibt. Warum? Ist sie doch nicht so schlau, wie sie es vorgibt?

Im Gespräch stellte sich heraus, dass Heilung nicht ihrem Selbstbild entspricht. Wenn sie wirklich heilen würde, dann hätte das eventuell katastrophale Konsequenzen für ihre Familie. Sie ist sich nicht sicher, ob das Familienkonstrukt, das sie seit Jahren aufrechterhält, dann noch Bestand hätte. Für einen Anteil in ihr ist es *nicht sicher,* zu heilen. Daher schluckt sie die eklige Kröte, nicht zu fühlen und sich im eigenen Leben fremd zu fühlen. Für die Klientin ist es sicherer, an ihrer alten, schmerzvollen Traumaidentität festzuhalten. Aber wie soll etwas Neues in mein Leben kommen können, wenn ich buchstäblich panisch am Alten festhalte?

Innen und außen so nah wie möglich zueinanderbringen

In der Psychologie gibt es das Konzept der Kybernetik, ursprünglich stammt es aus der Technik. Ein typisches Beispiel für das Prinzip eines kybernetischen Systems der Regelungstechnik ist ein Thermostat. Stell dir vor, du hast deinen Heizungsthermostat auf muckelige 22 Grad Raumtemperatur eingestellt. Der Thermostat vergleicht den Istwert eines Thermometers mit dem Sollwert, den du eingestellt hast. Bemerkt der Thermostat nun, dass die Raumtemperatur nur 20 Grad beträgt, fährt die Wärmezufuhr bis auf 22 Grad nach oben. Es ist egal, ob du verschwenderisch die Terrassentür offen stehen oder deine Fenster geschlossen hast. Immer wird der Thermostat alles dafür tun, um die eingestellten 22 Grad zu erreichen.

So ähnlich ist es mit deinem inneren Selbstbild. Welchen Sollwert hat dein inneres Selbstbild? Ist dein inneres Selbstbild das einer mutigen Frau, die sich selbst an erste Stelle setzt? Einer Frau, die klare Grenzen setzt? Einer Frau, die nur Ja sagt, wenn sie es auch wirklich meint? Einer Frau, der es egal ist, was andere über sie denken, weil sie sich selbst ihren Wert gibt? Einer Frau, die macht, was sie möchte. Und nicht das, was andere von ihr verlangen? Einer Frau, die lacht, wenn ihr nach Lachen zumute ist, die aber auch keine Scheu hat, ihre Tränen zu zeigen, wenn ihr zum Weinen ist? Einer Frau, die keinen Partner braucht, weil sie mit sich selbst in bester Gesellschaft ist? Einer Frau, die einen Partner hat, weil sie bewusst gewählt hat? Einer Frau, die zu jeder Zeit 100 Prozent Verantwortung für ihr eigenes Leben übernimmt. Und anderen die Verantwortung für ihr Leben zurückweist?

Vielleicht ist deine Version nach außen hin auf der Suche nach genau dieser Frau und rackert sich ab. Unbewusst gibt es da aber ein anderes inneres Selbstbild, das nur wenig mit dieser strahlenden Frau gemein hat. Solange diese »schwache« Version sicherer für dich ist, kannst du dich im Außen abarbeiten. Du klopfst dir auf die Schulter, dafür, wie sehr du es willst. Aber in dir ist ein Anteil, der genau diese strahlende Frau für die größte Schnapsidee aller Zeiten hält.

Sei ehrlich und entscheide dich

Ich möchte dich einladen, zu 100 Prozent ehrlich mit dir zu sein. Dich wahrhaftig zu fragen: Will ich *wirklich* heilen? Will ich dieses geile Leben? Vielleicht ist deine Antwort: Nein. Nein, ich will es (noch) nicht, weil es sich momentan nicht sicher anfühlt, dorthin zu kommen. Das ist völlig okay. Wirklich!

Dann gibt es für dich zwei Möglichkeiten:

1. Du gibst dich mit dem Status quo zufrieden.
   oder
2. Du lässt es sicherer werden, dein Ziel doch zu erreichen.

Sei in Variante 1 aber so liebevoll mit dir, dass du von nun an ehrlich mit dir bist. Indem du die Haltung einnimmst: »Nein, ich will es (noch) nicht. Weil es (noch) nicht sicher für mich ist. Ich lasse es ab sofort, mich im Außen abzurackern. Ich beende meine Selbstsabotage. Ich höre auf, mir in die Tasche zu lügen.«

Puh, das ist nicht leicht. Respekt davor, wenn du so mit dir sein kannst. Aber so wirst du dir viel Leid und noch mehr Stress ersparen. Vielleicht kann sich etwas in dir auch entspannen und daraus kann noch etwas anderes erwachsen. Es kann sein, dass dadurch das erste Mal ein Hauch von Selbstakzeptanz entsteht, der wahre Wunder bewirkt.

Dieses Kapitel war nicht vorgesehen, im Schreiben entwickelte sich ein immer größerer Wunsch, dir das mitzugeben. Zeige ich jetzt, nach so vielen Seiten, mein wahres Gesicht? Nein. Es macht mich einfach beinahe wahnsinnig, wenn ich wie diese Woche eine unglaublich tolle Frau vor mir sitzen habe, die gewissermaßen ihr eigenes Leben mit den Füßen tritt. Immer wieder erlebe ich Frauen, die gebildet, intelligent, witzig, schön und unglaublich charismatisch sind und sich damit zufriedengeben, dass ihr Leben wie drei Tage alter Kaffee schmeckt.

Du darfst mehr wollen.

Du darfst alles wollen.

Du darfst hungrig auf mehr Leben sein.

Mit meinen Worten möchte ich dich aufrütteln, dich daran erinnern: Du hast verdammt noch mal nur dieses eine Leben. Es gibt keinen Nachschlag. Auch keine Geld-zurück-Garantie. Also warum nicht aus diesem einen Leben, das dir geschenkt wurde, das eh schon Super-Jackpot-Lottogewinn ist, das Beste überhaupt machen? Du hast es so sehr verdient!

Die Wahrscheinlichkeit, als Mensch geboren zu werden, liegt bei 1 zu 400 Trilliarden, das haben schlaue Menschen einmal ausgerechnet. Es ist also wahrscheinlicher, sechsmal nacheinander im Lotto zu gewinnen. Kapierst du? Dein Menschenleben ist ein fucking großes Geschenk!

Der beste Augenblick ist genau jetzt

Als 2017 meine Heilungsreise durch Somatic Experiencing begann, da gab es nicht so ein wunderbares Selbstbild. Ganz bestimmt nicht! Aber ich habe mich getraut, mein negatives inneres Selbstbild loszulassen. Ich hatte den Mut, es loszulassen und sterben zu lassen. Obwohl ich nicht wusste, was Neues auf mich zukommen würde.

Ich bin gesprungen – ohne Fallschirm. Und habe festgestellt: Ich kann fliegen.

Ich beobachte bei vielen Menschen, dass sie auf den richtigen Augenblick warten. Es muss sich erst gut anfühlen. Die Angst soll weg sein. Ich sage dir: Auf diesen Augenblick kannst du ewig warten. Er wird nicht kommen. Ein letztes Mal die Sicht aus der Nervensystem-Brille: Dieses ist darauf programmiert, nichts sicher zu finden. Dich vor Gefahren zu schützen. Auf Mut zu warten, ist ein Spiel, in dem es keine Gewinner gibt. Stattdessen brauchst du Mut. Mut, zu springen, *mit* der Angst an der Hand.

Es ist keine Kunst, dich gut durch deine Gefühle und Gedanken, dein inneres Kind und dein Nervensystem hindurchzunavigieren, wenn die Sonne vom Himmel strahlt. Es ist hingegen eine Kunst, wenn ein Orkan um dich herum tobt, die Welt unterzugehen scheint. Dann zeigst du wahre Größe und Stärke.

Wenn du deine unbewussten inneren Widerstände auflösen möchtest, die dein Traumleben verhindern, dann schaue gerne auf meiner Homepage vorbei. Dort findest du mehr Informationen.

Nachwort: Was dieses Buch mit meinem inneren Kind gemacht hat

Nun ist unsere gemeinsame Reise vorerst beendet. Wie schade! Nachdem ich nun so lange mit dir gesprochen habe, fällt es mir schwer, Abschied von dir zu nehmen. Wer aufgepasst hat, weiß, dass mein inneres Kind aktiv ist …

Ein Buch zu schreiben, ist nichts für Weicheier. Das weiß ich nun, nachdem ich diese letzten Zeilen an dich richte. Ich wurde dadurch in tiefe emotionale Täler gestürzt, die ich im Leben nicht erwartet hätte.

Zwischendurch habe ich das Buch und mich verflucht und wollte alles hinschmeißen. Dass du jetzt dieses Buch in den Händen hältst, haben viele Menschen möglich gemacht, bei denen ich mich aus tiefstem Herzen bedanken möchte.

Etwas unüblich bedanke ich mich an erster Stelle bei mir. Ich bedanke mich bei meiner jüngeren Version, die schon als Teenager im Dachzimmer saß und sich dachte: »Das müssen wir aufschreiben. Für irgendwas muss diese ganze Scheiße doch gut sein!« Ich bedanke mich bei meinen mittleren Versionen, die sich in entscheidenden Momenten dagegen entschieden haben, aus dem Leben zu gehen, und stattdessen »Ja!« zum Leben gesagt haben. Und ich bedanke mich bei meiner Version von 2022, die zwischendurch hart durchgreifen musste und die inneren Anteile angeschrien hat: »Nun ist aber mal gut mit dieser Ego-Shit-Show! Wollen wir helfen oder nicht? Also los, weiterschreiben!«

Ganz besonderer Dank gilt meinem Mann Marcus, der nun schon seit über 16 Jahren an meiner Seite ist. In der Nacht, als wir uns kennenlernten, fragte er mich – zugegebenermaßen etwas angetrunken: »Kommst du mit mir nach Hause?« In der Nacht bin ich nicht mitgegangen und ich hätte nie ahnen können, dass der Satz durch und mit ihm einmal so viel Wahrheit beinhalten wird. Marcus, ich liebe dich!

Ich bedanke mich bei meiner Buchfee Carola Elisabeth, die immer an mich geglaubt hat und das Beste aus mir herausgekitzelt hat. Meine Dankbarkeit kennt keine Worte!

Zu guter Letzt gilt mein Dank dem Irisiana-Team: Inga Heckmann, die von Anfang an von der enormen Wichtigkeit und dem Erfolg dieses Buches überzeugt war. Dem kreativen Marketingteam von Irisiana, das all meine verrückten Marketingideen begeistert abgenickt hat. Es war wirklich eine Freude, mit euch zu arbeiten!

Was nützt ein Buch, wenn es keiner liest? Nichts.

Darum gilt mein wirklich letzter Dank dir als Leserin. Ich danke dir, dass du den Mut aufgebracht hast, dich deinen Themen zu stellen. Dass dich mein teilweise flapsiger Ton nicht verschreckt hat. Ich danke dir, dass du den Samen des Buches weiterträgst. Gemeinsam können wir die Welt zu einem besseren Ort machen.

Ich wünsche dir aus tiefstem Herzen, dass das Buch dir den Mut gibt, dein Leben so richtig gut auf den Kopf zu stellen. Deine Heilung in liebevolle Hände zu nehmen und es endlich sicher werden zu lassen, du selbst zu sein. Ich wünsche dir, dass es dich deinen wahren, gesunden Kern – der niemals beschädigt war – hat erkennen lassen.

In tiefer Verbundenheit, deine Sasja

Übungsregister

Literatur, Adressen und Quellen

Diese Bücher musst du noch lesen

Peter A. Levine: *Sprache ohne Worte. Wie unser Körper Trauma verarbeitet und uns in die innere Balance zurückführt.* Kösel, München 2011

Laurence Heller und Aline LaPierre: *Entwicklungstrauma heilen. Alte Überlebensstrategien lösen – Selbstregulierung und Beziehungsfähigkeit stärken. Das Neuroaffektive Beziehungsmodell zur Traumaheilung* NARM. Kösel, München 2013

Bessel van der Kolk: *Verkörperter Schrecken. Traumaspuren in Gehirn, Geist und Körper und wie man sie heilen kann.* G. P. Probst, Lichtenau 2015

Und auch diese, wenn du gar nicht genug bekommen kannst:

Peter A. Levine: *Trauma und Gedächtnis. Die Spuren unserer Erinnerung in Körper und Gehirn.* Kösel, München 2016

Laurence Heller und Angelika Doerne: *Befreiung von Scham und Schuld. Alte Überlebensstrategien auflösen und Lebenskraft gewinnen. Das Neuroaffektive Beziehungsmodell* NARM. Kösel, München 2020

Gabor Maté: *Wenn der Körper Nein sagt. Wie chronischer Stress krank macht und was Sie dagegen tun können.* Narayana, Kandern 2020

Deb Dana: *Die Polyvagal-Theorie in der Therapie. Den Rhythmus der Regulation nutzen.* G. P. Probst, Lichtenau 2021

Verena König: *Bin ich traumatisiert? Wie wir die immer gleichen Problemschleifen verlassen.* Gräfe und Unzer, München 2021

Dami Charf: *Auch alte Wunden können heilen. Wie Verletzungen aus der Kindheit unser Leben bestimmen und wir dennoch Frieden in uns selbst finden können.* Kösel, München 2018

Julia Berg: *Ich hätte es mir anders gewünscht. Wie du an einer schweren Geburtserfahrung wächst – Von Flashbacks, Selbstvorwürfen und über den Umgang mit Emotionen. inkl. Geburtsberichte anderer Frauen.* Julia Berg, Coswig 2022

Nina C. Grimm: *Hätte, müsste, sollte. Bedürfnisorientierung im Familienalltag wirklich leben.* Kösel, München 2021

Weiterführende Adressen

Suche nach Psychotherapeuten vor Ort:

https://www.therapie.de/psyche/info

https://www.somatic-experiencing.de/traumatherapeuten-finden/

https://drlaurenceheller.com/narm-practitioners/practitioners-germany/

Bundesweite Rufnummern (Deutschland):
Telefonseelsorge: 0800-111 0 111 / 0800-111 0 222
Bundesweite Beratungseinrichtungen: 0800-111 0 333
OpferNotruf: 116 006
Hilfe-Telefon Sexueller Missbrauch: 0800-22 55 530

Hilfe bei Schreibabys:
https://www.elternsein.info/suche-schreiambulanzen/

Coaching- und Therapieangebote, die ich aus tiefstem Herzen empfehle (online):
Aufstellungen bei Sophie: https://sophiemulla.com/
Traumasensibles Yoga bei Louisa: https://www.yogamitlouisa.de/
Deine Nebennieren pimpen (bei Trauma immer betroffen): https://katharina-winkenbach.de/

Das Somatic-Experiencing-Training:
https://www.somatic-experiencing.de/training/

Quellen

Prokrastination:

The Structural and Functional Signature of Action Control: https://journals.sagepub.com/doi/10.1177/0956797618779380
Prokrastination kann genetisch veranlagt sein:
https://www.forschung-und-lehre.de/forschung/prokrastination-kann-genetisch-veranlagt-sein-1956

Entwicklungstrauma:

Nagy A. Youssef, Kimberly T. Green, Eric Dedert, Jeffrey S. Hertzberg: »Exploration of the Influence of Childhood Trauma, Combat Exposure, and the Resilience Construct on Depression and Suicidal Ideation Among U.S. Iraq/Afghanistan Era Military Personnel and Veterans«. Archives of Suicide Research: Official Journal of the International Academy for Suicide Research:
https://www.researchgate.net/publication/236326990_Exploration_of_the_Influence_of_Childhood_Trauma_Combat_Exposure_and_the_Resilience_Construct_on_Depression_and_Suicidal_Ideation_Among_US_IraqAfghanistan_Era_Military_Personnel_and_Veterans

Stresssucht:

Rachel Yehuda, Stephanie Mulherin Engel, Sarah R Brand, Jonathan Seckl, Sue M Marcus, Gertrud S Berkowitz: »Transgenerational Effects of Posttraumatic Stress Disorder in Babies of Mothers Exposed to the World Trade Center Attacks During Pregnancy«. https://pubmed.ncbi.nlm.nih.gov/15870120/

Entwicklungstrauma:

Vollzeit- und Teilzeitquote von erwerbstätigen Männern und Frauen mit minderjährigen Kindern im Haushalt im Jahr 2019:

https://de.statista.com/statistik/daten/studie/38796/umfrage/teilzeitquote-von-maennern-und-frauen-mit-kindern/

Hypochondrie:

Gesundheitliche Langzeitfolgen psychosozialer Belastungen in der Kindheit – ein Update:

Ulrich T. Egle, Matthias Franz, Peter Joraschky, Astrid Lampe, Inge Seiffge-Krenke, Manfred Cierpka

Bundesgesundheitsblatt 2016

https://www.fruehehilfen.de/fileadmin/user_upload/fruehehilfen.de/pdf/Bundesgesundheitsblatt_10_2016_Egle_ua_Gesundheitliche_Langzeitfolgen.pdf

QR-Code zu den Übungen und Homepage Sasja Metz

Unter diesem QR-Code findest du alle Goodies und Übungen:

Meine Homepage:

https://sasjametz.com